W głąb

KATARZYNA BONDA

W głąb

MUZA

Warszawskie Wydawnictwo Literackie

Ilustracja na okładce: *Andrzej Pągowski*
Opracowanie graficzne: *Magdalena Błażków Kreacja Pro*
Redaktor prowadzący: *Mariola Hajnus*
Redakcja: *Irma Iwaszko*
Redakcja techniczna: *Maciej Grzmiel*
Korekta: *Katarzyna Szajowska, Monika Łobodzińska-Pietruś, Renata Jaśtak*

© by Katarzyna Bonda
All rights reserved
© for this edition by MUZA SA, Warszawa 2024

ISBN 978-83-287-3188-2

Warszawskie Wydawnictwo Literackie
MUZA SA
Wydanie I
Warszawa 2024

Zgódźmy się przez chwilę na sceptyczny punkt wyjścia: przypuśćmy, że nie ma innego świata, świata metafizycznego, i że wszelkie objaśnienia świata jedynie nam znanego, zaczerpnięte z metafizyki, są dla nas do niczego: jakim wzrokiem patrzylibyśmy wtedy na ludzi i rzeczy?

F. Nietzsche, *Ludzkie arcyludzkie*,
Kraków 2019, przeł. K. Drzewiecki

*Kasi, Markowi, Wiktorii i Liliance Silewiczom
– za wasz hart ducha w walce o dobro stada i miłość wzajemną.
Jedziecie razem w potężnym czołgu i nic Was nie złamie!
Dziękuję za to, że mi zaufaliście!*

Część 1
PODEJRZANA

13 lutego, Warszawa

W trzeciej godzinie obserwacji pojawiła się w oknie. Zsunęła z ramion satynową narzutkę i całkiem naga znieruchomiała, jakby wyczekiwała braw. W okienku aparatu widział dokładnie każdy detal jej twarzy. Zakręcony lok, czerwona szminka na ustach, delikatny meszek nad górną wargą. Rozświetlone okno wydawało się ramą dla tego obrazu, ale Jakub zwlekał z naciśnięciem spustu migawki. Czekał w napięciu, aż mężczyzna podejdzie do kobiety, i dopiero wtedy rozpoczął ostrzał. Robił zdjęcia jedno za drugim. Kolejne pocałunki, namiętny dotyk, a wreszcie zbliżenie kochanków. Byli głodni siebie i nie zwracali uwagi na odsłonięte okna. W końcu Sobieski uznał, że ma wystarczająco materiału dla klienta, i odłożył teleobiektyw na siedzenie obok. Sięgnął po iqosa, ale jeszcze nie odjeżdżał. Wpatrywał się w skupioną na sobie parę i myślał, jak nisko upadł po odejściu ze służby.

W ostatnim czasie trafiały się wyłącznie tego typu zlecenia. Brał je, bo były dobrze płatne i nie wymagały większego wysiłku, ale mierziła go taka robota.

Tęsknił za prawdziwym śledztwem. Włączył silnik auta i już miał odjechać, gdy nagle mężczyzna w oknie zacisnął dłonie na szyi kobiety. Jakub chwycił aparat, zrobił kilka fotografii, ale w głowie kołatała mu się drażniąca myśl, czy nie powinien interweniować. Chwycił za klamkę i już zamierzał biec do furtki, gdy pojął, że to tylko zabawa. Mężczyzna rozluźnił chwyt, a kobieta z twarzą w ekstazie miękko opadła w jego ramiona. Śmiała się, jednocześnie pokasłując. Sama podała kochankowi szarfę, którą przewiązał jej oczy, i zaprowadził ją w głąb domu.

Jakub wypuścił powietrze ustami, ale nie czuł ulgi. Raczej niepokój. Wahał się, co robić: wchodzić do mieszkania i sprawdzać, czy kobieta jest bezpieczna, ale tym samym się ujawnić, czy zostawić kochanków w ich intymnym świecie, a zdjęcia dostarczyć jej mężowi i odebrać zapłatę. Chwilę siedział bez ruchu i wpatrywał się w puste, wciąż rozświetlone okno, chociaż nikogo już w nim nie było widać, gdy nagle drzwi hiluxa trzasnęły i do auta wsiadła Ada Kowalczyk. Kuba aż się wzdrygnął i spojrzał na przyjaciółkę z niedowierzaniem.

– Po robocie? – Podała mu hot doga i parującą kawę. – Patrzyłeś na nich jak oczarowany. Zawsze podejrzewałam, że to was podnieca. – Zaśmiała się drwiąco. – Nie musisz zaprzeczać.

– Co tutaj robisz? – spytał po dłuższej pauzie, starając się, by jego głos nie zdradzał napięcia. Zdecydowanie nie wyszło. – Sekundę wcześniej byś ich spłoszyła! Wiesz, jak długo czatowałem na tę schadzkę?

Wzruszyła ramionami, ale już się nie uśmiechała.

– Oziu dał mi cynk, gdzie jesteś – wyjaśniła i urwała.

Gryzła swojego hot doga, jakby od początku akcji siedziała obok Jakuba.

– Ma do ciebie słabość – mruknął. – Nie powinien tego robić. Opierdolę go, jak wrócę do biura, a jeszcze lepiej obetnę mu premię. To go nauczy, żeby następnym razem trzymać gębę na kłódkę!

– Nie bądź zły – poprosiła i spojrzała na niego łagodniej. – Przyjechałam, bo mam pilną sprawę.

– Co to za sprawa, która nie może poczekać? – wyburczał, ale sięgnął po jedzenie, które przyniosła, bo właśnie sobie uświadomił, że od rana nic nie jadł.

– Chcesz odwołać jutro?

– W żadnym razie! – Pochyliła się, żeby cmoknąć go w policzek.

Natychmiast tak przechylił twarz, że dotknęli się ustami. Miała miękkie, wilgotne wargi. Pachniała kabanosem i musztardą, ale to go nie zniechęcało. Całował ją delikatnie, a potem wsunął palce w jej miękkie włosy. Oddawała jakiś czas pocałunki i nagle się odsunęła.

– Kuba, naprawdę chcę pogadać – wyszeptała. – Musisz coś dla mnie zrobić.

– Robota? – Łypnął na nią wilkiem. – Serio, tylko dlatego przyjechałaś na to zadupie?

Potwierdziła bez słowa i mocniej zacisnęła usta. Chyba oczekiwała, że będzie ją prosił o streszczenie sprawy, ale Kuba nie zamierzał jej niczego ułatwiać. Odpalił silnik i ruszył.

Działał jak na automacie. Chciał zająć głowę czymś innym niż jej odurzający kwiatowy zapach zmieszany z wonią jedzenia i kawy. To wszystko działało na niego podniecająco, a obawiał się, że znów będzie z niego kpiła. Co gorsza, może utwierdzić się w przekonaniu, że podnieca go śledzenie niewiernych żon.

– Co to za zlecenie, które warunkuje naszą jutrzejszą randkę? – odezwał się, kiedy byli już na Wisłostradzie.

Uśmiechnął się nareszcie i spojrzał na nią rozpromieniony. Liczył, że Ada się zaśmieje. Bez skutku.

– To nie tak – wyszeptała. – I wolałabym, żebyś nie prowadził, kiedy będę mówiła. Chcę ci pokazać kilka rzeczy. Może jedźmy do twojego biura?

– Mam podzielną uwagę – fuknął niezadowolony. – Jak długo zamierzasz budować napięcie?

– Chodzi o córkę mojego kumpla – zaczęła niepewnie. – O mały włos byłabym jej chrzestną. Jego żona się nie zgodziła, bo nie mam bierzmowania... – Znów się zacięła. – To dziecko po urodzeniu dostało imię Gabrysia, ale woli, żeby nazywać je Ryś.

– Jest w trakcie tranzycji?

– Jeszcze nie – zaprzeczyła i znów umilkła.

Zaczynało to Kubę irytować, ale kiedy wznowiła wątek, głos jej się łamał, więc pojął, że Ada jąka się i lawiruje, bo bardzo jej na tym zależy.

– Mów, o co chodzi – pośpieszył ją. – Wiesz, że jesteś moją ulubioną osobą i nie mógłbym ci niczego odmówić.

Wreszcie się uśmiechnęła. To był bardzo smutny grymas. W jej oczach widział wdzięczność.

– Ryś ma dopiero szesnaście lat i różne kłopoty ze sobą – zaczęła nareszcie gadać normalnie. – Zaburzenia odżywiania, stany depresyjne, a ostatnio stwierdzili u niego zespół Aspergera, chociaż nie wiem, czy to teraz poprawna nazwa. W każdym razie jest w spektrum. Podejrzewano u niego nawet schizofrenię... U niego, w sensie dziecka – poprawiła się. – Ryś woli, żeby używać nijakich zaimków. Jeśli miałbyś szansę z nim rozmawiać, traktuj go po prostu jako „ono".

– Grubo.

– No... – przytaknęła Ada. – Ponieważ Ryś się okaleczał i próbował popełnić samobójstwo, regularnie lądował w szpitalach psychiatrycznych. A jeszcze niedawno Paweł, jego ojciec, cieszył się, że Rysiowi się poprawi, bo jeden z prywatnych lekarzy odkrył, że mógł być źle zdiagnozowany i na przykład zamiast depresji cierpi na chorobę dwubiegunową. By to potwierdzić i dopasować leki, potrzebna była obserwacja w placówce państwowej. – Umilkła.

– I? – Spojrzał na Adę pytająco. – Co się stało w tym szpitalu?

– Ktoś poderżnął gardło jednej z pacjentek, a Ryś jest o ten mord podejrzany.

Kuba nie wiedział, co powiedzieć. Patrzył na Adę oniemiały.

– Tylko że ja mogę cię zapewnić, a nawet przysiąc: to dziecko nie jest agresywne wobec innych – kontynuowała z jeszcze większym zaangażowaniem. – Owszem, Ryś ciął się i łykał prochy, żeby zwrócić na siebie uwagę, ale nigdy, przenigdy nie uwierzę, że zabił! Znam go. Wiele razy byłam u nich w odwiedzinach. Kiedy Gabrysia postanowiła, że nie chce być dziewczynką, sama strzygłam jej włosy na emo. Paweł Gajda, ojciec Rysia, to mój ziom z kursu podstawowego w Pile. Wcześnie się ożenił i dlatego z opóźnieniem kończył szkołę policyjną, ale to rodzinny, odpowiedzialny facet. Jego żona Ula jest bezgranicznie oddana dzieciom. Ciepła, kochająca matka. Jak zaczęły się problemy z Rysiem, zamknęła swoją firmę, a obsługiwała eventy sportowe, głównie bokserskie. Paweł też nie został w mundurze. Mają teraz kilka kiosków, dwie żabki i dodatkowo podnajmują auta na taksówki. Ich sytuacja finansowa jest stabilna, są wręcz zamożni. Wszystko by zrobili dla dzieciaków, bo poza Rysiem mają jeszcze młodszego synka Henia. Gajdowie zawsze byli dla mnie wzorem rodziny. Zupełnie nie rozumiem, dlaczego akurat ich dotknęła taka tragedia... – Umilkła.

Jakub wjeżdżał już na Sowińskiego. Zatrzymał się przed szlabanem i bez słowa machnął strażnikowi przepustką. W milczeniu czekali, aż wjazd się otworzy, i Sobieski wolno podjechał pod biuro. Wyłączył silnik, ale jeszcze jakiś czas siedzieli w aucie, bo w agencji była cała ekipa. Oziu palił przed wejściem i przyglądał się im znacząco. Merkawa rozwalił się na sofie i posilał jak zwykle kolejną paczką chrupek, a Gniewko z porucznikiem Chrobakiem zajęli miejsce w głębi. Z namaszczeniem czyścili broń i zdawało się, że nie zwracają uwagi na Jakuba i Adę. Kuba wiedział jednak, że każdy z jego ludzi skupia się teraz na nich. Zastanawiał się, ile wiedzieli i czy Ada swoim zwyczajem wszystko chłopakom wygadała.

– Więc córka twojego kumpla, która wierzy, że jest chłopcem, i na dodatek jest zdiagnozowaną wariatką, zamordowała na oddziale koleżankę? – upewnił się, wykrzywiając pogardliwie usta. – Fajnych masz znajomych.

– Nie mów tak! – Ada zareagowała gwałtownie.
– Ryś nie radzi sobie ze sobą, ale przede wszystkim to nieśmiałe, zagubione dziecko. Nic nie mówiłam o tym, że Ryś chciałby być chłopcem. Po prostu nie chce być dziewczynką.
– A to jakaś różnica?
– Ogromna! Poza tym nie jest wariatką! – mówiła zaperzona. – Przechodzi kryzys! Ale właśnie przez to ma tak niskie poczucie własnej wartości, że nie potrafi się obronić. Przyznał się do czynu, ale jestem pewna, że tylko dlatego, że jakiś dorosły mu kazał. A może był na lekach i nie bardzo wiedział, co się dzieje? Wyobrażam sobie, że zwyczajnie nie zaprzeczył, a potem już poszło...
– Więc ta Ryś przyznała się do zabójstwa? – żachnął się Jakub. – Co miałbym niby zrobić? Czego ode mnie oczekujesz? Cudu?
– Rozmawiałam z Pawłem. – Ada spojrzała na Kubę z nadzieją. Chwyciła go za rękę. – Jest wkurzony, zrozpaczony i chce działać. On uważa, że ktoś wrabia jego dziecko w zbrodnię!
– I ja miałbym to udowodnić? Dla ciebie... – Jakub uśmiechnął się krzywo. – Zwariowałaś?!
Spojrzała na niego z wyrzutem.
– O, przepraszam, chyba cię pogięło – poprawił się.
– To jakiś absurd!
– Nie spytasz o szczegóły?
– Nie zamierzam się w to mieszać! – Kuba podniósł ramiona w geście poddania się. – Skoro Ryś się przyznała, nic tam po mnie! Gdyby faktycznie istniały przesłanki, że ktoś zrzucił winę na dzieciaka, może bym się zastanowił...

– Mówię ci jeszcze raz – weszła mu w słowo. – Problemy, które ma ze sobą Ryś, nie uzasadniają agresji wobec kogokolwiek. Przez całe lata krzywdził samego siebie. Nie wiemy, dlaczego zachorował, ale nigdy nie było zagrożenia, że komuś w szkole albo młodszemu bratu zrobi krzywdę. Rozumiesz?

– Nie, nie rozumiem – zapierał się Jakub. – Byliście tam podczas zdarzenia? Są świadkowie, którzy zaręczą, że Ryś jest niewinna? Na jakiej podstawie uważacie, że to nie ona? Policja zapewne przeprowadzi skrupulatne śledztwo, a sama powiedziałaś, że Ryś jest zaburzona. Skoro od lat nie jest stabilna, ostatnio mogło się jej pogorszyć i zaatakowała.

– Nie, bo dziewczyna, która zginęła, była Rysiowi bliska! – Ada podniosła głos. – Mieszkali w jednym pokoju. Ryś od lat z nikim się nie przyjaźnił, a na tej Róży mu zależało. Bardzo.

– O Boże! – Jakub chwycił się za głowę. – I to jest wszystko?

Ada potwierdziła. Nic więcej nie dodała.

– Kiedy i gdzie do tego doszło?

– W szpitalu w Koćwinie, niedaleko Krakowa. Placówka słynie z okropnych warunków. Jak wejdziesz do sieci, to upewnisz się, że chore przeżywają tam gehennę. Do zbrodni doszło przedwczoraj po południu, tuż przed kolacją, a praktycznie cała kadra lekarska wychodzi do domu o czternastej trzydzieści. Na dyżurach zostały trzy pielęgniarki. Każda obsługuje jedno piętro, ale wtedy wszystkie były w stołówce i jadły swój posiłek. Ofiarę znaleziono w pokoju Róży i Rysia. Miała poderżnięte gardło, a nóż do cięcia tapet, którym dokonano zbrodni, znajdował się w dłoni

córki Gajdów. Najpierw Ryś zapewniał, że spał po lekach i nic nie pamięta, a potem, kiedy zabrali go do izolatki i zaczęli przesłuchiwać, po prostu się przyznał. Paweł uważa, że został do tego zmuszony. Powiedział „tak", bo chciał, żeby mu dali święty spokój...
Przez chwilę siedzieli w milczeniu.

– Miejsce zdarzenia zostało zbadane – pierwszy odezwał się Kuba. – Byli technicy i mają ślady. Dobrze wiesz, że oględziny wykonuje się zgodnie ze sztuką. Nie ma znaczenia, czy to jest szpital, lokal prywatny, czy miejsce publiczne. Skoro twój kumpel jest byłym gliną, z pewnością dotarł do swoich kumpli, żeby się wszystkiego wywiedzieć. Mają na Rysia coś mocnego, jeśli planują postawić mu zarzuty. Z tym nie możesz dyskutować!

– Paweł twierdzi, że policję wezwano, dopiero jak pokój został posprzątany – zaprotestowała Ada. – A zresztą ślady i tak zostały skontaminowane podczas reanimacji poszkodowanej, bo próbowano ją ratować. Nie od razu zeszła. Zabójca wykonał tylko jedno cięcie. Krew do tej pory jest na ścianach. Pryskało jak z fontanny. I tak, masz rację, pobrano próbki, ale od początku śledztwo jest prowadzone przeciwko Rysiowi. Choćby formalnie taka sytuacja jest niedopuszczalna! Jakby to, że mieszkał w tym samym pokoju, uzasadniało jego winę – zakończyła dobitnie.

Kuba się nie odzywał. Podniósł kubek z kawą i dopił resztę napoju.

– Kim była ofiara? Też zagubiona duszyczka z depresją i licznymi zaburzeniami? Skąd wiadomo, że to nie była próba samobójcza?

– Jasne! – żachnęła się Ada. – I przed śmiercią zdążyła wcisnąć nóż do tapet w rękę swojego jedynego przyjaciela? Wybacz, ale wątpię. Wszystko to jest, delikatnie mówiąc, naciągane...

– Sorry, Adusiu, wiesz, że zrobiłbym dla ciebie wiele, ale do tej sprawy wolałbym się nie mieszać – powtórzył Jakub. – Tragedia rozegrała się pod Krakowem. Miałbym teraz rzucić wszystko i jechać do tamtejszego szpitala dla obłąkanych? Nie wchodzi w grę.

– Prosiłam cię, żebyś nie używał takich klisz – przerwała mu. – To homofobiczne, stereotypowe, po prostu oburzające. Te dzieci nie są niczemu winne! I powstrzymaj się przed ocenami, bo to nie wariaci! Są po prostu zagubione!

– Czyżby? – parsknął.

– Mają swoje problemy, ale znalazły się w tym szpitalu, żeby je rozwiązać. To wszystko. Życzyłabym sobie, żebyś uszanował ich chorobę, tak samo jak nie mówisz źle o chorych na raka.

Nie słuchał jej.

– W tym szpitalu nikt nie zechce ze mną rozmawiać! – podkreślił z niechęcią. – Skoro policja zebrała ślady, sprawa jest prowadzona konwencjonalnie, a potem będzie umorzona, bo sprawca okaże się niepoczytalny. Twoja Ryś zmieni tylko piętro i przeniosą ją na skrzydło dla niebezpiecznych. Koniec pieśni. Nic nie wskóramy.

– Ryś już jest na oddziale zamkniętym i Paweł boi się, co mu tam robią... Mówi się, że zazwyczaj pakują takiego nastolatka w kaftan bezpieczeństwa, a kiedy się broni – faszerują środkami zwiotczającymi. To kwalifikuje się do rangi tortur! Nie myśl, że jakiś psychiatra będzie się nim zajmował, skoro jest tam od miesiąca i tylko raz zobaczył się z lekarzem prowadzącym, ale nie dostał się na terapię, bo taka jest kolejka...

Jakub podniósł brew i nic nie powiedział, ale nie był w stanie ukryć zdumienia.

– Ojciec Rysia jest gotów zapłacić każdą kwotę, jeśli zgodzisz się zbadać sprawę. – Ada mówiła cicho, lecz pewnie. Patrzyła na Kubę błagalnie. – Rodzice żałują, że po próbie nie posłali dziecka do prywatnego ośrodka, bo mieli na to pieniądze, ale liczyli, że w państwowej placówce dobrze się nim zajmą i będzie wreszcie miało diagnozę, na której im tak bardzo zależy. Chodzi też o szkołę i różne formalne kwestie. – Umilkła, prawie płakała. – Teraz Paweł z Ulą chcą zainwestować tę forsę w wyjaśnienie sprawy i ratować Rysia przed dożywotnim wyrokiem osadzenia w zakładzie, bo jeśli zostanie uznany za winnego i niepoczytalnego, spędzi życie w izolatce. Nigdy go nie wypuszczą! Mówię ci, że ten szpital ma bardzo złą renomę i wszyscy w sieci piszą, że tam musiało dojść do czegoś strasznego, a Ryś jest kozłem ofiarnym. To nie była pierwsza kryminalna sprawa, którą opisywano na forach. Wejdź sobie na TikTok i posłuchaj relacji dzieciaków, które przebywały na tamtejszych oddziałach. W sieci jest tego multum!

– I żadnych dowodów – mruknął Kuba, ale zaraz umilkł speszony jej gniewnym spojrzeniem.

W odpowiedzi Ada wyciągnęła komórkę i wyszukała kilka zdjęć. Na pierwszym z nich Jakub zobaczył rząd materacy ułożonych na korytarzu, a potem Ada pokazała mu szereg zbliżeń ścian. Były tam wulgarne napisy i ślady nieokreślonego koloru. Pościel również była cała w plackach, chociaż w pierwszej chwili Sobieski myślał, że to raczej wzór.

– Widzisz te brunatne zabrudzenia na ścianach?
– Wskazała palcem. – To krew. Paweł zrobił zdjęcia, kiedy Rysia przyjmowano do placówki. Nie chcieli zostawiać tam dziecka, ale nie mieli wyjścia. Według polskiego prawa kiedy niepełnoletni targnie się na swoje życie, obowiązkowo musi być hospitalizowany i przebywać pod obserwacją tyle czasu, ile lekarze uznają za właściwe po kryzysie. Żeby była jasność, nikt tam tych dzieci nie leczy. Siedzą w swoich pokojach jak w celach i nie mogą wyjść na spacer, bo nie ma infrastruktury i wystarczającej liczby kadry, żeby ich pilnować. Pielęgniarki faszerują je tabletkami powodującymi senność i otępienie, żeby nie sprawiały kłopotów. Czy zostawiłbyś swojego syna w takich warunkach?

– Nie zadawaj mi takich pytań! – obruszył się Kuba.
– To nie fair!
– Proszę cię tylko, żebyś spróbował! – Ada chwyciła go za obie ręce, a w jej oczach dostrzegł łzy. – Zrób to dla mnie. Jeśli udowodnisz, że Ryś to zrobił, powiemy Gajdom prawdę. Będą musieli to zaakceptować, żyć z tym jakoś dalej… Ale może znajdziesz coś na obronę Rysia i dostarczymy te informacje policji. Morderca może zaatakować kogoś następnego!

Kuba wahał się jeszcze, aż wreszcie mocno Adę przytulił. Położyła mu głowę na ramieniu i cicho chlipała.

– Nie powiedziałaś mi, kim jest ofiara. O podejrzanej już trochę wiem – zaczął łagodniej. – Zanim podejmę decyzję, chcę pogadać z twoim znajomym i jego żoną. Zadzwonimy do nich albo umówimy się na Zooma. Może być?

Ada podniosła głowę i pokiwała nią na znak zgody.

– Dziewczyna, która została zamordowana, właściwie nie powinna być w tym szpitalu – oświadczyła. – Policja kilka dni wcześniej zgarnęła ją z bulwarów nad Wisłą. Róża Bernaś, bo tak się nazywała, siedziała ze znajomymi na ławce, pijąc piwo i paląc jointy. Nie mówię, że to pochwalam, ale to, co się wydarzyło później, podobno jest normą dla patroli w całym kraju. Pozostali byli pełnoletni i odwieziono ich do izby wytrzeźwień, a potem do komendy, żeby ich przesłuchać. Róża nie skończyła siedemnastu lat, a ponieważ się awanturowała i ubliżała funkcjonariuszom, odwieźli ją na SOR, zrobili rewizję i test na obecność narkotyków. Wyszedł pozytywny, więc musiała zostać w szpitalu psychiatrycznym na obserwacji. Zginęła dzień przed swoim wyjściem. Nie była zaburzona. Nigdy wcześniej nie badał jej psychiatra. Ryś opowiadał matce, że Róża wiele razy stawała w jego obronie i że się zaprzyjaźniły.

– Dlaczego w mediach nie ma informacji o tym zdarzeniu? – Jakub od razu przeszedł do rzeczy, kiedy tylko połączył się z rodzicami Gabrysi. – Przejrzałem też media społecznościowe. Nic, ani słowa. Nul, nada. Ty coś znalazłaś?

Obejrzał się na Adę, która siedziała na sofie zaraz za nim. Uparła się, żeby zostać podczas rozpytania rodziców, ale nie chciała zająć miejsca obok Jakuba przy stole. Pokręciła tylko głową. Nic nie powiedziała.

– Hej, Ado! – Paweł Gajda dostrzegł koleżankę. Pomachał jej niemrawo. – Dzięki, że jesteś. Za twoją pomoc i wszystko, co dla nas robisz... – dorzucił flegmatycznie.

Jakub zmrużył oczy i przyjrzał się mężczyźnie. Wiedział, że znają się z Adą ze szkoły policyjnej. Spodziewał się mrukliwego wojaka ostrzyżonego na rekruta. Kogoś w stylu jego własnego ojca. Twardego, nieustępliwego, z trudnością okazującego emocje. Tymczasem po drugiej stronie siedział grubawy, łysiejący facet z bródką, który w dłoni zaciskał chusteczkę i co rusz dmuchał nos. Jego żona wyglądała na nieobecną, ale Kuba podejrzewał, że to działanie silnych środków uspokajających. Mimo otępienia lekami Urszula Gajda była oszałamiającą pięknością o sarnich oczach i twarzy w kształcie serca. To, że się nie odzywała, sprawiało, że wydawała się jeszcze bardziej tajemnicza.

– Na razie policja nie informuje o tym incydencie. – Paweł Gajda zaczął powoli.

– Incydencie?

Gajda odchrząknął.

– Wygląda na to, że rodzinie Róży też nie zależy na rozgłosie. W końcu nie upilnowali córki, a już wcześniej gigantowała i piła na bulwarach alkohol ze starszym towarzystwem. Bernasiowie mogą mieć sprawę o zaniedbanie, a poza dwojgiem swoich dzieci wychowują jeszcze kilka sierot. Prokuratura bada, czy spełniają warunki rodziny zastępczej. Z tego, co mi wiadomo, głównie z tych pieniędzy żyją. Dlatego ktoś w komendzie zdecydował, żeby póki to się nie wyjaśni, nie puszczać wszystkich informacji do mediów – dokończył.

Jakub westchnął ciężko i spojrzał na Adę z wyrzutem. Odwróciła głowę.

– Tego mi nie powiedziałaś – skwitował. Odchrząknął. – Może więc zacznijmy od początku, za to szczerze. Kto was powiadomił? Byliście na miejscu zdarzenia? Interesuje mnie wszystko, co na tę chwilę wiecie na temat tej sprawy. – Zarzucił ich pytaniami.

Gajda spojrzał na żonę, ale ta natychmiast spuściła głowę.

– Miesiąc temu Gabrysia podjęła kolejną próbę – oświadczył. – Żona była na paznokciach, ja zostałem z synem w domu. Jestem pewien, że córka zrobiła mi na złość, bo parę dni wcześniej zabrałem jej kieszonkowe. Przesypiała całe dnie, nie miała siły chodzić do szkoły i praktycznie nie było z nią kontaktu. Nie widziałem powodu, dlaczego miałaby dostawać pieniądze. – Urwał.

– Ryś zrobił kolejną próbę – wtrąciła się nagle żona. A potem pochyliła się do komputera i wymawiała słowa wolno, jakby obawiała się, czy zostanie dobrze zrozumiana. – Mąż nie akceptuje wyboru naszego dziecka. Nigdy nie nazywał go Ryś, co, jak się domyślacie, rodziło wiele konfliktów. Trzeba to powiedzieć jasno, Pawle. – Spojrzała mężowi prosto w oczy. – Jeśli pan Sobieski ma nam pomóc, powinien znać prawdę. To ty nic nie rozumiesz! Ryś nie chce być chłopcem. Po prostu nie akceptuje swojego żeńskiego ciała i na razie nie wiemy, co można z tym zrobić. W skórze wypranej z płci czuje się komfortowo, a co będzie dalej – zobaczymy.

– Hmm... – zamruczał Gajda i przez krótką chwilę przestał wyglądać na jowialnego misia. – Sam już nie wiem, co o tym sądzić. Dysforia płciowa to jeden z wielu problemów mojej córki. Ponieważ nadawała sobie już różne imiona, wolałbym mówić o niej tak, jak ma zapisane w papierach. To, że wymyśliła sobie, że będzie obojnakiem, nie pomoże jej, kiedy dojdzie do procesu.

– Jeśli dojdzie, bo bardziej prawdopodobne jest, że zostanie zamknięta na zawsze w zakładzie psychiatrycznym! – oburzyła się Urszula. – Proszę was, żeby przy mnie nie mówić na nią ani córka, ani syn. Dziecko, ono, wystarczy. Tak życzyłby sobie Ryś – zakończyła i odsunęła się jak najdalej od ekranu, jakby wykorzystała całą energię, którą posiadała. Znów przybrała na twarz ten sam nieobecny wyraz.

Paweł Gajda nic nie powiedział, ale szczęki miał zaciśnięte, a z oczu przezierał gniew.

– Okay. – Sobieski pokiwał głową. – Dane przyjąłem i możemy przystąpić do streszczenia, co się wydarzyło. W dalszej kolejności chciałbym, żebyście opowiedzieli mi trochę o waszym dziecku. Jaki Ryś jest, co lubi, kiedy zaczęły się te wszystkie kłopoty? Ada zapewnia, że nic a nic nie jest agresywny. To ważne. Były wcześniej incydenty, które mogłyby wskazywać, że w manii jest w stanie komuś zrobić krzywdę?

– Nie możemy załatwić tego normalnie? – Gajda wszedł mu w słowo. – Skoro bierze pan to zlecenie, i tak będziemy musieli spotkać się w Krakowie. – Spojrzał znacząco na zegarek. – Za kwadrans muszę wyjść. Pilna sprawa w firmie. Więc jak? Zobaczymy się u nas w domu? Wszystko opowiemy, pokażemy dokumentację medyczną i obejrzy pan pokój córki. Poza tym moglibyśmy przejść na ty. Byłoby wygodniej. – Urwał, bo kiedy padło słowo „córka", żona jęknęła żałośnie, a potem zrobiła ruch, jakby chciała wstać od komputera, ale Gajda chwycił ją za ramię i mocno przytrzymał. Natychmiast się poddała. Nie odezwała się więcej ani słowem.

– Nie wiem, czy się podejmę – oświadczył Jakub, chociaż w środku aż gotował się ze złości. Wyczuwał napięcie między małżonkami i coś, jakiś przebłysk intuicji, nakazywał mu się temu przyjrzeć, a chociaż wcześniej zażarcie bronił się przed tym dochodzeniem, czuł, że powie tak, ale musiał mieć pewność.

– Wszystko zależy od tego, czy jest w ogóle co robić – kontynuował. – Prawdę powiedziawszy, na pierwszy rzut oka sprawa wydaje się beznadziejna. Wasz Ryś został nakryty z narzędziem zbrodni, a jedyne ślady, jakie policja posiada, to jego odciski palców. Fakt, że mieszkał z poszkodowaną, nie poprawia sytuacji. Podobnie jak to, że był pod wpływem leków. To wręcz okoliczności obciążające. Nie mówię, że jest winien...

– Kiedy policja przyjechała do szpitala, wszystko było posprzątane! – przerwał mu Gajda podniesionym głosem. – Technicy mówili mi, że nie było czego zbierać. Nie wiadomo, kto to zrobił, bo sprzątaczki przychodzą tylko rano, ale fakt jest faktem: miejsce zbrodni zostało zanieczyszczone!

– Skąd w takim razie wiadomo, że to Ryś miał w dłoni nóż?

– Pielęgniarka, która przyszła po Gabrysię, tak zeznała – odparł Gajda, ale spojrzał na żonę i zaraz się poprawił. – Ryś spał. Musieli nim mocno potrząsnąć, żeby się obudził. Myśleli nawet, czy to nie kolejna próba. W sensie rozszerzone samobójstwo...

– Nikt nie pilnuje tych dzieci? – zdziwił się Jakub.

– Gdzie w tym czasie byli pracownicy?

– Na kolacji. A kobiety w całym budynku były trzy. Jedna na piętro. Plus obsługa ambulatorium, gdzie zresztą te baby zrobiły sobie spotkanko.

– Czyli podopieczni większość czasu są bez opieki? – Jakub nie dowierzał. – Z takimi problemami?

– Widzę, że pan nic nie wie o sytuacji psychiatrii dziecięcej w tym kraju! – zapalił się Gajda i nagle nabrał animuszu. – Jedyne, co robią pielęgniarki po wyjściu lekarzy, to faszerowanie młodzieży lekami, żeby mogły sobie spokojnie robić na drutach albo uczyć się do jakichś kursów. A kiedy była pandemia, wcale dziecka nie można było zobaczyć. W jakich warunkach było przetrzymywane, dowiedzieliśmy się po fakcie! Teraz przynajmniej szefostwo zgadzało się na odwiedziny w sali ogólnej. Na oddziale nie byłem nigdy! – zaznaczył. – Nic dziwnego, że młodzież wypisuje krwią po ścianach i grozi samobójstwem. Tylko wtedy ktoś się nią interesuje.

– Skąd ma pan te informacje i zdjęcia? – zapytał Jakub. – O zdarzeniu nikt nie informuje, a sam pan powiedział, że nie wolno wam było wejść na oddział.

– Mam kumpla jeszcze ze starych czasów – wyjaśnił rzeczowo Gajda. – Nie prowadzi tego śledztwa, a tych szczątków danych dowiedział się na odprawie, ale zastrzegł, że nie będzie odbierał moich telefonów. Rozumiem go. Może stracić pracę.

Jakub spojrzał na zegarek. Czas Gajdy się skończył. Musiał podjąć decyzję. Jeśli weźmie zlecenie, wszystkiego dowie się na miejscu, a jeśli nie, lepiej, by nie zdobywał więcej informacji o sprawie. Dla swojego dobra i higieny psychicznej wszystkich tutaj obecnych.

– Panie Jakubie. – Urszula Gajda jakby czytała mu w myślach. – Proszę nie zostawiać nas bez wsparcia. Nawet pan sobie nie wyobraża, jak bardzo jesteśmy zrozpaczeni. Gdy dziecko choruje psychicznie, rodzic poznaje, co oznacza słowo „niemoc", i jego najczarniejszą stronę. To potrafi powalić najbardziej poukładaną osobę. Dlatego planujemy znaleźć rodziców Róży i złożyć im kondolencje. Chciałabym, żeby w tym też pan nam pomógł. Dla nich to musi być straszne... Ich córka trafiła do szpitala omyłkowo, a skończyło się tragedią.

– Nie radzę – odezwał się Sobieski po dłuższej pauzie. – Mogłoby to być różnie odczytane. I niezależnie od tego, czy córka będzie sądzona, czy śledztwo zostanie umorzone ze względu na niepoczytalność podejrzanej, czeka was ciężka przeprawa. Radzę ostrożnie wykonywać każdy ruch.

– Więc pomoże nam pan? – W głosie Urszuli było błaganie.

Kuba westchnął.

– Prawdę mówiąc, lepiej by dla was było i zdecydowanie taniej, żeby sprawę wziął detektyw z waszego rejonu. Koszty dojazdu i noclegów podwoją stawkę, a wstępne rozeznanie może potrwać tydzień, jeśli nie dwa. Gdybym się zdecydował, musiałbym przekazać dotychczasowe czynności kolegom z agencji, a to nie jest takie proste i wiąże się z dodatkowymi kosztami. Nie, nie sądzę, żeby to się wam opłaciło.

– Ada zapewnia, że pan jest świetny. – Urszula nie odpuszczała. – Już i tak jest pan wprowadzony w szczegóły sprawy. Nie będę miała siły kolejny raz tego opowiadać.

– Będzie pani musiała jeszcze wiele razy – podkreślił Jakub. – Jeśli chcecie ratować córkę i zapewnić jej uczciwy proces.

– Proszę mi wierzyć, na tę chwilę próbujemy jedynie uchronić nasze dziecko przed torturami w tym szpitalu – zakrzyknęła. – Pan nic nie wie, a i my nie chcemy mówić przez ten komputer, ale w Koćwinie dochodziło już wcześniej do nadużyć. Trzy miesiące temu jeden z pacjentów został postawiony w stan oskarżenia za gwałt na nieletniej. Obsługa nic nie zrobiła, a nawet namawiali matkę zgwałconej, żeby nie zawiadamiała policji, bo to się zdarza... Niestety, jak się pan domyśla, dowody przeciwko pracownikom szpitala, którzy dopuścili do tych zaniedbań, upadły. Sprawcy gwałtu nie osądzono, ponieważ jest niepoczytalny. Przeniesiono go tylko do innej placówki.

Jakub się skupił. Przyjrzał się kobiecie uważniej.

– Ludzie, którzy byli wtedy przesłuchiwani, wciąż pracują w tym szpitalu?

Urszula głośno wypuściła powietrze ustami, a potem spojrzała na męża, który potwierdził, kiwając głową.

– Byli tego dnia w pracy? – dopytał Sobieski.
– W dniu, kiedy doszło do zdarzenia?
– Nie wiemy – padło w odpowiedzi. – Ale jesteśmy pewni, że zostali oczyszczeni i przywróceni do pracy przede wszystkim dzięki zeznaniom dyrektorki szpitala. To klika! Wszystko, co się tam dzieje, owiane jest tajemnicą. Nikt poza dzieciakami nie ma szans się o niczym dowiedzieć, a one są w bardzo różnym stanie i zwyczajnie się boją. Zresztą jeśli dochodzi do zgłoszenia, słowo osoby zaburzonej nic nie znaczy w konfrontacji ze słowem lekarza czy pielęgniarki. Ci młodzi dorośli dla ludzi z zewnątrz mają etykietkę psychicznie chorych, a to nie tak! To często fajne, nadwrażliwe i niezwykle delikatne dzieciaki, które przeżyły swoje traumy i nie radzą sobie z życiem. Uciekają w swój świat, żeby przetrwać. Nasze dziecko miało się ostatnio lepiej – zakończyła i urwała.

– Lepiej? – Jakub podniósł brew. – Więc dlaczego podjęło kolejną próbę i zostało umieszczone na oddziale kryzysowym?

– Podejrzewamy, że to od leków. Mówiłam Adzie, że Ryś przez lata był leczony na inną jednostkę chorobową. Uskarżał się na omamy, stany lękowe i ataki paniki. Był nawet czas, że podejrzewaliśmy schizofrenię – wyjaśniła pośpiesznie. – Ale ostatnio był pod opieką dobrego specjalisty i to właśnie on zalecił, żeby Ryś przebył profesjonalną obserwację. W polskich warunkach nie można stworzyć orzeczenia o kształceniu specjalnym gdzie indziej niż w ośrodku państwowym. Proszę nas zrozumieć, liczyliśmy, że Ryś niebawem wyjdzie i wróci do domu, a teraz po tym wszystkim może być tak, że już na zawsze zostanie w tym piekle!

Paweł Gajda spojrzał na żonę karcąco.

– Wydaje mi się, że już wystarczająco się wypowiedziałaś – rzekł nagle zmienionym tonem. Twardym, nieznoszącym sprzeciwu.

Jakub spostrzegł, że chusteczka, którą miał w ręku, jest teraz małą kulką, którą facet nadal gniótł zapamiętale, jakby to miało zmniejszyć jego gniew.

– Skoro pan nie jest zainteresowany sprawą – ciągnął Gajda, wpatrując się w Jakuba – poszukamy kogoś w Krakowie. Liczymy, rzecz jasna, na dyskrecję, bo jeśli cokolwiek z tego, co pan usłyszał, zostanie włożone kiedykolwiek w nasze usta, nie daruję.

– Nie musi mi pan grozić – przerwał mu Jakub.

– Prześlę kosztorys i po zapoznaniu się z kwotami dacie mi odpowiedź, co zdecydowaliście. Jeszcze jedno.

– Zatrzymał się, powiódł spojrzeniem po obojgu.

– Jeśli się podejmę, wszystkie znalezione tropy zostaną dostarczone policji. Nie liczcie na szukanie pretekstu do wybielenia dziecka, jeśli okaże się winne. Myślę, że to jest oczywiste. Podobnie jak to, że jeśli państwo się nie zdecydują, ja zapominam o szczegółach sprawy. Dokładnie tak, jakby tej rozmowy nie było.

***

17 lutego, Warszawa

Kolejne cztery dni Sobieski spędzał na obserwacji niewiernych żon, przesłuchiwał pracowników okradających firmy i analizował nagrania z monitoringu, żeby wyłuskać z grona podejrzanych tego, który podbierał z drukarni papier. Kuba miał po dziurki w nosie tego typu zleceń. Jedyną zaletą martwego czasu był jako taki spokój i to, że wracał do domu o sensownej porze. Z Adą widzieli się codziennie, ale od pamiętnej rozmowy z Gajdami przyjaciółka nie zająknęła się słowem w sprawie Rysia. Jakub wysłał rodzicom nastolatki obiecany kosztorys, jednak nie otrzymał odpowiedzi. Zadzwonił tylko raz, żeby się upewnić, czy jego mejl dotarł, ale Paweł Gajda nie odebrał. Kuba więcej nie próbował.

Siedział właśnie przed domem kobiety, którą obserwował od miesiąca, i wykonywał znów zdjęcia godne podglądacza, kiedy na zegarku zobaczył powiadomienie jednego z ważniejszych portali. W pierwszej chwili w oczy rzuciły mu się tylko trzy frazy: „zbrodnia w psychiatryku", „młody gej morderca", „Koćwin – wylęgarnia psycholi". Natychmiast odłożył aparat i sięgnął po komórkę. Kliknął w artykuł i zaczął go przeglądać. Pisano, że Róża B. w wyniku głębokiej rany ciętej gardła zmarła w szpitalu, a jej współlokatorka Gabriela G. ps. „Ryś" jest o tę zbrodnię podejrzana i ponieważ ma szesnaście lat, zgodnie z nowymi przepisami będzie sądzona jak dorosła. Tym samym grozi jej nawet dożywotnie więzienie. Dziennikarz podkreślał, że rodzina usiłuje fabrykować dokumenty, które udowodnią, że w momencie popełniania czynu dziewczyna była niepoczytalna. Pisano o niebinarności Gabrysi G., jej nieudanych próbach samobójczych, samookaleczaniu się, symulowaniu schizofrenii i kilku innych poważnych zaburzeń psychicznych. Pracownicy szpitala odmówili komentarza, podobnie jak rodzina podejrzanej. Głównymi bohaterami tekstu byli jednak rodzice zamordowanej Róży, którzy domagali się najwyższego wymiaru kary dla młodocianej zabójczyni i dwumilionowego odszkodowania za nieprawne umieszczenie Róży w placówce.

Jakub dotarł do końca paszkwilu i z trudem się powstrzymał, by nie zadzwonić do Gajdów. Wykonał jeszcze kilka zdjęć niewiernej żony i przesłał je zleceniodawcy bez przeglądania. Jego telefon natychmiast zawibrował. Kuba sądził, że to klient wzburzony tym, co zobaczył, ale numer był ukryty. Zawahał się, odebrał.

– Jakubie, proszę, przyjedź do nas natychmiast! – usłyszał głos Urszuli Gajdy.

Dalej nic nie zrozumiał, bo kobieta zaniosła się szlochem.

– Proszę się uspokoić. – Na różne sposoby starał się ją pocieszyć, aż wreszcie przybrał rozkazujący ton: – Ulu, nie pomogę ci, jeśli nie dowiem się, co zaszło. Rozłączę się i zadzwonisz jeszcze raz, kiedy będziesz w stanie rozmawiać.

– Ryś trafił do więzienia! – poskarżyła się Urszula. – On tam nie przetrwa! Zabiją go albo coś sobie zrobi. Ja tego nie przeżyję!

– Wynajęliście adwokata?

– Najlepszego, jakiego udało nam się znaleźć – potwierdziła. – Są teraz z Pawłem w komendzie. Walczą o wyjście naszego dziecka za kaucją. Ponoć to mało prawdopodobne, ale nie poddajemy się. W ostateczności zgodzimy się, żeby umieszczono je w tej samej placówce na oddziale dla niebezpiecznych. Według mnie każda opcja to horror, bo szpital budzi u Rysia złe wspomnienia, a on i tak jest w okropnym stanie. Chyba dotarło do niego, że przyjaciółka nie żyje. Totalnie się załamał. Nie wiem już, co robić.

– Proszę ufać swojemu mecenasowi. Z pewnością dołoży starań, żeby wam pomóc. – Jakub starał się przemawiać łagodnie. – Wysłałem wam kosztorys, ale pewnie macie już kogoś innego...

– Nikogo nie mamy i tym też jestem załamana. – Urszula weszła mu w słowo, jakby go wcześniej nie słuchała. – A Paweł wczoraj powiedział, że jak Ryś odsiedzi swoje, przestanie się wygłupiać. Pomóż nam. Bardzo cię proszę...

– Przykro mi – mruknął Sobieski, zastanawiając się, co powinien dodać. – Niestety twój mąż nie zlecił mi tej pracy. Właściwie nie powinienem z tobą rozmawiać.

Po drugiej stronie długo panowała cisza.

– Urszulo? Jesteś tam? – zaniepokoił się.

– Możesz przesłać mejla z ofertą na moją skrzynkę? – poprosiła zmienionym głosem. Dosłyszał w nim twardość, o jaką jej nie podejrzewał. – Tego z konkretnymi kwotami. Najlepiej teraz. I nie rozłączaj się – zażądała.

Jakub zaraz przekierował wiadomość, którą przesłał Gajdom przed czterema dniami. Zanim zdążył wyjść z poczty, wpadła odpowiedź. Brzmiała krótko: „Tak, zgadzamy się na wszystkie podane kwoty, akceptuję zlecenie".

– A więc jesteś zatrudniony – oświadczyła Urszula Gajda. – Kiedy możesz być w Krakowie?

Kuba przez chwilę nie wiedział, co odpowiedzieć.

– Porozumiałaś się z mężem? – zapytał z obawą.
– Dałem rabat ze względu na waszą znajomość z Adą, ale pewnych kosztów nie można wycofać.
– Wszystko jest dla mnie jasne – ucięła. – I chcę cię zapewnić, że ja już po kilku minutach naszej rozmowy byłam zdecydowana, żebyś się tym zajął. Zwłoka w decyzji to był błąd. Dziś mielibyśmy o wiele więcej atutów w ewentualnym procesie Rysia.
– Wolałbym, żebyście podjęli tę decyzję wspólnie – upierał się Kuba. – Honorarium jest spore, a wyobrażam sobie, że koszty kancelarii adwokackiej są dużym obciążeniem.
– Twoich usług potrzebujemy równie mocno. – Zdawało się, że Urszula jest już całkowicie spokojna. Jakby do wcześniejszego ataku rozpaczy wcale nie doszło. – Może nawet bardziej niż cztery dni temu... O pieniądze się nie martw. Wszystkie firmy są na mnie. Nawet gdyby mąż podpisywał umowę, to ja ostatecznie akceptuję i wykonuję przelewy. Jeśli mi nie wierzysz, choćby zaraz mogę przesłać zaliczkę. Widziałam kwotę i zrobię przelew, jak tylko się dogadamy co do terminu twojego przyjazdu. Zarezerwować ci hotel?
– Sam to zrobię – burknął.
Urszula się zaśmiała.
– Masz to z głowy, już się tym nie zajmuj.
– Dzięki – wyszeptał lekko oszołomiony. Odchrząknął. – Są nowe informacje, które powinienem znać przed przyjazdem?
– Nic poza tym, co wypisują media – odparła. Ale zaraz dodała: – Może tylko jedno. Nie wiem, na ile się to przyda. Pani mecenas rozmawiała z Rysiem i on jej

powiedział, że kiedy się ocknął, praktycznie nie miał władzy w ciele. Nie mógł zacisnąć dłoni na tym nożu do tapet. Nie był w stanie się poruszyć. Obraz miał zamglony. Wiedział, że coś się dzieje, bo w pomieszczeniu było wiele osób, ale jakby stał obok i nie mógł nic zrobić. Nie mógł przechylić głowy i rozejrzeć się, żeby stwierdzić, kto krząta się po pokoju. Zgadywał po głosie i chodzie. Adwokatka kazała mu przestać, bo w przyszłości takie zeznanie może zadziałać na jego niekorzyść. – Urwała.

– Nie do końca rozumiem. – Sobieski się skrzywił. Zawahał się i przypomniał sobie, jak bardzo wrażliwa na zaimki jest Urszula. Zdecydował się mówić o dziewczynce „ono", by nie drażnić matki. – Czy twoje dziecko miało założony kaftan bezpieczeństwa? Dlaczego nie było w stanie się poruszyć?

Kobieta nie od razu odpowiedziała.

– Podejrzewamy, że podano mu lek zwiotczający. Pavulon albo coś podobnego. Słyszałeś pewnie o łowcach skór z Łodzi? To była mniejsza dawka, więc nie chodziło o spowodowanie śmierci, tylko o unieruchomienie Rysia. Wtedy z człowiekiem możesz zrobić wszystko. Dosłownie. Włożenie noża do ręki to pestka.

– Podejrzewasz, że sprawca podał twojemu dziecku medykamenty, a potem włożył mu do ręki narzędzie zbrodni?

– Nie mam dowodów, ale wierzę Rysiowi – odrzekła. – Policja zastała go z tym nożem w dłoni, a skoro nie mógł nawet poruszyć głową, nie miał szans go wyrzucić. Odciski zbadano i się potwierdziły, ale okoliczności są podejrzane. Znam swoje dziecko.

Ono jest najsłodszą istotą na świecie. Delikatną i wrażliwą. Ryś nie mógł zabić Róży – przekonywała.
– Czy ty mi wierzysz, Jakubie?
– Inaczej byśmy nie rozmawiali – zapewnił detektyw i w jednej chwili podjął decyzję. – Przyjadę jutro. Najpóźniej do popołudnia, bo muszę rozdzielić własne dochodzenia między ekipę, ale spróbuję zrobić naradę przed siódmą i od razu ruszam w trasę. Dowiedz się od swojej prawniczki jak najwięcej i spróbuj wspólnie z Rysiem zrobić listę osób ze szpitala, z którymi powinienem porozmawiać. Pensjonariusze, pielęgniarze, lekarze, rodzice albo odwiedzający... – wymieniał. – Każdy, kto przychodzi ci do głowy. Ktoś coś mógł widzieć, słyszeć... Ktoś mu coś opowiedział... Wszystko może mieć znaczenie.
– Nikt nie będzie chciał – jęknęła zrezygnowana.
– Ale przygotuję ten spis i postaram się o kontakty.
– Jeszcze jedno. Podpisz umowę i pełnomocnictwa oraz niezwłocznie prześlij mi skany – podkreślił.
– Dopiero kiedy załatwimy formalności, mam prawo grzebać przy tej sprawie.

***

18 lutego, Koćwin, okolice Krakowa

Budynek szpitala położony był w sielskiej gęstwinie zieleni i to byłoby wszystko, jeśli chodzi o jego zalety estetyczne. Architektonicznie przypominał przedszkole w stylu brutalizmu rodem z PRL-u, a nie placówkę medyczną. Szyby ozdobiono wesołą kalkomanią, ale kraty w oknach i siatki ze szpikulcami nie pozostawiały wątpliwości co do jego przeznaczenia. Droga dojazdowa od dawna prosiła się o remont, a metalowa brama z siatki przypominała sito – tak była dziurawa. Przed samym wjazdem na teren Sobieski w lusterku wstecznym spostrzegł koguta karetki. Syrena nie była włączona, lecz kierowca furgonetki parł do przodu, jakby chciał zepchnąć hiluxa Jakuba z drogi.

Detektyw zatrzymał się na poboczu, żeby przepuścić wóz medyczny, ale zaraz potem wjechał za nim na teren. Zaparkował przy samym wejściu, wysiadł i stanął przy parkanie, żeby zapalić i zastanowić się, co dalej. W budce strażnika przy wejściu nikogo nie było. Lustra weneckie zdobiły obraźliwe rysunki i napisy. Największy krzyczał: „I tak się zabiję!".

Karetka podjechała pod samo wejście. Kierowca zatrąbił kilka razy, a po chwili ze szpitala wybiegło dwóch rosłych pielęgniarzy, prowadząc rozklekotane łóżko na kółkach. Okazało się niepotrzebne, bo kiedy otworzono tył auta, pacjent wyszedł o własnych siłach. Miał na sobie kaftan bezpieczeństwa i miękki hełm. Szedł podtrzymywany przez kobietę w kwiecistej sukience – zdecydowanie zbyt lekkiej na tę pogodę. Gdy tylko zniknęli w drzwiach szpitala, karetka odjechała. Tym razem syrena brzmiała w uszach Jakuba jeszcze długo, chociaż poza nim nie było już żywego ducha.

Detektyw obrzucił spojrzeniem wjazd i parking, na którym stało tylko kilka samochodów, w tym nowiutki granatowy jaguar, po czym podniósł wzrok na okna.

Spostrzegł zaciekawione twarze, które spotkawszy się z nim wzrokiem, natychmiast odsuwały się w głąb pomieszczeń. Chwilę mu zajęło, by pojąć, że ktoś te dzieci przegania. Wracały i machały do niego, jakby były na statku wycieczkowym, a on mijał je na małym kutrze. Stał jeszcze jakiś czas, obmyślając strategię rozmowy z dyrektorką ośrodka, ale ledwie zdążył dopalić papierosa, a ta sama kobieta, która wcześniej przyjechała karetką, pojawiła się znów na schodach. Podeszła do niego, kuląc się z zimna, i dopiero wtedy spostrzegł, że ona jest w kapciach. Zielonych, welurowych z lamówkami z futra na brzegach. Nogi miała gołe. Jej sukienka okazała się podomką, dokładnie taką, jaką w dawnych czasach nosiły kucharki w szkolnych stołówkach. Nie była stara, ale włosy miała rozczochrane, a tusz do rzęs spłynął makabrycznie po policzkach.

– Nie wie pan, jak daleko jest dworzec? – zwróciła się do Jakuba ledwie słyszalnie.

– Trudno powiedzieć. Będzie ze trzy kilometry. Pani nie ma żadnej kurtki?

Wzruszyła ramionami, a zaraz potem pokręciła głową. Spojrzała ponad nim, gdzieś w przestrzeń, i zagięła dłonie na pliku kartek, które trzymała pod pachą. Nic nie powiedziała.

– Lepiej, żeby pani wzięła taksówkę – doradził i urwał, przyglądając się jej uważniej.

Była nieobecna, jakby sama kwalifikowała się do ośrodka, przed którym stali.

– Pójdę już. – Odwróciła się. – To będzie w lewo czy w prawo?

Obejrzał się na ścianę lasu. Wskazał kierunek.

– Na piechotę zajmie to pani z pół godziny, a w tym stroju przechadzkę można przypłacić zapaleniem płuc. Ma pani komórkę? Wpiszemy adres i nawigacja panią poprowadzi.

– Niestety zostawiłam w domu – odrzekła i zrozumiał, że trzyma się ostatkiem sił, żeby się nie rozpłakać. – Portfel też, razem z torebką, ale może konduktor się ulituje i zapłacę na miejscu, jak dojadę do Szczecina. Nie podrzuciłby mnie pan? – zakończyła, patrząc na niego błagalnie.

– Do Szczecina? – powtórzył jak echo. – Przykro mi, ale nie mogę.

– Nie, nie. – Zaczęła kręcić głową i zachichotała nerwowo. – Chodziło mi o dworzec.

– Co pani tu robi? W Zachodniopomorskiem nie macie szpitali?

– Nikt nie chciał nas przyjąć, a córka jest w kryzysie. Po próbie samobójczej... Nie było czasu, żeby się ogarnąć.

– I gnaliście tutaj aż ze Szczecina?

Pokiwała głową.

– Nigdzie nie ma miejsc. Najpierw ruszyliśmy do Słupska, potem do Gdańska, a wreszcie do Warszawy, ale zewsząd nas odsyłali. Wybłagałam u sanitariuszy, żeby zaczęli dzwonić po kolejnych placówkach, i tylko tutaj było miejsce. Córka kiedyś była już w Koćwinie, więc pani dyrektor się nade mną ulitowała. Nie chciałam, bo Miłka źle wspomina ten szpital, ale czy mam pozwolić, żeby dziecko odebrało sobie życie? Musiałam podjąć decyzję natychmiast... Gdybyśmy wysiedli z karetki, nigdzie by Miłki nie przyjęto. Na hospitalizację bez kryzysu czeka się nawet kilka miesięcy. A ratownicy w karetce nie mogą się zatrzymać, bo wtedy muszą wziąć następne zlecenie. – Spojrzała na swoje kapcie i łydki sine już z zimna. – Myślałam, że wychodzę na chwilę. Nie było czasu na nic. Nawet torebki nie wzięłam.

Jakub nie namyślał się długo. Ściągnął polar z grzbietu i podał kobiecie. Otuliła się nim, szepcząc pod nosem słowa podziękowania.

– Nie pożyczyłby mi pan dwustu złotych? – Podniosła bojaźliwie głowę. – Zwrócę blikiem, jak tylko dojadę do domu. Przysięgam na Boga.

Kuba wpatrywał się w kobietę oniemiały.

– Wiem, że pan mnie nie zna i trudno komuś takiemu zaufać. Wyglądam jak łajza… – Oczy nagle się jej zaszkliły, a po policzkach popłynęły łzy. – Nazywam się Linda Werendarz. Jestem kucharką w sądzie. Wszyscy sędziowie i adwokaci mnie tam znają. Jutro rano bezwzględnie muszę być w pracy. Wybiegłam z roboty, jak tylko się dowiedziałam, że Miłka znów próbowała się zabić. Znaleźli ją w szkole, w łazience. Łyknęła wszystkie listki fluoksetyny. Dawkę antydepresantu na cały miesiąc. A do tego pół fiolki ketonalu, który został jeszcze po mężu. Zmarł na raka półtora roku temu. To wtedy wszystko zaczęło się psuć… Na szczęście Miłka na czas zwymiotowała. – Umilkła, jakby mówienie o tym ją przerastało, ale po chwili kontynuowała, łapczywie chwytając hausty powietrza: – Mogę podyktować swoje dane. Pan sobie sprawdzi na policji.

– Nie trzeba. – Kuba machnął ręką, po czym sięgnął do kieszeni i podał Lindzie zmiętą setkę. – To wszystko, co mam w gotówce.

Kobieta z uśmiechem wygładzała pieniądze, jakby dostała w darze prawdziwy skarb.

– Nie starczy na bilet do Szczecina, ale mogę kupić go pani w aplikacji – dodał, sam zaskoczony, dlaczego właściwie to robi.

Czuł, że tak trzeba i nie wolno mu zostawić tej kobiety bez pomocy. Przypominała mu własną matkę, która zawsze starała się sobie radzić sama, nikomu się nie zwierzała z przemocy, jakiej doświadcza ze strony męża, a wszyscy wokół sądzili, że ma z majorem Sobieskim bajkowe życie. Jednocześnie Kuba złapał się na tym, że gdzieś z tyłu głowy kołacze się niezbyt chlubna intencja. Liczył, że w ten sposób kupi sobie cennego sojusznika. Kogoś, kto w razie czego przysłuży mu się do śledztwa. W końcu córka Lindy Werendarz została właśnie przyjęta na oddział.

– To będzie razem trzysta złotych! – wyszeptała drżącym głosem Linda. – Naprawdę pan mi tyle pożyczy?

– Pociąg ma pani o dziewiętnastej, przez Warszawę. – Uśmiechnął się i pokazał kupiony bilet. – Zawiozę panią na dworzec.

Wyciągnął swój notes. Wyrwał jedną ze stron.

– Proszę napisać swoje dane i numer telefonu – rzekł, podając jej kartkę, a potem otworzył drzwi hiluxa. Wydostał termos z kawą i kanapkę, którą kupił sobie na stacji po drodze z Warszawy. – Mam sprawę do załatwienia w tym szpitalu, ale liczę, że to nie potrwa długo – wyjaśnił. – Nad ranem będzie pani w domu. W bagażniku mam przenośną drukarkę, więc wydrukuję pani ten bilet.

Wyrwał kolejną kartkę, na której zapisał kontakt do siebie wraz z nazwiskiem.

– A pieniądze przeleje pani na ten numer – dorzucił.

Patrzyła na niego z wdzięcznością.

– Jest pan niesamowity – oświadczyła, lekko się uśmiechając. Wydawała się całkiem sympatyczna, a na jej twarzy widać było ślady dawnej urody. – Naprawdę mi pan zaufa? Mogłabym przecież uciec z tymi pieniędzmi, a może i zdewastować ten piękny wóz… – Umilkła przestraszona tym, jak jej słowa zostaną odebrane.

Przyjrzał się jej kpiąco i sięgnął znów do schowka. Zabrał kaburę z bronią oraz odznakę detektywa. Kobieta wpatrywała się w te akcesoria jak zaczarowana. Dopiero wtedy wyjął kluczyk ze stacyjki.

– Może pani robić, co uważa. – Uśmiechnął się. – To wolny kraj. Jeśli zdecyduje się pani dotrzeć sama na dworzec, proszę zatrzasnąć porządnie drzwi. Samochód się zablokuje.

Pierwsze i drugie drzwi wejściowe do szpitala otwierały się normalnie. Przy trzecich Jakub musiał nacisnąć brzęczyk i poczekać w śluzie na pielęgniarkę. Podeszła po dłuższej chwili zasapana i wyraźnie zniecierpliwiona. Sobieski przedstawił się, pokazał odznakę. Kobieta spojrzała na jego kaburę przypiętą do paska, po czym wskazała plastikowy pojemnik, a kiedy wkładał tam pistolet, wreszcie się odezwała. Mówiła płynnie po polsku z wyraźnym wschodnim zaśpiewem.

– Pani dyrektor oczekiwała pana przed dziesiątą. Teraz jest zajęta. Musi pan zaczekać. Nie wiem, czy nie przełożycie spotkania.
– Przepraszam – wytłumaczył się, zmuszając do uprzejmego tonu. – Rano wyjechałem z Warszawy. Na trasie straszne korki. Pisałem wiadomości na komórkę pani doktor. Niestety nie otrzymałem odpowiedzi.
– Pani profesor za czterdzieści minut wychodzi.
– Pielęgniarka przerwała mu bezceremonialnie, podkreślając stopień naukowy dyrektor szpitala. – Proszę uzbroić się w cierpliwość i pod żadnym pozorem nie wchodzić w dyskusje z pensjonariuszami. Niestety nie mamy możliwości odizolować ich z poczekalni. Szpital i tak jest przepełniony. Teraz będę musiała pana przeszukać. Gotowy?
– Sądziłem, że szefowa ośrodka pracuje do czternastej trzydzieści – zdziwił się detektyw i znacząco spojrzał na zegarek. – Dopiero za kwadrans południe.
– Nie znam planów pani profesor – ucięła. – Takie dostałam instrukcje.
Ustawiła Jakuba pod ścianą i zaczęła go oklepywać, jakby zamierzała go wsadzić na dołek. Gestem nakazała zdjąć pasek od spodni i włożyła go do pudełka, w którym leżała już jego broń. Długo przyglądała się sznurowadłom jego traperów, ale ostatecznie mu je zostawiła. Zabrała za to długopis, klucze do samochodu, scyzoryk i małą buteleczkę płynu do dezynfekcji rąk, o której zapomniał, a którą nosił od nie wiadomo kiedy w kieszeni bojówek.
– To też jest niebezpieczne?
– Zawiera alkohol. Jest niedozwolony na oddziale.

Sprawdzała każdy szew jego dżinsowej koszuli, dokładnie zbadała daszek czapki, którą ostatecznie również dołożyła do pudełka. Wreszcie nakazała mu się odwrócić i obmacała jego kieszenie. Znalazła kilka metalowych kółek do kluczy i jeden spinacz. Wrzuciła je do zestawu rzeczy zakazanych.

– Nie zostanę u was dłużej niż pół godziny – zirytował się Jakub. – Zachowuje się pani, jakby przyjmowała mnie na oddział.

– Pan wejdzie na oddział – podkreśliła z naciskiem.

– Jak mówiłam wcześniej, nie mamy poczekalni. Ze względu na przepełnienie niektórzy młodzi ludzie mieszkają zaraz za ambulatorium. Są sprytni, przebiegli. Potrafią więcej niż niejeden kieszonkowiec. Jeszcze raz pana uczulam, żeby nie nawiązywał pan kontaktu wzrokowego. Zostawię pana przed rejestracją i pójdę do pani dyrektor, ale kiedy po pana wrócę, nie wiem. To może potrwać.

– Chyba lepiej będzie przełożyć spotkanie – zaproponował z niechęcią. – Liczyłem na dłuższą rozmowę z szefową szpitala, a wygląda na to, że dostanę pięć minut audiencji.

– Jutro pani profesor jest w terenie – wyburczała pielęgniarka, spoglądając na niego zbulwersowana, po czym zamknęła pojemnik z jego rzeczami w jednej z szafek.

W większości nie było kluczy w zamkach. Pojął, że są zajęte.

– Co tutaj trzymacie? – Wskazał jedną z naklejek „Słodka paczka" na drzwiczkach skrytki.

– Rodzice mają prawo zostawić dziecku słodycze, przekąski albo owoce, jeśli oczywiście pani profesor wyrazi swój akcept. Na spotkanie z dzieckiem potrzebna jest specjalna zgoda, ale do śluzy mogę wpuścić bez umawiania się. Przyjeżdżają, wkładają do takiej szafki żywność i wychodzą. Oczywiście potem sprawdzamy zawartość tych prezentów. Widziałam już bardzo wiele. Może mi pan wierzyć. Rodzicom, tak samo jak panu, brakuje wyobraźni, a na oddziale mamy dzieci w kryzysie, które nieustannie walczą o uwagę. Prześcigają się w pomysłach, jak i czym się zabić. To uczy pokory.

– Jak długo pani tutaj pracuje?

– Niedługo – żachnęła się. – Ale szybko pojęłam, że moim zadaniem jest uniemożliwianie okazji. Pacjenci posuwają się do wszystkiego: manipulacja, litość, agresja i wrzaski. Każdy sposób jest dobry, żeby być liderem w zabawie: kto pierwszy zrobi sobie spektakularną krzywdę. Im więcej juchy, tym lepiej. Sto procent uwagi wszystkich zagwarantowane. Starczy mała kłótnia, krzywe spojrzenie i już jest afera. Dobrze panu radzę, niech pan zachowa spokój i nie reaguje. Był pan kiedyś w takim miejscu?

– Tylko na oddziale dla dorosłych. – Pokręcił głową. – W zakładzie zamkniętym. I przysięgam, że tak mnie nie przeszukiwano.

– To nie widział pan piekła – odparła niezrażona. – A oddział dla dorosłych mieliśmy na ostatnim piętrze. Na szczęście go zamknęli.

Kuba chciał spytać, czy to właśnie tam doszło do gwałtu, o którym opowiadali rodzice Gabrysi, ale ugryzł się w język. Obawiał się, że kobieta mimo niskiego stanowiska jest wpływowa. Rozdrażnienie jej to najgorszy z pomysłów, zwłaszcza jeśli liczył, że to nieostatnia wizyta w placówce.

– Teraz trzeba pilnować dzieciaków, żeby nie łaziły tam się ciąć – rozgadała się nagle. – Musiał pan na mnie czekać, bo jedna z tych gówniar jakoś się tam przedostała i wlazła do szafki, żeby się poddusić. Gnojówa waży z siedemdziesiąt kilo, a zmieściła się do takiego pudełka. – Wskazała kosz na śmieci stojący przy drzwiach. – Musieliśmy ją przenieść na ostry dyżur. Mówię panu, nie wiem, ile jeszcze wytrzymam.

Nic nie odpowiedział, chociaż zadziwiło go wulgarne słownictwo pielęgniarki i jej brak empatii. Sądził, że do tego zawodu garną się osoby pragnące pomagać innym.

– Idziemy? – Uśmiechnęła się przymilnie.

Wyjęła wielki przedpotopowy telefon z kieszeni, a Jakub pomyślał, że urządzenie nadawałoby się raczej do muzeum.

– Chyba ma pan szczęście. Pani dyrektor za kwadrans będzie dostępna. Mam potwierdzenie, że może pan zaczekać.

– Za kwadrans? – Zmarszczył się. Znów spojrzał na zegarek. – To na rozmowę zostanie mi niecały drugi?

– Trzeba było zostać w policji – mruknęła z wyższością. – Status prywatnego detektywa na niewiele w tym kraju pozwala.

– Myli się pani – odparł całkiem już rozeźlony. – Jeśli będziecie utrudniać zbieranie informacji, są prawne narzędzia, żeby was do tego zmusić.

– Czyżby? – odpowiedziała z drwiącym grymasem.

– Wcale nie muszę z panem rozmawiać.

– Pracowała pani, kiedy doszło do napaści na Różę Bernaś? – odparował pytaniem, które od razu zmyło triumfujący uśmieszek z twarzy pielęgniarki.

– Nie jestem upoważniona do udzielania wywiadów.

– To się okaże – rzucił i skinął na drzwi. – Proszę prowadzić. Szkoda czasu na jałową gadkę.

Kobieta zastukała kluczami w metalowe wrota, a Jakub pomyślał, że identycznie robią pracownicy służby więziennej. Ta pielęgniarka nie różniła się niczym od klawiszki w areszcie. Zamiast munduru miała na sobie kitel, a pałkę zastępowały jej strzykawka i fiolka leków uspokajających. Teraz już całkowicie wierzył Gajdom, że dzieciaki, które tutaj trafiają, nie wracają stąd takie same jak wcześniej. Co najwyżej edukują się w tym, jak skuteczniej dokonywać prób samobójczych, ciąć się i odurzać czym popadnie.

Drzwi śluzy nareszcie się otworzyły, a Jakuba zaatakował wrzask, od którego pękały bębenki. Ktoś krzyczał, jakby darto go na pasy. Zdawało się, że po chwili ta osoba umilknie, bo przecież nie zdoła drzeć się nieustannie cały czas, ale to było złudne. Wrzask milkł, a potem znów się wzmagał, ale nikt w sali szumnie zwanej poczekalnią nie zwracał na to uwagi.

Grupka młodzieży w czarnych ciuchach podniosła głowy i przyjrzała się z zaciekawieniem gościowi. Jej lider, szczupły, wiotki, o wielkich czarnych oczach, które zdawały się dominować na twarzy, szepnął coś do kolegi, a wtedy tamten naciągnął kaptur. Pozostali jak na komendę również pochylili głowy. Mruczeli coś do siebie półgłosem. Jakaś dziewczyna z widoczną nadwagą, o długich do pasa włosach jak u rusałki, od dawna niemytych i wiszących w strąkach, świdrowała Jakuba spojrzeniem. Zdawało się, że wcale nie mruga. Kuba patrzył na nią przez chwilę, a potem zgodnie z zaleceniem pielęgniarki odwrócił głowę. Przyjrzał się rzędom materacy poklejonych taśmą pakową, leżących na korytarzu i pod oknami. Nie było na nich prześcieradeł, tylko zniszczone gołe kołdry całe w plamach. Na niektórych leżeli pacjenci, w tym jeden zapięty w pasy. Jakub nie był w stanie stwierdzić, czy to dziewczyna, czy chłopak. Nastolatek nie mógł się poruszyć ani przemieścić głowy, ale kiedy Jakub przechodził obok, zdołał splunąć mu pod nogi.

Wszechobecny smród drażnił nozdrza. Był to nawarstwiony przez lata odór moczu, niemytych ciał, potu i ciepła woń ekskrementów. W pierwszych minutach przechadzki Sobieskiemu zdawało się, że nie powstrzyma torsji. Bardziej obrzydliwy był tylko zapach rozkładających się zwłok.

Kuba instynktownie spojrzał na okna. Żadne nie było uchylone. Przyjrzał się framugom. Zabito je na głucho. Obrazki, które widział z dołu, były stare, wypłowiałe i popisane obraźliwymi tekstami albo pomazane obscenicznymi rysunkami. Dopiero z bliska widać było, że to rodzaj prymitywnych witraży, pewnie jeszcze z PRL-u. Usunięcie ich wiązałoby się najprawdopodobniej z wymianą szyb. Był to jedyny element kolorystyczny w tym pomieszczeniu, którego szare ściany pomalowano grubymi warstwami farby olejnej. Linoleum na podłodze było tak powykrzywiane, jakby szli po wertepach. Budynek ewidentnie wymagał remontu, ale taniej byłoby go zburzyć i postawić na jego miejsce nowy.

Wrzask dobiegający z izolatki nie cichł. Sobieski co jakiś czas przykładał ręce do uszu, żeby móc myśleć w miarę przytomnie, ale jego przewodniczka jakby tego nie słyszała.

– Co się stało temu dziecku? – spytał, kiedy dotarli do kubika z kontuarem, który okazał się rodzajem recepcji.

Dwie pielęgniarki przygotowywały właśnie przydział leków. Zdawało się, że nie zwracają uwagi na odwiedzającego, ale gdy tylko je minął, za plecami usłyszał zgłuszoną wymianę zdań. Niestety przez ten hałas niczego nie zrozumiał.

– To Natalia – padło w odpowiedzi. – Jest w manii. Zamknęłyśmy ją ze względu na pana przyjście. Normalnie biega po sali, rzuca czym popadnie, a bywa, że zjada własne odchody.

– Nie możecie jej podać leków uspokajających?

– Dostaje najwyższą dawkę z możliwych. Nic więcej nie możemy zrobić – ucięła pielęgniarka.

Wtedy Kuba zobaczył tę dziewczynkę. Znajdowała się w pokoju z metalowymi drzwiami, ale do środka można było zajrzeć przez małą szybkę. Kuba zerknął tam odruchowo. Pacjentka wierzgała nogami i starała się uwolnić z kaftana bezpieczeństwa. Co jakiś czas rzucała się na wyłożone czymś miękkim ściany, jakby była zapaśnikiem wrestlingu. Spadała plecami, uderzała głową. Posklejane włosy przysłaniały jej twarz. Była spocona, brudna i nie przestawała krzyczeć, jakby była dzikim stworzeniem z dżungli.

– O Boże – wyszeptał Jakub bezwiednie. – Na co ona choruje?

– Schizofrenia – skwitowała pielęgniarka. – A do tego spory zestaw innych zaburzeń. Nieoczekiwanie chwyciła Jakuba za rękaw i odciągnęła go od izolatki.

– Niech pan się tak nie gapi! – skarciła go. – To nie cyrk. Jak mała zorientuje się, że jest obserwowana, jej stan się pogorszy.

– Przepraszam. – Pochylił głowę. – Nigdy na żywo czegoś podobnego nie widziałem. Przez chwilę wydawało mi się, że znajdujemy się na planie *Egzorcysty*.

– Dobre porównanie – przytaknęła nieoczekiwanie pielęgniarka. – Rodzina przez lata woziła ją do księży i poddawali ją egzorcyzmom zamiast leczyć. Oto skutki. – Rozłożyła ręce w geście bezradności. – Teraz już za późno. Choroba się rozwinęła, a kłopotów jest więcej. Tak to już jest, że jak dziecko zachoruje psychicznie, zaburzenia mnożą się, a niedopasowane leki powodują następne. Ona poza nieprawidłową osobowością ma anoreksję, ostre stany lękowe i liczne paranoje. Ale nie zawsze jest w takim stanie. Zdarzają się remisje. Wtedy jest do rany przyłóż. Słodka jak aniołek.

– To w ogóle możliwe? – zdziwił się Kuba.

– Wszystko jest możliwe. – Kobieta wzruszyła ramionami. – Człowiek ma w sobie pierwiastek boski. Jeśli mocno wierzy, jest w stanie sam się uleczyć. Ale kiedy zechce, zadaje sobie najstraszniejsze tortury, a co gorsza, znajduje w tym perwersyjną radość. Chora głowa to jest prawdziwe więzienie, niech pan mi wierzy. Nie da się z niego uciec.

Jakub chciał skomentować jej słowa, ale nie dała mu szansy. Otworzyła drzwi i za wielkim antycznym biurkiem zobaczył filigranową, pomarszczoną kobietę z kokiem większym od jej głowy, który musiał być przypinany.
– Profesor Beata Kiryluk? – Skłonił głowę.
Sięgnął po odznakę, ale przypomniał sobie, że została zarekwirowana przy wejściu i leży w szafce. Przedstawił się.
– Przysłali pana Gajdowie? – Dyrektorka od razu przeszła do rzeczy. Żwawo się podniosła i zaprosiła go gestem na jeden z wytartych foteli. – Proszę siadać. Opowiem, jak to było z ich córką, bo mam dość telefonów od ich prawnika i straszenia sądem.

– Prawda jest taka, że Gabrysia Gajda nie cierpi na żadną z chorób, które przypisuje jej matka – zaczęła niepytana. Przyglądała się długo Jakubowi, a potem podeszła do swojego biurka i podała mu długopis, żeby mógł notować. Kontynuowała: – To jej rodzina jest chora. Wszyscy jej członkowie powinni iść na terapię. Dziecko, które do nas trafiło, zebrało w sobie jedynie ból tej rodziny i bardzo cierpi, przyznaję. Ale odizolowane od toksycznych rodziców i brata niemal całkowicie osiągnęło równowagę psychiczną.
– Uważa więc pani, że Gabrysia jest zdrowa? – wszedł jej w słowo zaskoczony Jakub.
– Zdrowa nie, skoro była zdolna do aktu agresji – zaprzeczyła niezrażona. – Ale kiedy ją przywieźli, proste techniki terapeutyczne pozwoliły ją ustabilizować.

Oczywiście dostawała leki i dużo odpoczywała. W każdym razie może odpowiadać za zbrodnię przed sądem. Jest poczytalna.

Sobieski nie mógł uwierzyć w to, co słyszy.

– Mówi pani o medykamentach zwiotczających mięśnie?

– Nie odpowiem na to pytanie, bo obowiązuje mnie tajemnica lekarska. – Profesor Kiryluk wykpiła się z lekkim uśmiechem i kontynuowała swój wywód. – Problem, jaki realnie mają Gajdowie, dopiero niebawem się ujawni. Warto, żeby postarali się o diagnozę dla syna, bo niektóre zachowania Henia mogą świadczyć, że jest w spektrum autyzmu.

– Stawia pani diagnozę bez hospitalizacji? – oburzył się Jakub.

– Myślałam, że rozmawiamy nieoficjalnie i zależy panu na szybkiej informacji zwrotnej. Dzielę się tym, co uważam za najpilniejsze – odparła spokojnie. – Widziałam Henia, jak przychodził z rodzicami, a o ich relacjach w domu rozmawiał z Gabrysią nasz zaprzyjaźniony ksiądz. Jan Aleksander Żmudziński stara się jak najczęściej nas odwiedzać i skutecznie pomaga młodzieży odnaleźć balans. Dzieciaki go lubią. Ma z nimi lepszy kontakt niż niejeden lekarz. – Zawahała się, ale dodała: – Córka Gajdów wielokrotnie zwierzała się naszemu Dobremu Aniołowi, jak nazywają księdza Żmudzińskiego młodzi pacjenci. Może mi pan wierzyć, że czekam teraz tylko na rozpaczliwy telefon od Urszuli Gajdy, żeby przyjąć do nas małego po próbie albo innym kryzysie. Jak się pan domyśla, nawet jeśli miałabym miejsce, odmówię. Nie po tym, co tutaj odstawili. – Zacisnęła usta.

Sobieski przez długą chwilę nie był w stanie nic powiedzieć. Zbierał w głowie myśli i zastanawiał się nad nieoczekiwanym obrotem sprawy.

– Powiedziano mi, że Gabrysia nie spotkała się z psychiatrą ani razu podczas całego pobytu – oświadczył. – Pani twierdzi, że często rozmawiałyście. To jak to było, pani profesor?

Kobieta zaśmiała się wyraźnie ubawiona.

– Oczywiście, że znam swoich podopiecznych.

– Dlaczego więc nie wspomina pani o tym, że dziewczynka woli, żeby zwracać się do niej Ryś i używać formy bezosobowej? Dysforia płciowa to wynik jej choroby?

Beata Kiryluk westchnęła znacząco, a potem wzniosła oczy do sufitu.

– Nie mam czasu teraz panu tego wyjaśniać, ale większość z nich oszukuje – odparła swoim urzędowym tonem. – To rodzaj mody. Dzisiejsza młodzież wymyśla Bóg wie co, bo nie ma dobrych wzorców. Nikt tym dzieciakom nie postawił granic, nie znają dyscypliny. Nie mówię, że wszyscy byli rozpieszczani i chowani w puchu, ale problemy z tożsamością płciową to plaga każdej placówki zdrowia psychicznego. Tęczowa zaraza... Dziewięćdziesiąt procent przyjętych do naszego szpitala dziewcząt chce wyglądać i zachowuje się jak chłopcy. Przyjęłam na oddział Gabrysię, która jest dziewczynką, i tak będę się o niej wypowiadała, ale jeśli pan się upiera, może pan mówić o niej po ksywie. Jakoś się porozumiemy. Przypominam jednak, że Gabrysia będzie sądzona za to, co zrobiła, pod swoim rodowym imieniem i nazwiskiem, jak Pan Bóg przykazał.

Jakub słuchał tego oniemiały, ale pojął, że rozmowa z lekarką na ten temat przypomina rzucanie grochem o ścianę. Kompletna strata czasu.

– Są świadkowie zdarzenia? – zapytał, siląc się na oficjalny ton.

– Niestety, nikogo nie było w pobliżu. – Beata Kiryluk się zawahała. – Ale nie jest prawdą, co rozgłaszają rodzice Gabrysi, że pielęgniarka była na parterze. Tamara spożywała posiłek na własnym piętrze i Bóg mi świadkiem, że nie winię jej, że doszło do tej tragedii. Zareagowaliśmy niezwłocznie, a wcześniej na oddziale wszystko było w porządku. Spokój, cisza. Obowiązki wypełnione, karty wypisane, leki wydane. Dziewczyny były po kolacji w sali telewizyjnej i niebawem miały się szykować do snu. Dzień jak co dzień.

– Mógłbym pomówić z tą pielęgniarką?

– Jasna sprawa. – Lekarka pokiwała głową. – Ale nie dzisiaj. Natalka szaleje. Mamy dużo pracy. Szkoda, że pan nie uprzedził, poprosiłabym, żeby Tamara od razu wszystko panu opowiedziała. To z nią wszedł pan na oddział.

Jakub zapisał imię świadka w swoim kajecie.

– Tamara jak?

– Stolnikowa. Nasza najlepsza pracownica. Za nic bym się jej nie pozbyła z placówki. Pracuje za trzech, a jej mąż dołączył do ekipy jako sanitariusz. Jest byłym policjantem, tak jak pan. – Uśmiechnęła się z wyższością. – Praktycznie wszyscy nasi sanitariusze to byli gliniarze.

– Może mógłbym spotkać się z panią Tamarą w mieście, po godzinach pracy?

– Wątpię, czy się zgodzi. – Kiryluk się skrzywiła.
– Ale proszę ją spytać. To jej decyzja.
– Dlaczego pokój, w którym doszło do zdarzenia, został uprzątnięty przed wezwaniem policji?
– Widział pan kiedyś akcję reanimacyjną? – Profesorka zmrużyła karcąco oczy. – Nie dałoby się tam wejść bez unurzania się we krwi. W pierwszej kolejności musimy myśleć o dobru innych pacjentów. Do tego jesteśmy powołani.
– Nie rozumiem. – Detektyw zmarszczył brwi. – To miejsce zbrodni. Nawet jeśli prowadziliście akcję reanimacyjną, po jej zakończeniu nie należy niczego dotykać, bo to utrudnia zbieranie śladów. Skoro macie na pokładzie byłych gliniarzy, tym bardziej się temu dziwię. – Urwał. – Kto dokładnie wyczyścił pokój przed wezwaniem policji? Również pani Tamara?
– No cóż. – Szefowa szpitala odchrząknęła znacząco. – Może pan być pewien, że zostanie przeprowadzone wewnętrzne dochodzenie, kto zachował się nadgorliwie, ale z pewnością nie było to działanie mające na celu usuwanie śladów. Tego mi pan nie wmówi.
– Tak można to zinterpretować – podkreślił.
– Niech pan sobie myśli, co chce – odparowała. – Zrobiliśmy wszystko, co w naszej mocy, żeby ratować Różę. Nie udało się i bardzo nad tym boleję. Chyba nie oczekuje pan, że będę wybielała sprawczynię?
– Ktoś wszedł pierwszy do tego pokoju i zobaczył wykrwawiającą się nastolatkę – zaatakował Jakub i zarzucił dyrektorkę pytaniami. – Ktoś widział nóż

do cięcia tapet w dłoni Gabrysi. Kto to był? Kto jako pierwszy rozmawiał z podejrzaną i komu przyznała się, że zabiła koleżankę?

– Anastazja. Jedna z pacjentek – padło w odpowiedzi. – Odkryła ciało Róży na podłodze i zawiadomiła o tym siostrę Tamarę. Zanim poprosi pan o spotkanie z Anastazją, od razu odpowiem, że tego samego dnia trafiła do izolatki. Już kilka godzin później jej stan był krytyczny. Katatonia. Musieliśmy podać silne środki i zapiąć ją w pasy.

– Ale nie od razu jej się pogorszyło, skoro zdołała znaleźć panią Tamarę i zawiadomić ją o zbrodni. Anastazja była przesłuchana? Co zeznała policji?

– Nie jestem upoważniona do udzielania takich informacji – odrzekła z powagą profesor Kiryluk.

– Wątpię – mruknął Jakub z przekąsem. – Skoro Anastazja odkryła ciało, mogła mieć związek z tym przestępstwem. To bardziej prawdopodobne niż fakt, że Różę zabiła nieprzytomna Gabrysia – wychrypiał zirytowany.

Ku jego zdziwieniu profesor Kiryluk nawet nie zmieniła pozy. Jakby jego słowa nie zrobiły na niej wrażenia.

– I to pytanie musi pan skierować do prowadzącej dochodzenie – wysyczała przez zaciśnięte ze złości usta.

Jakub nie mógł wyjść z szoku, a zanim cokolwiek powiedział, lekarka kontynuowała:

– Oczywiście nie mogę podać adresu ani telefonu rodziców Anastazji. Niech pan nie próbuje ich przepytywać. Obowiązuje nas całkowita dyskrecja. Tak zresztą nakazała mi policjantka, która tutaj była. Musimy chronić prywatność dziewczynki. Ponieważ świadek ma dopiero szesnaście lat, to dla niej potężna trauma, a już wcześniej miała problemy. Naszym zadaniem jest otoczyć ją opieką. Nie ma mowy o spotkaniach z detektywami, rodzicami podejrzanej czy kimkolwiek. Ciągłe przesłuchania mogą jej zaszkodzić bezpowrotnie. Policjantka, która tutaj była po zdarzeniu, też zrobiła to tylko raz, a zresztą Anastazja zaraz zamknęła się w sobie.

– Anastazja jak? – zapytał zniecierpliwiony Jakub.

– Nie mogę podać pełnych personaliów – powtórzyła swoje dyrektorka. Wstała. Założyła dłonie na ramiona. – Właściwie w ogóle nie powinnam z panem o tym rozmawiać. To moja dobra wola. I niech pan nie pyta, co dolega Anastazji, bo to tajemnica lekarska. Tego również nie mogę ujawnić.

– Więc dobrze. – Jakub zamknął z trzaskiem swój notes, ale zaraz się zreflektował. – Dziękuję za wszystkie informacje i poświęcony czas. Zaręcza pani, że siostra Tamara była na swoim stanowisku?

– Oczywiście – z pełną powagą odrzekła lekarka.

– A skąd ta pewność? Przecież pani tutaj nie było.

– Tamara to nasza najlepsza pracownica – powtórzyła. – Wierzę jej.

Jakub spiorunował kobietę wzrokiem, ale przeszedł do kolejnego pytania.

– Jakie leki dostała Gabrysia przed kolacją? Mam zgodę rodziców na obejrzenie karty choroby i dziennika leczenia, jeśli takowy istnieje.

Pogrzebał w swoim notesie i wyjął złożoną misternie kartkę z podpisami Gajdów.

– Lista leków była standardowa – oświadczyła Kiryluk. – Niestety, nie mogę panu pokazać kompletu dokumentów pacjentki, bo policja je zabrała. W każdym razie Gabrysi Gajdzie podano środki na sen, na jej własne życzenie. Wcześniej uskarżała się na ból głowy i stany lękowe. Mówiła, że ma wrażenie, jakby tonęła.

– Gabrysia zwierzyła się swojej adwokat, że kiedy ocknęła się w krytycznym dniu, nie miała czucia w ciele. Jak często podajecie dzieciom środki zwiotczające?

– Praktycznie nigdy. To ostateczność – ucięła szefowa szpitala. – Nie podobają mi się te insynuacje.

– Czy córka Gajdów była badana pod kątem wziętych środków? Pobrano jej krew po zdarzeniu? Wykluczono ewentualność podania pavulonu?

– Nic o tym nie wiem – parsknęła bardzo już zdenerwowana lekarka. – A jeśli chodzi o ten pavulon, to mit, który krąży w sieci. Musi pan wiedzieć, że chore dzieciaki wymyślają brednie, byleby tylko samemu wypaść lepiej w oczach innych. Naoglądał się pan filmów. Albo TikToka – dorzuciła z szyderczym uśmieszkiem.

– Skąd Gabriela miałaby w szpitalu nóż do tapet? Mnie przeszukano, jakbym wchodził do kapsuły kosmicznej. – Kuba nie odpuszczał.

– Te żarty są nie na miejscu – oburzyła się profesor Kiryluk. – A skąd wzięła narzędzie zbrodni? Nie mam pojęcia. Dzieciaki potrafią przemycać żyletki w okładkach książek. Nieustannie robimy przeszukania i cały czas coś znajdujemy. Przed zdarzeniem, o którym mowa, w ośrodku chodziły plotki, że pacjenci mają dziewięć żyletek na oddziale. Licytowali się na spore kwoty, kto je otrzyma, żeby dokonać próby samobójczej. Chłopiec, który wygrał licytację, połknął połowę takiej żyletki. Wolał to zrobić, niż ją oddać. Leży teraz na OIOM-ie w stanie ciężkim. To nasza rzeczywistość, panie Sobieski. Nieustannie mierzymy się z pomysłowością zaburzonych dzieci. Dla nas zabójstwo Róży to oczywiście tragedia, ale i smutna codzienność... Nawet pan sobie nie wyobraża, ile razy udało się powstrzymać śmierć. Nie zliczę...

Jakub miał dość jej gadania. Czuł, że kobieta coś ukrywa i drży, żeby się do tego sekretu nie dokopał. Tylko dlatego zgodziła się na spotkanie, żeby stworzyć pozory współpracy.

– Trzy miesiące temu na waszym oddziale doszło do gwałtu na innej dziewczynce – zmienił temat.

– Nad tą sprawą też pan pracuje? – Kiryluk wykrzywiła usta w pogardliwy grymas. – A ja myślałam, że jest już zakończona.

– Ktoś z pani ludzi zadecydował, żeby położyć piętnastolatkę na oddziale dla dorosłych. Jeden z pensjonariuszy brutalnie ją zgwałcił i utrudnialiście rodzinie zgłoszenie przestępstwa. Ponoć matka sama musiała wezwać policję i zawieźć córkę na obdukcję. Nie zgodziła się pani nawet na podanie pigułki „dzień po".

– To, że doszło do takiej przykrej sytuacji, jest winą matki dziewczyny.

– Gwałt nazywa pani przykrą sytuacją?

– Nastolatka cierpi na borderline. Tego rodzaju pacjenci bardzo niefrasobliwie wchodzą w relacje seksualne z przygodnymi partnerami. Ona uwodziła domniemanego gwałciciela przez cały dzień, odkąd została przyjęta. A została do nas przyjęta na wyraźną prośbę matki, chociaż było jak zawsze przepełnienie, i ponieważ jej córka po nieudanej próbie samobójczej uciekła z domu i wałęsała się po Krakowie z dużo starszymi od siebie trzema bezdomnymi. Kto może wiedzieć, do czego była zdolna na wolności, skoro u nas już pierwszej nocy przygruchała sobie kochanka!

– To oburzające, co pani mówi! – Jakub nie wytrzymał. – Nieludzkie wręcz! Wiem z przekazów medialnych, że było wręcz przeciwnie. Pani pacjent chory na schizofrenię dwukrotnie wchodził do sali, w której leżała poszkodowana. Za pierwszym razem przegoniła go jej współlokatorka, która jakimś cudem wybudziła się z leków, ale za drugim razem już mocno spała. Obudził ją krzyk brutalnie gwałconej dziewczyny. To dlatego wasz oddział na piętrze został zamknięty!

Kobieta nie reagowała. Mówiła dalej.

– Ta dziewczyna została przyjęta na wyraźną prośbę matki. Kobieta dosłownie mnie błagała, chociaż mówiłam, że nie mamy miejsc. Podpisała zgodę, która wiązała się z każdym ryzykiem. Niestety wydarzyło się coś złego, ale niech mnie pan nie atakuje, bo ja nie jestem tutaj wszechmocnym Bogiem. Nie jesteśmy w stanie zapanować nad popędami wszystkich!

– Chyba jednak jest pani tutejszym Bogiem. I to takim ze Starego Testamentu! Karzącym, nikczemnym, mściwym i zajadłym. Nic pani nie obchodzi los tych dzieci! Panią interesuje tylko to, żeby były cicho i nie sprawiały problemów.

– Myślę, że pana czas na pogawędkę się skończył.

Dyrektorka strzepnęła z kitla niewidoczne pyłki. Była niska, bardzo drobnej budowy, a jej kości policzkowe były tak ostre, że zdawało się, że przetną zaraz cienką skórę na policzkach. A jednak budziła respekt. Kiedy Kuba się podniósł, musiał pochylić głowę, żeby się do niej zwrócić.

– Gdzie była w krytycznym czasie Natalia?

– Słucham? – spytała profesor Kiryluk z niepokojem, jakby nagle ogłuchła, ale zaraz odzyskała rezon. Krzyknęła z przepony: – Tamaro! Pan detektyw wychodzi. Odprowadź go, proszę, do wyjścia.

– Zapytałem o Natalię. – Jakub nie odpuszczał.

Stanął w miejscu i zablokował przejście ze strefy foteli do biurka. Kobieta nie mogła się ruszyć. Była zmuszona go wysłuchać. Ciągnął chrapliwie:

– Tę dziewczynkę z izolatki, która krzyczy jak opętana. Normalnie tam nie przebywa. Biega po sali i robi różne wybryki. Widziałem, że jest agresywna i nieobliczalna. Sama pani przyznała, że w czasie, kiedy zaatakowano Różę Bernaś, ktoś nafaszerował córkę Gajdów środkami zwiotczającymi, a w ośrodku handlowano dziewięcioma żyletkami. Czy policja sprawdziła, że nóż do tapet jest faktycznym narzędziem zbrodni?

– Za dużo tych pytań – mruknęła kobieta i sprytnie wydostała się z pułapki, jaką na nią zastawił Jakub.

Śmiało podeszła do drzwi. Otworzyła je na oścież. Po chwili zobaczyli zasapaną Tamarę z butelką gencjany i bandażami w rękach.

– Tak, pani profesor?

– Proszę odprowadzić pana detektywa aż do wyjścia. Pilnuj pacjentek. Niech żadna nie ruszy się od stolika, bo zapniesz je w pasy. Zrozumiałaś?

– Tak jest, pani profesor.

– To jest wasza metoda na rygor w placówce? – wściekł się Sobieski. – Zapinanie spokojnych nastolatków w pasy? Nic dziwnego, że się buntują!

– Pan nic nie rozumie. – Lekarka pokręciła głową zrezygnowana. – Ale jeśli tak pan nalega, to odpowiem. Tego dnia Natalia była Ściborem. Małym, słodkim skrzatem, który wszystkich rozśmiesza. Była kochana, wzruszająca i zabawna. Ścibor to część jej osobowości odpowiedzialna za radość. W takim stanie Natalia nie wrzeszczy, jest czysta i klei się do każdego. Nie mogłaby nikomu zrobić krzywdy. Chyba żeby przytulanie i uśmiechy zaliczyć do tortur, bo jest namolna. Ale nie wie, co to ból, lęk i smutek. Zresztą, jak pana zdaniem dziesięciolatka miałaby się włamać do szafki medycznej, ukraść pavulon i podciąć gardło siedemnastolatce? To możliwe tylko na filmach.

– Dlaczego trzymacie na jednym oddziale dziesięciolatki, czternastolatki i młodych dorosłych? – wszedł jej w słowo, ale zaraz złagodził ton, by widziała, że docenił jej szczerość. – Ryzyko jest ogromne, że dojdzie do sytuacji niebezpiecznej.

– O to musi pan zapytać rządzących – odrzekła profesorka, rozkładając ręce. – Dlaczego stawka dzienna na jedzenie w naszym szpitalu to siedem złotych i dwadzieścia sześć groszy? Co sprawia, że nawet więźniowie w aresztach mają lepsze jedzenie.

Czy wie pan, że wszczepienie zastawki serca to koszt osiemdziesięciu tysięcy złotych i jest refundowane przez państwo? Nie chcę oczywiście konkurować z kardiochirurgią, ale ja nie mam szans na te osiemdziesiąt tysięcy dla moich dzieciaków nawet raz na jakiś czas. Oboje zdajemy sobie sprawę, ile mogłabym zrobić za tę kwotę. Łóżek na oddziałach mam trzydzieści sześć, a pacjentów sześćdziesięciu dziewięciu. Ludzie błagają o miejsce na korytarzowym materacu, a kiedy dojdzie do sytuacji krytycznej, awanturują się, że warunki są tragiczne, i grożą mi sądem. Co mam zrobić, kiedy do drzwi pukają następni? Nie przyjmować ich? Może pan w to nie wierzyć, ale mam sumienie i ono nie pozwala mi w najtrudniejszych sytuacjach odesłać ich z kwitkiem. Ostrzegam ich i zawsze upominam, że warunki są, jakie są... Prawda jest jednak taka, że każde z tych dzieci znalazło się w moim szpitalu przez problemy w domu. Winni są rodzice, którzy nie potrafili swoich dzieci wychować! A winę zrzucają na nas, bo wyobrażają sobie, że dziecko dostanie tabletkę i wróci stabilne, normalne. To tak nie działa!

W tym momencie rozległ się krzyk, a potem rumor, jakby upadło kilka krzeseł. Słychać było odgłosy kroków, aż wreszcie pielęgniarka, która przyprowadziła Jakuba, zawołała:

– Pomocy! Artem, Mikołaj! Niech ktoś mi pomoże!
– Proszę się stąd nie ruszać! – rozkazała profesor Beata Kiryluk, po czym wybiegła z gabinetu.

Jakub wahał się chwilę, ale zaraz podążył za nią.

***

Szedł za rozbryzgami krwi, które niczym trop prowadziły do jednej z salek w głębi szpitala. Przed wejściem kłębił się tłum młodych pensjonariuszy. Dzieciaki wpatrywały się znieruchomiałe w widowisko, jakby były w teatrze. Żaden się nie odzywał. Nikt też nie kwapił się do pomocy. Okazało się, że członkowie gangu w czarnych bluzach, których Jakub widział po wejściu do placówki, to dziewczyny. Zgrupowały się teraz na tyłach tłumu i szeptały coś między sobą. Tylko w niektórych oczach Jakub dojrzał przerażenie. Większość uśmiechała się kpiąco albo była obojętna, jakby pokazywano straszny film.

Kuba przepchnął się przez tłum i dopiero wtedy dostrzegł plecy Tamary Stolnikowej. Pielęgniarka szarpała się z kimś i nie tylko ręce, ale i twarz miała w czerwonej mazi. Sobieski szybko ocenił sytuację. Osobą, którą Tamara próbowała obezwładnić, była dziewczyna przywieziona w karetce ze Szczecina.

Córka Lindy Werendarz wciąż miała na sobie kaftan bezpieczeństwa, ale troczki, którymi powinien być związany, były podarte i zwisały smętnie po bokach. Młoda pacjentka nie miała już na głowie miękkiego hełmu. Uderzała na oślep o ścianę, meble i w cokolwiek trafiła. Krew nie tylko spływała po jej twarzy, ale była dosłownie wszędzie. Była zwinna i szybka, przypominała rozwścieczone zwierzę. Otyła pielęgniarka nie była w stanie jej przytrzymać dłużej niż na kilka sekund.

Jakub obejrzał się za siebie, ale spotkał jedynie apatyczne spojrzenia pacjentek. Profesor Kiryluk nie dostrzegł na horyzoncie. Jakubowi przemknęło przez głowę, że pobiegła po sanitariuszy albo gdzieś się ukryła. Nie zamierzał dłużej się nad tym zastanawiać. Zrobił krok naprzód i dał znak dziewczynom, żeby się odsunęły, a następnie wszedł do pomieszczenia i dokładnie zamknął za sobą drzwi.

W pierwszej chwili Tamara spojrzała na niego gniewnie, ale zaraz dała mu znak oczyma. Odwrócił się i pojął, że wskazuje na nowy kaftan bezpieczeństwa leżący na obrotowym taborecie. Chwycił go, rozwinął, podał pielęgniarce i niemal w tym samym momencie rzucił się na wierzgającą pacjentkę – przygniótł ją swoim ciałem, by nie mogła się ruszyć.

Zaskoczona dziewczyna znieruchomiała na moment, jednak po chwili znów zaczęła szaleć. Jakuba zdumiała jej siła. Była szczupła, wręcz wychudzona. Jej przedramiona przypominały cienkie patyki, a palce – pałeczki do sushi. Trójkątna twarz składała się głównie z błyszczących czarnych oczu. Pluła, charczała, starała się go ugryźć, a paznokcie wbijała tak głęboko i z taką siłą, że zdawało się detektywowi, że potnie mu ubranie. Trzymał ją jednak mocno, żeby nie mogła ruszyć głową i uderzać nią o sprzęty.

– Miłka, spokojnie, już dobrze – przemawiał łagodnie. – Jesteś bezpieczna. Już, już, uspokój się. Twoja mama cię kocha. Bardzo by się zmartwiła, gdyby coś ci się stało...

Trwało to długo i choć początkowo dziewczyna rzucała się jeszcze bardziej, to z czasem w jej oczach widział już tylko rozpacz i lęk. Porozumiał się z Tamarą i obrócił pacjentkę tak, by pielęgniarka mogła jej założyć kaftan. Wspólnie zawiązali go dziewczynie na plecach. Kiedy do sali wbiegli sanitariusze, Miłka leżała już wtulona w ramiona Tamary i cicho łkała. Jakub stał wyprostowany i z trudem starał się wyregulować oddech.

– Co pan tu robi?! – ryknęła rozgniewana profesor Kiryluk, która nieoczekiwanie pojawiła się w drzwiach. – Jakim prawem pan się w to miesza!

Sobieski podniósł głowę i przyjrzał się dyrektorce z naganą. Miał ochotę wygarnąć jej, że tę dziewczynę przyjęto przed godziną i nikt nie zadbał o jej bezpieczeństwo, nie wysłuchał, nie podał leków, ale z trudem powstrzymał się przed komentarzami. Sam ledwie łapał oddech.

– Rany na jej głowie trzeba opatrzyć natychmiast – rzekł wolno, nie spuszczając z ordynatorki spojrzenia. – I nie zaszkodzi wykonać tomografii. Uderzała o te krzesła i biurko. – Wskazał zdewastowane łóżko, z którego wystawały śruby i jakieś druty. – Kto wymyślił, żeby szpital tej kategorii wyposażyć w sprzęt zagrażający życiu! Przecież to się prosi o wymiar kary! – A potem rozwinął krwawiącą dłoń i pokazał kawałek grubego szkła, który zabrał pacjentce. – Przeszukiwaliście mnie jak więźnia, a umknęło wam, że ona wniosła coś takiego?

Beata Kiryluk wydęła wargi, namyślała się chwilę, aż wreszcie odpowiedziała:

– Witamy w naszym świecie, panie Sobieski. Tego rodzaju incydenty to u nas norma. Nic szczególnego. Proszę się natychmiast wynosić! W przeciwnym razie wszyscy będziemy mieli kłopoty.

Krzyknęła na dwóch wielkich facetów w czyściutkich białych uniformach, którzy pod jej dowództwem wyprowadzili krwawiącą dziewczynę i zaraz zniknęli w jakimś oddalonym pomieszczeniu.

Dopiero wtedy Tamara wstała, wygładziła swój fartuch, jakby nie był rozchełstany i cały zabrudzony, a potem spojrzała na Jakuba łagodniej.

– Dziękuję – wyszeptała, powoli zapinając guziki na piersi. – Skąd wiedziałeś, jak ona ma na imię? To zadziałało. Być może uratowałeś jej życie.

Jakub nie odpowiedział. Położył na jej dłoni odłamek szkła, który pokazywał profesor Kiryluk, po czym dołożył swoją wizytówkę. Krwawy odcisk palca odbił się dokładnie w miejscu nazwy jego agencji.

– Zadzwoń, jak będziesz wolna – poprosił ledwie słyszalnie. – Nikt się nie dowie, że rozmawialiśmy. Moi klienci mają fundusz na cenne dane – dorzucił. – Nic na tym nie stracisz, a razem możemy tylko zyskać. Wiem, że los tych dzieciaków cię obchodzi.

Patrzyła na niego niemo. Jej twarz nie wyrażała żadnych emocji.

– Chodź, zanim wyjdziesz, pokażę ci, gdzie możesz się umyć – oświadczyła służbowym tonem. Wzięła go za rękę i obejrzała fachowo ranę. – To trzeba zszyć. Jeśli zaczekasz, opatrzę cię. Ale nic więcej nie mów – zastrzegła i pośpiesznie ukryła jego kartę wizytową w kieszeni fartucha.

Nagle bojaźliwie spojrzała ponad jego ramieniem, a kiedy Jakub się odwrócił, spotkał wzrokiem jednego z sanitariuszy.

– Pani profesor cię potrzebuje – zwrócił się do pielęgniarki mężczyzna. I dodał po ukraińsku: – Szybko, Beata jest na ciebie wściekła.

Tamara zerwała się i bezskutecznie maskując zdenerwowanie, wybiegła z pomieszczenia.

– Tam jest zlew – wskazał Sobieskiemu sanitariusz. – Plaster możesz założyć sobie sam.

***

Drzwi samochodu były otwarte, a na siedzeniu pasażera leżały tylko garść okruszków i zgnieciona folia po kanapce. Jakub rozejrzał się, ale Lindy Werendarz nie było w pobliżu. Dokładnie zakręcony termos umieszczono między siedzeniami, a kiedy detektyw po niego sięgnął, spostrzegł karteczkę, którą wcześniej podał matce Miłki ze swoimi danymi do przelewu. Była zamoczona kawą, napisy praktycznie nieczytelne. Przez chwilę czuł rozczarowanie i złość, ale zaraz przegonił te myśli. Wytarł dłonie mokrymi chusteczkami, spryskał spirytusem i owinął ciasno ranę, żeby zatamować krwotok, a potem wsiadł za kółko i zaczął wyjeżdżać z parkingu. Kiedy zatrzymał się, żeby włączyć się do ruchu, w lusterku wstecznym spostrzegł profesor Beatę Kiryluk. Widział, że opuszcza szpital i kieruje się do granatowego jaguara. Miała na sobie błyszczący płaszcz oraz wysokie lakierowane szpilki, jakby wybierała się na jakąś galę. W rękach niosła wielkie tekturowe pudło wyglądające na opakowanie tortu. Wahał się, czy nie zagadać do dyrektorki jeszcze raz, ale nie dała mu szansy. Podjechała bardzo blisko niego, wyminęła go i łamiąc wszystkie przepisy, skręciła w kierunku lasu. Jakub patrzył za znikającym samochodem i dopiero kiedy nie było już jej widać na horyzoncie, wpisał w nawigację adres rodziców Gabrysi i skierował się do miasta.

Korki były niewyobrażalne, a trasa składała się głównie z robót drogowych. Jakub wyklinał i utyskiwał. Szybko wypalił wszystkie iqosy. Posuwał się z prędkością piętnastu kilometrów na godzinę, a większość czasu praktycznie stał w miejscu. Do tego zraniona ręka znów zaczęła krwawić. Nie nadążał podkładać chusteczek i z trudem utrzymywał kierownicę. W schowku znalazł listek leków przeciwbólowych i połknął od razu dwie tabletki. Nie miał czym popić, brzydził się dotykać termosu, z którego piła Linda Werendarz. W połowie drogi się poddał. Skręcił do galerii handlowej w okolicach dworca. Był pewien, że znajdzie tam dobrze zaopatrzoną aptekę. Zaparkował w jednej z małych uliczek i pieszo ruszył do galerii.

Tłum ludzi falami przesuwał się po ruchomych schodach. Zapytał kilka osób, czy nie wiedzą, gdzie może nabyć opatrunki, ale patrzyli na niego dziwnie i odsuwali się, jakby był potencjalnym napastnikiem. W końcu na jednej z tablic znalazł właściwe piętro i ruszył w tamtym kierunku. Zabłądził. Ostatecznie zdecydował się na zakup plastrów w markecie.

Mijał wejście do sklepu, kiedy wydało mu się, że w kolejce do kasy mignęła charakterystyczna kolorowa podomka. W pierwszej chwili oniemiał i był pewien, że ma zwidy. Potrząsnął głową i spojrzał jeszcze raz. To nie był przypadek. Linda Werendarz wciąż miała na nogach zielone kapcie z puszkiem, a na grzbiecie jego własny polar. W koszyku, który trzymała w dłoniach, leżało kilka małych buteleczek z wódką. Jakub stał zszokowany i przez chwilę nie był w stanie zrobić kroku. Zawołał matkę Miłki po nazwisku i susem ruszył w tłum.

Przepychał się, ludzie go wyklinali, on jednak nie odpuszczał. Dopadł wreszcie kasy, ale Lindy już nie było. Koszyk z jej wódką leżał porzucony między słodyczami a gumami do żucia. Rozejrzał się dookoła. Linda zniknęła. Za to w jego kierunku nacierał stary ochroniarz. Niemal zderzył się z nim, kiedy Kuba zaczął biec. Dziadek nie zdołał go dogonić.

Jakub rozglądał się dłuższy czas, ale matki Miłki nie dostrzegł. Za to naprzeciwko niego wyrósł szyld farmacji. Wszedł, nabył opatrunki i środki odkażające. W toalecie obmył ranę, a potem ciasno obwiązał ją bandażem, który jednak błyskawicznie przesiąkał krwią. W dłoni czuł pulsowanie i powoli tracił czucie. Tamara miała rację. Szycie było niezbędne.

Zielonki pod Krakowem

Domek Gajdów znajdował się w szeregowej zabudowie identycznych budynków z równymi miniaturowymi ogródkami i płotkami przed wejściem.

– Mój Boże, co ci się stało? – Urszula powitała Sobieskiego w drzwiach i w pierwszej chwili szczelniej je zamknęła zamiast zaprosić detektywa do środka. Dopiero kiedy zapytał wprost, czy może wejść, zreflektowała się. – Chodź, nie stój na progu.

Wewnątrz wszystko było pastelowe. Jasnoniebieskie meble, pudrowe ramy obrazków na ścianach, bladoróżowe dywany i kremowa obudowa telewizora w salonie. Kuba przez chwilę miał wrażenie, że znalazł się w cukierni. Podniósł zabandażowaną aż po łokieć rękę.

– Przepraszam za spóźnienie – wytłumaczył się. – Miałem mały wypadek, ale już w porządku.

– Napijesz się herbaty? Zjesz coś? – Matka Gabrysi zarzuciła go pytaniami. – Udało ci się coś wydobyć od dyrektorki szpitala?

Pokręcił głową zniechęcony. Miał wielką ochotę opowiedzieć Urszuli, co wydarzyło się w Koćwinie, ale po namyśle zrezygnował.

– Straciłem dużo czasu – przyznał. – Przygotowałaś wszystko, o co cię prosiłem?

– Tak – potwierdziła. – Zdobyłam te kontakty i mam namiar na policjantkę, która prowadzi dochodzenie. Niestety, nie byłam w stanie się do niej dodzwonić. Niedawno wróciła z macierzyńskiego i przychodzi do komendy w określonych godzinach. Wypadek w Koćwinie był jej pierwszym śledztwem po powrocie do pracy. Wcześniej była raczej służbistką.

– Co masz na myśli? – zapytał zaciekawiony.

W tym momencie trzasnęły drzwi i usłyszeli kroki. Jakub i Urszula jednocześnie odwrócili głowy. U szczytu schodów stał Paweł Gajda. Chociaż nie minęła szesnasta, mężczyzna wyglądał, jakby go wybudzono ze snu. Był ubrany w dres i powyciągany T-shirt, a na stopy wsunął gumowe klapki ze skarpetami. W dłoni niósł stertę talerzy i pustą szklankę po piwie.

– Co on tu robi? – warknął do żony.

Urszula pochyliła głowę, ale nic nie odpowiedziała.

– Ulka, zapytałem cię, dlaczego ten facet tu jest! – powtórzył Gajda. – Co wy kombinujecie?

– Nie denerwuj się, Pawełku! – Kobieta zaczęła się gorączkowo tłumaczyć. – Myślałam, że idziesz dzisiaj do biura. Skąd miałam wiedzieć, że zrobisz sobie wolne? Jakub miał przyjechać rano. Wszystko ci wyjaśnię.

– Wynocha! – Gajda natarł na Sobieskiego. – Wypierdalaj, gnoju, z mojego domu!

Jakub wstał, spojrzał pytająco na Urszulę.

– Nie powiedziałaś mu?

Pokręciła głową i ukryła twarz w dłoniach. Płakała bezgłośnie.

– Dostałem zaliczkę i wygospodarowałem czas na przyjazd tutaj – oświadczył twardo detektyw. – Zamiast straszyć żonę, lepiej byś z nią porozmawiał. Jestem oficjalnie zatrudniony.

Gajda miał taką minę, jakby chciał rzucić talerzami o ścianę, ale w ostatniej chwili się powstrzymał. Stał jakiś czas, nic nie mówiąc, a Kuba odruchowo ocenił drogę ewakuacyjną.

– Wyjdę, a wy się rozmówcie i podejmijcie ostateczną decyzję – rzekł z powagą. – Poczekam w aucie. Jak będziecie gotowi, zawołajcie mnie.

– Nigdzie nie pójdziesz – oświadczył Gajda, ale patrzył karcąco na żonę. – Zapłaciłaś mu?

Urszula już nie płakała. Wpatrywała się w męża w napięciu. Drżała na całym ciele. Ledwie była w stanie utrzymać w dłoniach szklankę z herbatą. Wreszcie skinęła nieznacznie głową, a potem zdobyła się na odwagę i przemówiła:

– Nie chcę, żeby Ryś poszedł siedzieć! Potrzebujemy pomocy pana Sobieskiego, żeby zgromadzić dowody na niewinność naszego dziecka. Może to nasza jedyna nadzieja! Pawełku, sam wiesz, że chodzi mi tylko o naszą rodzinę. Wszystko robię dla nas. Wybacz, że ci nie powiedziałam. Miałam to zrobić, ale od rana byłeś zirytowany...

– Wyjaśnisz mi potem – przerwał Gajda i podał jej brudne naczynia.

Detektywowi wskazał jedno z bladoniebieskich krzeseł przy stole, a sam zajął miejsce naprzeciwko.

– Jaki masz plan? – zwrócił się do Sobieskiego rzeczowo, jakby sprzeczki z żoną i warczenia do detektywa wcześniej nie było.

Kuba z niedowierzaniem przyglądał się wzburzonemu mężczyźnie, który ewidentnie starał się udawać spokój. Zajął wskazane mu miejsce.

Urszula przesunęła w ich kierunku dzbanek z kawą i podała ciasto. Kręciła się pomiędzy kuchnią a salonem, dostawiając na stół smakołyki, po które nikt nie sięgał. Nic się nie odzywała, ale wyraźnie była zadowolona z obrotu sprawy.

– Dyrektorka szpitala nam nie pomoże – zaczął Jakub, na co Gajda wybuchnął głośnym śmiechem.

– Co ty powiesz?

– Będę musiał tam wrócić, ale dopiero jak zbiorę więcej danych – kontynuował spokojnie detektyw. – Być może jednak uda mi się zdobyć trochę nieoficjalnych informacji. – Urwał. Przyjrzał się mężczyźnie. – Jesteś zdecydowany na naszą współpracę? Wolałbym, żebyście omówili to z żoną na spokojnie. Jeśli nie chcesz, żebym przy tym grzebał, nawet w tej chwili jestem gotów wrócić do Warszawy. Dla mnie żaden problem. Zaliczkę oddam, ale po potrąceniu kosztów paliwa. Hotel musisz sam anulować, bo to Urszula go rezerwowała.

– Nie – przerwał mu Gajda. – Skoro już tu jesteś, działaj. Rozmówię się z Ulką po twoim wyjściu.

Zabrzmiało jak groźba i tak też na te słowa zareagowała żona. Spięła się w sobie i znieruchomiała, a zaraz potem wybiegła z salonu. Jakub znów nie wiedział, co o tym myśleć.

– Poprosiłem Ulę o zestaw potrzebnych mi danych – kontynuował. – Wiem, że je przygotowała. Możesz ją zawołać?

– Ulka! – krzyknął Gajda, ale nie spuszczał wzroku z Jakuba. – Ponoć przygotowałaś coś dla pana detektywa. Możesz wrócić na dół? Tylko bez beków! Nie mam siły na twoje humory – zastrzegł grubiańsko.

Kobieta karnie zeszła i bez słowa komentarza położyła na stole papierową teczkę.

– Kiedy to robiłaś? – Mąż obrzucił ją gniewnym spojrzeniem.

– W ciągu dnia – odparła ledwie słyszalnie. – Henio był w szkole, a ty zamknąłeś się u siebie. Obiad jest gotowy. Nie musisz się denerwować – tłumaczyła się gorączkowo.

Gajda przeniósł spojrzenie na Jakuba.

– Wygląda na to, że masz już wszystko – oświadczył, nawet nie zaglądając do teczki.

Sobieski poczuł, jak oblewa go zimno. Ten facet kochał kontrolę. Wszystko musiało się dziać tak, jak on sobie zaplanował. Kuba miał ochotę powiedzieć mu coś do słuchu i zmyć z jego twarzy ten irytujący kpiący uśmieszek, ale wiedział, że nie wolno mu tego zrobić. Jeszcze nie teraz.

– Widziałeś się dzisiaj z prawniczką – oświadczył, siląc się na spokój. – Mogę sam z nią pomówić czy mi streścisz?

Na twarzy Gajdy wykwitło zaskoczenie.

– Niewiele wskóraliśmy – odezwał się po pauzie. – Sprawa wydaje się przesądzona. Rodzice tej gówniary cisną do oskarżenia, a Gabrysia nie ułatwia sprawy. Jest w stanie totalnej zapaści. Co gorsza, Kiryluk wydała opinię, że nasze dziecko jest poczytalne.

– Chciałbym pogadać z waszą adwokatką – upierał się Jakub. – Jeśli mam pomóc, nie ma sensu bawić się w głuchy telefon.

Gajda wahał się chwilę, a potem podał nazwisko prawniczki i wyrecytował jej numer telefonu z pamięci. Zaimponował tym Jakubowi.

– To mój konik. Lubię cyfry. – Gajda się uśmiechnął. – Nie licz jednak na nic więcej niż to, co podano dziś w mediach. Ciekaw jestem doprawdy, jak się do tego zabierzesz.

– Więc zlecenie zostaje w mocy? – upewnił się Jakub. – Nie chcecie tego jeszcze raz przegadać?

– Wszystko jest jasne – wszedł mu w słowo Gajda. – Ulka podjęła decyzję samowolnie i trochę się wkurzyłem, ale to nie twoja sprawa. Z żoną mamy tylko jeden cel: ratować Gabrysię. Działaj.

– Skoro tak, chciałbym obejrzeć pokój waszego dziecka. – Jakub sięgnął po teczkę z informacjami. – Potem pójdę. Mam jeszcze sporo roboty. Będę was informował, jak znajdę coś nowego. Raport z cennikiem dostaniesz każdego dnia pod wieczór.

– Za tę forsę, ja myślę… – mruknął pod nosem Gajda, po czym podyktował numer komórki. – Dzwoń najpierw do mnie. Ulka prawie nigdy nie odbiera.

– Nie powiedziałbym – mruknął pod nosem Jakub, ale Gajda udał, że tego nie słyszy.

Prawniczka, która reprezentowała Gabrysię, mieszkała na Woli Justowskiej, którą w folderach agencji nieruchomości reklamowano jako najlepsze połączenie miejskiego i wiejskiego trybu życia. Kuba znów zmuszony był przebić się przez horrendalne korki, a kiedy wreszcie dotarł na miejsce, mijał imponujące rezydencje, których wartość nie schodziła poniżej trzech milionów złotych. Poczuł się głupio, że jeszcze godzinę temu litował się nad rodziną Gajdów, bo najwyraźniej jego gaża była kroplą w porównaniu z tym, ile za swoje usługi brał obrońca tej rangi. Tak jak się umówił z panią mecenas, zaczął dzwonić, zanim jeszcze dojechał do celu. Wcześniej kontaktowali się wyłącznie esemesowo, dlatego Jakub bardzo się zdziwił, kiedy w słuchawce usłyszał męski baryton.

– Chciałbym rozmawiać z panią Anitą Brhel – zaznaczył. – Jesteśmy umówieni.

– Tak, czekam na pana – padło w odpowiedzi. – Brama jest otwarta, proszę po prostu wjechać. – Połączenie przerwano.

Kilka minut później Kuba spostrzegł wielki metalowy płot obrośnięty tak gęsto bluszczem, że tablica z numerem była ledwie widoczna. Bez wahania skręcił w jedyną otwartą furtę. Na podjeździe czekał na niego szczupły, niewysoki mężczyzna ubrany w wąskie kraciaste spodnie i czarny golf. Włosy miał szpakowate, wysoko podgolone, a twarz bez śladu zarostu, gładką jak u dziecka. Wskazał Jakubowi, gdzie ma zaparkować, a potem wdusił przycisk w pilocie i skrzydła bramy zaczęły się przymykać.

Sobieski sięgnął po swoją torbę, w której miał już trochę zgromadzonych papierów, ale biorąc pod uwagę specyficzne podejście ojca podejrzanej, liczył, że od adwokatki dowie się więcej. Nie zdążył jeszcze wysiąść z auta, a człowiek, który go wpuścił, podszedł do niego i zajrzał przez okno, sondując stan wnętrza jego samochodu. Kuba poczuł odurzający zapach męskiej wody kolońskiej i uparcie próbował dociec, kim dla adwokatki jest ten nieduży starszawy facet.

– Pan Sobieski? – upewnił się gospodarz i wyszczerzył zęby w najszerszym uśmiechu, jaki Kuba widział u mężczyzny. – Anita Brhel. Miło mi pana poznać.

W kierunku Kuby powędrowała wiotka długopalczasta dłoń, której serdeczny palec zdobiła czarna surowa obrączka. Poza omegą na pasku była to jedyna ozdoba, jaką nosiła mecenas Brhel. Miała mocny uścisk i ogólnie była pewna siebie, świadoma swojej atrakcyjności mimo dojrzałego wieku. Strój, który adwokatka miała na sobie, równie dobrze mógłby przywdziać mężczyzna, a jej twarz, choć przystojna, miała w sobie zbyt mało krągłości, by uznać ją po kobiecemu za ładną. Klatka piersiowa Brhel była podejrzanie płaska, a ramiona nieproporcjonalnie szerokie do bioder. Skołowany Sobieski nie odważyłby się obstawiać jej płci. Potwierdził skinieniem swoją tożsamość, ale nadal trwał w konfuzji. Nawet z bliska nie był w stanie stwierdzić, czy ma do czynienia z kobietą, czy też z mężczyzną.

– Zapraszam do środka. – Głos adwokatki był niski, chrapliwy – zdecydowanie nawykły do przemawiania. Oczy jednak śmiały się kokieteryjnie, jak to bywa u nadzwyczaj charyzmatycznych kobiet. – Napije się pan czegoś?

– Wody – rzucił i zaraz urwał. – Dziękuję, że znalazła pani czas.

– Mów mi Brhel. Wszyscy od dziecka wołają mnie po nazwisku. Nawet kiedy wyszłam za mąż, pozostałam przy swoim. To okazało się znamienne, bo już rok później się rozwiedliśmy i nie musiałam wymieniać dokumentów. – Zaśmiała się nerwowo. – A zresztą damskiego imienia nie lubię.

Spojrzał na nią zaciekawiony.

– Więc dlatego Gajdowie cię wybrali?
– Co masz na myśli?
– Jesteś po zmianie płci?
– Za czasów mojej młodości było to karkołomne. Nie w tym kraju. – Westchnęła znudzona. Jakub wyobrażał sobie, ile razy o tym opowiadała. – Karierę zrobiłam jako Anita i chociaż bliscy mówią mi Artur, nie odważę się dokonać oficjalnego ujawnienia. Możesz nazywać to konformizmem. Nie zaprzeczę. Zresztą w moim wieku to nie ma już większego znaczenia. Moje życie jest dobre, jakie jest. A kiedy występuję w sądzie, bywa, że dla dobra sprawy wkładam spódnicę. Anita nadzwyczaj często się przydaje i w sumie lubię tę część mojej osobowości. Można za-

ryzykować stwierdzenie, że w jakimś procencie się z nią pogodziłam.

Sobieski milczał, więc Brhel zaśmiała się kpiąco.

– Zszokowałam cię?

Odruchowo zaprzeczył, ale trafiła w sedno.

– Cieszę się, że Gabrysia Gajda jest we właściwych rękach – rzucił, żeby zamknąć temat.

– Robię, co mogę – przyznała Brhel. – Ale musisz wiedzieć, że bardzo liczymy na twoje dochodzenie. To ja wierciłam Gajdom dziurę w brzuchu, żeby kogoś zatrudnili. Cokolwiek znajdziesz, dawaj znać natychmiast. Niestety, na tę chwilę dowody prokuratury wskazują na to dziecko. Nie mam punktu zaczepienia.

Zaprowadziła go do oszklonej oranżerii, gdzie między egzotycznymi palmami, drzewkami mandarynkowymi i rzędami sansewierii stała długa szklana ława oraz kilka wiklinowych foteli wyłożonych miękkimi poduszkami. Jakub wybrał sobie jeden z nich i rozsiadł się wygodnie. Swoją teczkę położył obok. Rozejrzał się. Widok z oranżerii na salon obwieszony dziełami sztuki był imponujący.

– Masz tutaj jak w raju – rzucił ze szczerym podziwem. – Piękny dom.

– Dziękuję – mruknęła i podsunęła mobilny barek na kółkach bliżej Jakuba. – Częstuj się. Alkoholu nie proponuję, bo prowadzisz, ale czy będzie ci przeszkadzało, jeśli ja napiję się wina?

– Możesz robić, co chcesz. – Uśmiechnął się. – Jesteś u siebie.

– Między innymi z tego powodu nie poddałam się operacji. W czasach, kiedy mogłam to zrobić, narażałoby mnie to na wielki skandal, ostracyzm i nienawistne zachowania. Nie mam złudzeń, że straciłabym wszystko, co zbudowałam. Z całą pewnością nie mogłabym wykonywać zawodu. Nie to, że to niedozwolone, ale nikt by mi nie zaufał. – Przerwała i zajęła się odkorkowywaniem butelki wina, a potem ją odstawiła, żeby pooddychała. – Staram się wspierać transów, queery, gejów, lesbijki i wszystkich wykluczonych, jak choćby uchodźców. Nie wiem, czy słyszałeś, ale obrony Rysia podjęłam się pro bono.

– No cóż, mnie na to nie stać – mruknął speszony. Przypomniał sobie, co myślał o gaży Brhel, kiedy tutaj wjeżdżał. – Ale to piękny gest, przyznaję. Sądziłem raczej, że nieźle ich kosisz.

Uśmiechnęła się do niego filuternie, aż poczuł gorąco w piersi. Nie wiedział, co się z nim dzieje, ale androgeniczność tej kobiety działała na niego pobudzająco.

– Dosyć tych pogaduszek – ucięła nagle i znów przybrała na twarz zimny wyraz. – Pewnie masz jeszcze kupę spotkań.

Sięgnęła pod blat i wyjęła teczkę, którą przed nim rozłożyła. Na samej górze były zdjęcia z sekcji zwłok. Rana na szyi Róży Bernaś była głęboka, chociaż nie tak długa, jak pokazują to na filmach. Mierzyła ledwie kilka centymetrów i Jakub zdziwił się, że zadano ją nożem do tapet.

– Jak wiesz, przyczyną zgonu tej dziewczyny było wykrwawienie się – zaczęła adwokatka. – Mimo prób reanimacji zmarła w drodze do szpitala.

– Jak długo leżała po ataku?

– Nie są w stanie tego ustalić, ale lekarz szacuje, że po zadaniu ciosu Róża mogła żyć jeszcze jakieś piętnaście, dwadzieścia minut. Wygląda na to, że właśnie tyle miał sprawca, żeby odejść z miejsca zdarzenia.

– To mało i dużo – skwitował Jakub. – Mało dla kogoś z zewnątrz, ale jeśli zna się teren, czasu jest aż nadto. Gdybyśmy założyli, że sprawca wcale nie opuszczał szpitala, zdążyłby i posprzątać.

– Zgadza się – podchwyciła Brhel. – A nawet wykonać inscenizację.

– Brali pod uwagę, że przebieg zdarzeń był inny?

– Co masz na myśli?

– Że sprawca miał więcej czasu niż kwadrans – wyjaśnił Jakub. – Byłem w tym szpitalu. Widziałem, jakie mają procedury. Jeśli to faktycznie tak krótki czas, jest mało prawdopodobne, żeby szukać podejrzanego poza gronem pensjonariuszy i pracowników szpitala. A może... – Zawahał się i spojrzał Brhel głęboko w oczy. – Wierzysz, że Gabrysia jest niewinna?

– Nie wiem. – Adwokatka wzruszyła ramionami. – Obecna wersja prokuratora wygląda tak, że Róża i Ryś przebywali przed kolacją w jednym pokoju. Rano doszło między nimi do kłótni. To dlatego Ryś dostał leki uspokajające. Róża aktywnie uczestniczyła w społecznym życiu szpitala. Ryś wręcz przeciwnie.

– Przecież tam nie ma żadnego społecznego życia – obruszył się Jakub. – Dzieciaki siedzą przy stołach, knują coś ze sobą. Nie widziałem choćby puzzli do układania.

— Wiem o tym — potwierdziła Brhel. — Ale wersja pracowników szpitala jest inna.

— Niby jaka?

— Terapie, spotkania z psychiatrą, słuchanie muzyki, lektury, tworzenie kreatywnych obrazków na plastikowych siatkach — wyrecytowała. — W tym wszystkim tego dnia uczestniczyła ofiara. Ryś leżał w pokoju i nie wychodził. Twierdzi, że niczego nie pamięta, bo dostał silne środki. Kiedy się obudził, wszystko było zbryzgane krwią, a w jego dłoni leżał ten nieszczęsny nóż do tapet i wcale nie mógł się poruszyć. Czucie w ciele wróciło, dopiero kiedy przyjechała policjantka.

— Dlaczego Róża i Gabrysia się pokłóciły?

— Ona miała wypis następnego dnia, a Ryś się zakochał. Błagał ją, żeby coś zrobiła i została z nim w szpitalu pod byle pretekstem. Traktował to jak rozstanie na zawsze.

— Skąd to wiemy?

— Choćby od pracowników. — Brhel wzruszyła ramionami. — Tamara Stolnikowa, dyrektor Kiryluk i dwóch sanitariuszy. Wszyscy potwierdzili tę wersję. Ryś niestety też.

— Kiepsko.

— To nie wszystko. — Brhel westchnęła. — Ponieważ policja wykonała oględziny po akcji ratowniczej, w pokoju nie ma żadnych innych śladów poza tymi należącymi do mieszkanek pokoju, pracowników uczestniczących w reanimacji i kilkoma starymi paluchami innych pensjonariuszy. Leżymy. Prokurator widzi to tak, że Ryś zaatakował przyjaciółkę, żeby uniemożliwić jej wyjście ze szpitala.

Być może miała to być groźba, ale skończyło się tragicznie.

– No, chyba że zbrodni dokonał ktoś z tej listy – zauważył Jakub.

Brhel spodziewała się takiej konstatacji, bo wyjęła z teczki kartkę i przesunęła ją w kierunku detektywa.

– Tutaj masz wykaz osób, których ślady zabezpieczono. Na drugiej stronie są stare włókna, paluchy i DNA. Interesujące jest, że w łóżku Róży technicy znaleźli dwa ślady spermy. Próbki szacuje się na maksymalnie dzień przed zdarzeniem i z pewnością nie są starsze niż sprzed tygodnia, a więc tyle, ile w szpitalu przebywała Bernaś.

Sobieski sięgnął po wydruk i spojrzał na prawniczkę.

– Mam rozumieć, że dzień przed śmiercią lub w samym dniu krytycznym Róża spała z dwoma mężczyznami?

– Nie wiemy, czy doszło do stosunku, ale ktoś zostawił na jej pościeli swój materiał biologiczny. To dwa ślady od tej samej osoby. Pytałam dyrektorkę, czy jest możliwe, że po przyjęciu Róża otrzymała brudną pościel. Zaprzeczyła.

– Wiemy, czyje to DNA?

– Za tę informację dałabym się pokroić.

– Sprawdzono, czy ta sperma nie jest zgodna z próbkami ludzi, którzy pracują w tej placówce? Widziałem przynajmniej dwóch sanitariuszy. Wykluczono ich?

– Zlecenie badań porównawczych z ich materiałem nie jest takie proste. Prokuratura zasłania się podstawą do postawienia zarzutów tym pracownikom

– odparła prawniczka. – Oczywiście zamierzam o to walczyć, ale bądźmy realistami. W tej chwili śledztwo prowadzone jest przeciwko Rysiowi. Policja i prokuratura chcą to jak najszybciej zamknąć, odhaczyć statystyki i zapomnieć. Ale jeśli znajdziesz choć jedną mocną poszlakę, złożę odpowiedni wniosek. Teraz przede wszystkim tego potrzebujemy. Rozumiesz?

– To oburzające. – Jakub się skrzywił. – Kto prowadzi to śledztwo?

– Niejaka Marta Kozak w stopniu sierżanta. Nie pracuje nawet w wydziale kryminalnym. Uwierzysz? A sama sprawa traktowana jest praktycznie jako wykryta. Spodziewam się, że na dniach Ryś zostanie oskarżony. Zarzuty postawiono tego samego dnia, gdy rodzice Róży zostali oczyszczeni z potencjalnych zaniedbań wobec powierzonych im dzieci i poszli do mediów. Szkoda, że już wtedy nie wszedłeś do sprawy, bo może dałoby się wyłuskać coś z zeznań świadków. Teraz śledztwo zrobiło się medialne i opinia publiczna domaga się winnego. Nie wiem, czy czytałeś nagłówki. Kiedy ci pseudodziennikarze dowiedzieli się o niebinarności podejrzanej, fala nienawiści ruszyła. Internet chce pręgierza. Dlatego prokurator jest pewien swego. Nie odpuści, bo straciłby twarz, a nowego kandydata na mordercę nie ma. Na narzędziu zbrodni są odciski Rysia. Nikt nie widział obcej osoby w szpitalu, a pacjenci to głównie dziewczyny, których ślady miały prawo być w tym pokoju. Wiesz, że drzwi na noc nie są zamykane?

Jakub powoli skinął głową.

– Wychodzi na to, że sprawca to ktoś z pracowników albo jeden z pacjentów – skwitował.

– Oczywiście może się też okazać, że to Ryś, tyle że nic nie pamięta... – dorzuciła Brhel. – Kółko się zamyka.

Sobieski namyślał się chwilę.

– Na oddziale są kamery?

– Owszem, ale przydatne dla nas są tylko te w okolicy ambulatorium. Mamy zapisy z kluczowego dnia, jednak w mojej opinii nic w nich nie ma.

– Możesz mi je udostępnić?

Brhel sięgnęła do kieszeni i położyła na stole elegancki pen. Jakub schował go do kieszonki w swojej teczce. Dokładnie zasunął zamek.

– Czy prokurator ustalił, skąd Gabrysia wzięła nóż do cięcia tapet?

Adwokatka wzruszyła ramionami, a potem jednoznacznie pokręciła głową.

– Ponoć znajdowanie ostrych narzędzi do samookaleczania się i wykonywania prób to główna rozrywka na tych oddziałach – mruknęła. – Nie muszą tego wyjaśniać. Mają odciski, pierwsze przyznanie się Rysia i tak wąskie grono podejrzanych, że ograniczyli je właściwie do jednej osoby. Sam wiesz, że to czasem wystarczy. Chcesz uderzyć psa, kij się znajdzie. I znalazł się... – Urwała.

– Byłem tam dziś rano i naprawdę trudno jest coś takiego przemycić na oddział – zaoponował Jakub. – Zaryzykuję tezę, że to niemożliwe. Ktoś przyniósł go z rozmysłem albo zachował się nieodpowiedzialnie i zostawił na widoku. Jeszcze żyletkę, lancet, jakąś samoróbkę z ostrzem, to rozumiem... Ale nóż do tapet? Z obudową!? Serio, nie, nie wierzę, że coś takiego udałoby się ukryć przed pielęgniarkami.

– Niestety Ryś skończył szesnaście lat i zgodnie z nowymi przepisami może być przesłuchiwany jak dorosły – wyjaśniła Brhel. – A więc bez udziału psychologa i rodzica. Co gorsza jest zagrożenie, że będą maglować go w nieskończoność. Nie było mnie przy pierwszych wyjaśnieniach, ale podczas następnych wyraźnie stosowali techniki naprowadzające. Po prostu wmawiali mu, że zdobył skądś narzędzie zbrodni i zaatakował Różę, żeby zatrzymać ją na oddziale. On ma ogromne poczucie winy. Jest prawdą, że nie chciał, żeby ona wychodziła. Urszula twierdzi, że wcześniej z nikim się nie przyjaźnił. Róża była dla niego ważna.

– To może być manipulacja – zauważył Jakub. – Skoro córka Gajdów jest w słabym stanie psychicznym, można jej wmówić wszystko.

– Zgadzam się. – Brhel pokiwała głową. – Starałam się temu zapobiec i podczas każdej kolejnej rozmowy pilnowałam, żeby nie podawał nowych danych. Ma powtarzać formułkę odmowy składania wyjaśnień, ale dla prokuratury wiążące może okazać się pierwsze przesłuchanie, podczas którego podejrzany się przyznał. Jeśli dojdzie do procesu, leżymy.

– Gajdowie nie wspominali o przyznaniu się do winy – zdziwił się Jakub. – Mówili tylko, że Ryś nie zaprzeczył.

– Przyznał się – podkreśliła Brhel. – Co gorsza, dodał też: „To moja wina".

Pogrzebała w teczce.

– Tutaj masz protokół. Skopiowałam ci wszystkie materiały, więc możesz z nich korzystać. Tylko dyskretnie – zastrzegła. – Nie ma sensu strzępić języka na pusto.

– To miło – rzekł. – Dzięki.

– Robię to dla siebie – ciągnęła. – Bez nowych danych nic nie wskóram. Wzięłam tę sprawę ze względu na niebinarność Rysia, ale jak nie znajdziesz nic nowego, przegramy z kretesem. Prokuratura ma mocne dowody, a my nie mamy nic. To, że Ryś niczego nie pamięta, pogarsza sprawę.

– Nie ma szansy odzyskać jego pamięci alternatywnymi technikami? – zaproponował Jakub. – Hipnoza, jakieś wahadełka...

– Wątpię. – Brhel pokręciła głową i zapytała: – Brałeś kiedyś psychotropy? Ćpałeś? – Nie czekała na jego odpowiedź. Kontynuowała: – Bo ja tak. Możesz mi wierzyć, że masz luki w pamięci. Takie czarne dziury. On nie wiedział nawet, co się z nim dzieje, kiedy go obudzili. Nie miał świadomości, że trzyma w dłoni narzędzie zbrodni. Podejrzewam, że w wyniku niskiej samooceny i poczucia dojmującej straty wolał się przyznać, niż żeby go szarpali. Właściwie nie powinni go wtedy słuchać. To było bezprawne. Złożyłam odpowiednie zażalenie, ale czy zostanie uwzględnione, nie mam pojęcia. Inne dowody stoją z nim w sprzeczności i nie ma ani jednego argumentu, który działałby na korzyść podejrzanego.

– Czy to pewne, że nóż do tapet był narzędziem zbrodni? – Sobieski pokazał zdjęcia z sekcji zwłok Róży, a potem przeszukał resztę archiwów, ale dokumentacji z oględzin miejsca zdarzenia nie było. – Wiesz, że w tamtym czasie na oddziale licytowano dziewięć żyletek? Ponoć jeden chłopiec wolał połknąć połówkę, niż oddać ją pielęgniarce.

– To tylko pogłoski. – Brhel wzruszyła ramionami. – Nie wszystkie dzieciaki zostały przesłuchane, ale nikt tej wersji nie potwierdził. Biegły uznał, że ranę można było zadać tym nożem, który Ryś trzymał w ręku, i to zamyka sprawę.

– Ale możesz powołać innego biegłego?

– Spróbuję, ale nie wiem, czy jest sens. Co nam to da? Dlaczego sprawca miałby używać noża jako substytutu do przerzucenia odpowiedzialności na Rysia? Sam powiedziałeś, że o wiele trudniej go przemycić. To nielogiczne!

– Jeśli Róża została pocięta żyletką, mogła to zrobić każda osoba obecna tamtego dnia na oddziale – tłumaczył Jakub. – Nie możemy się ograniczać do pensjonariuszy, którzy byli leczeni w tym szpitalu. Pielęgniarki i sanitariusze też powinni być brani pod uwagę.

– Zgadzam się – potwierdziła Brhel. – Tylko że zostali wykluczeni. Zdaniem prokuratora nikt poza Rysiem nie miał motywu ani sposobności, żeby taki atak przedsięwziąć. Nie zapominaj też o krótkim czasie od ataku do zgonu. Cios zadano pewnym ruchem i z dużą siłą, ale to wcale nie znaczy, że nie mogło tego zrobić dziecko. Zwłaszcza dziecko, które regularnie się wcześniej cięło i podejmowało próby samobójcze. Nie mamy żadnej przesłanki, żeby udowodnić, że sprawca przyszedł z zewnątrz i błyskawicznie się ulotnił.

– Więc trzeba ją znaleźć – przerwał jej detektyw.

– Podoba mi się twój zapał. – Brhel uśmiechnęła się smutno.

– W tamtym dniu nikogo z pracowników nie było na piętrze – kontynuował Jakub. – Wprawdzie dyrektorka temu zaprzeczy, ale oboje wiemy, że to tylko linia obrony. Załóżmy na chwilę, że młodzież była tam sama. Również czas kwadransa od ataku do zgonu, który podnosi ten zimny doktor, jest dyskusyjny. Widziałem w życiu kilka podciętych gardeł. To mogła być żyletka. Oczywiście warto to potwierdzić, jak będziesz zwracała się o alternatywną opinię – zakończył.

Zapadła cisza.

– Wygląda na to, że jedynym sposobem jest pogadanie z nimi. Z dzieciakami. – Brhel powiedziała na głos to, o czym oboje myśleli. – Jak wiesz, tylko niektóre zostały przesłuchane. Sierżant Kozak spisała zbiorczą notatkę i nawet nie chciało jej się podawać nazwisk. Na przykład z niejaką Natalią, która tego dnia nie była w izolatce i czuła się dobrze, w dniu przesłuchania nie było już kontaktu. – Urwała. – Obecnie jest w bardzo kiepskim stanie.

– Widziałem tę dziewczynkę – wyszeptał Jakub. – Nie sądzę, żeby udało się z niej cokolwiek wyciągnąć. Zresztą jaką wartość miałoby zeznanie niepoczytalnego dziecka?

– Dowodową? Żadną. Ale mielibyśmy trop, cień nadziei, że Ryś tego nie zrobił.

Jakub spojrzał Brhel w oczy. Utrzymała jego spojrzenie.

– Dyrektorka nie pozwoli mi na przesłuchanie tych dzieci – rzekł. – A jeśli nawet, odbędzie się to w obecności psychologa albo jej samej.

– Więc wymyśl jakiś sposób – zniecierpliwiła się prawniczka. – Włam się tam, zdobądź sojusznika! Skoro zakładamy, że Ryś jest kozłem ofiarnym, naszym wspólnym zadaniem jest to udowodnić. Poza tym jeśli faktycznie wydarzyło się coś innego, ten ktoś będzie wiedział, że przy tym węszysz. Może popełni błąd? Zrobi coś, co skieruje śledztwo na inne tory... Na to liczymy.

– My? – Jakub podniósł brew. – Ty i rodzina Gajdów? Chcecie, żebym złamał prawo? Do tego mnie namawiasz?

Wcale się nie oburzyła.

– Inaczej po co mieliby zatrudniać detektywa? Wiadomo, że wy działacie inaczej niż policja.

Jakub namyślał się chwilę, aż wreszcie wyciągnął karteczkę, na której Linda Werendarz zanotowała swoje dane.

– Chciałbym sprawdzić taką osobę. – Położył świstek na stole. Spojrzał na zegarek. – Możesz to dla mnie zrobić? Teraz już muszę lecieć.

– Kto to jest? – Brhel przyjrzała się nazwisku i numerowi telefonu.

– Jej córka tam jest. A ona sama ma u mnie dług.

Jakub streścił w kilku zdaniach spotkanie z Lindą Werendarz, a potem opowiedział, jak ratował jej córkę przed rozbiciem sobie głowy.

– Niewykluczone, że ta kobieta nam się przyda – zakończył. – Przecież z pewnością będzie chciała odwiedzić córkę. Możemy to wykorzystać.

– Brzmi jak plan – podsumowała adwokatka i wygładziła świstek. – Dowiem się, kim jest. Dzwoniłeś pod numer, który ci podała?

Kuba wzruszył ramionami.
- Zapewniała, że komórkę zostawiła w domu.
Brhel wystukała cyfry na swoim telefonie. Trzymała jakiś czas aparat przy uchu, a potem odsunęła go od siebie zrezygnowana.
- Poczta głosowa - oświadczyła. - Może jednak mówiła prawdę?
- To alkoholiczka - parsknął Jakub. - Widziałem ją w sklepie, jak za moje własne pieniądze próbowała kupić z tuzin małpek wódki.
- Może ci się wydawało?
- Może - mruknął nieprzekonany. - Jeszcze z nią nie skończyłem.
Wstał, pozbierał dokumenty i schował do teczki. Dopiero wtedy spostrzegł, że wino, które Brhel sobie otworzyła, wciąż stoi nienaruszone. To spotkanie musiało więcej dla niej znaczyć, niż to okazywała.
- Dlaczego im pomagasz pro bono? - spytał. - Ale tak naprawdę. Szczerze.
Tylko chwilę się wahała. Kiedy zaczęła mówić, nie patrzyła na niego.
- Za dziecka bywałam w takich placówkach. Wiem, jak tam jest. I zapewniam cię, że już po pierwszym pobycie wychodzisz stamtąd odmieniony. Ryś może mieć problemy, bo nie jest akceptowany w rodzinie, w swoim środowisku ani w szkole. Czuje się niepotrzebny, niewidzialny i nie jest w stanie sprostać oczekiwaniom dorosłych. Czułam się kiedyś podobnie. Regularnie miałam kryzysy, zdawało mi się, że tonę. Nie mówię, że każdy przypadek jest identyczny, ale zaburzenia psychiczne dzieci najczęściej są konsekwencją zbyt dużych ambicji otoczenia, a robią ci to

najbliżsi. To oczywiście hipersubiektywne i dotyka najwrażliwszych jednostek. Ja miałam w sobie siłę, żeby odejść od rodziny, odciąć się od jej homofobicznych przekonań i tego całego syfu, ale nie każdy umie żyć całkiem sam. Bo do tego się to sprowadza. Nie masz powrotu, bo rodzina najczęściej się nie zmienia. Szkoda mi tego dziecka. Po prostu się z nim identyfikuję. W dzisiejszych czasach powinno być łatwiej.

– A nie jest – dokończył Kuba. – Jesteśmy w kontakcie. Daj znać, gdyby prokurator zgodził się na rozmowę z tą dziewczynką.

– Dlaczego tak trudno ci mówić o nim „Ryś? – rzuciła nagle Brhel. – To przecież nie boli. Właśnie z takich powodów te dzieciaki się odklejają.

Jakub szerzej otworzył oczy.

– Co masz na myśli?

– Chodzi o szacunek do drugiego człowieka. Masz kumpli?

Skinął głową, ale był zirytowany.

– Pewnie mają ksywy. Nie do każdego mówisz po imieniu, co? – atakowała dalej Brhel.

– Nie widzę związku – wyburczał.

– Ryś jest niebinarny. Nie tyle nie lubi swojego żeńskiego imienia, ile ono go identyfikuje, a od tego właśnie ucieka – podkreśliła. – Jeśli chcesz z nim rozmawiać, proszę cię, żebyś przestawił swoje myślenie na właściwe tory. Mów o nim ono albo Ryś. To wystarczy na początek. Zresztą... – Urwała, zamyśliła się i umilkła.

– Uważasz, że to zły pomysł? Nie chcesz, żebym przesłuchiwał Rysia? – zarzucił ją pytaniami, ale tym razem starał się nie używać żeńskich zaimków.

– Dodatkowa wiktymizacja – padło wreszcie w odpowiedzi. – Ryś jest w kiepskim stanie. I nic nie wie.
– Gdzie mieszkała Róża Bernaś? – Jakub zmienił temat. – Adres rodziców nie figuruje w żadnym z dokumentów.
– Nowa Huta. – Prawniczka zapisała nazwę ulicy na brzegu jednego z karteluszków i spojrzała na detektywa badawczo. – Uważaj. Przed tym blokiem teraz wystają dziennikarze. Nie chcielibyśmy, żeby za szybko wyszło na jaw, że kopiesz przy tej sprawie.
– Wiem, co robię – rzucił urażony. – Pomyśl lepiej, jak przekonać prokuraturę do zasięgnięcia opinii innego eksperta, czy zbrodni nie można było dokonać żyletką. Widziałem trochę podobnych obrażeń i wcale bym tego nie wykluczał. Ale to musi ocenić fachowiec.

Skinęła głową i wiedział, że tym razem potraktowała jego słowa poważnie.

– Jeszcze jedno – dorzucił na koniec. – Dziewczynka, która zawiadomiła Tamarę Stolnikową o wypadku w pokoju Róży i Rysia, tego samego dnia została zapięta w pasy. Do dziś przebywa w izolatce. Jest zeznanie tej Anastazji w aktach?
– Objęli ją ochroną. Nikt nie może się z nią kontaktować ani jej przesłuchiwać.
– Zdobądź mi adres jej rodziców – zażądał.
– Postaram się – mruknęła. – Wątpię jednak, czy coś wskóram. Poza tym po co? Oni nic nie wiedzą.
– Na co chorowała?
– Anoreksja. Podejrzewali też chad.

Kuba skrzywił się, więc Brhel szybko wyjaśniła:
– Choroba afektywna dwubiegunowa, zwana inaczej psychozą maniakalno-depresyjną. Balansujesz

na granicy euforii i totalnego marazmu. Niezwykle trudno to ustabilizować.

Kuba nie skomentował. Odchrząknął i zadał kolejne pytanie:

– Wiemy cokolwiek o relacjach tych dzieci? Kto z kim trzymał sztamę, kogo nie znosiły? Dlaczego właściwie ta Anastazja zajrzała do pokoju Rysia?

Brhel bezradnie pokręciła głową.

– Myślę, że dopóki nie ruszy proces, zeznania Anastazji będą utajnione. Jeśli zaś sprawa pójdzie do umorzenia, bo Ryś zostanie uznany za niepoczytalnego, wcale ich nie zobaczymy.

W tym momencie zadzwonił telefon Jakuba. Detektyw spojrzał na wyświetlacz. Nie znał tego numeru, ale przesunął zieloną słuchawkę i przyłożył aparat do ucha.

– Sobieski – mruknął.

– To ja, Tamara – usłyszał wschodni zaśpiew. – Jeśli masz dzisiaj czas, moglibyśmy się spotkać. Ale nie za darmo – zastrzegła. – I musisz obiecać, że wszystko, co powiem, zostanie między nami.

– Ile?

– Za mniej niż osiemset złotych nie opłaca mi się ryzykować – odrzekła z wahaniem. – Myślę, że tysiąc będzie w porządku.

Czuł, że niepokoi się, czy nie powiedziała za dużo. Pozwolił jej dalej mówić o swojej trudnej sytuacji. Skinął na adwokatkę i na migi pokazał, że wychodzi.

Brhel bez słowa odprowadziła go do samochodu, a potem stała na podjeździe, czekając, aż opuści posesję i brama się zamknie.

– Spotkajmy się przed McDonaldem przy dworcu – zaproponowała Tamara. – Zapłacisz mi tyle?

– Dogadamy się – uspokoił ją i pomyślał, że wybrała idealne miejsce na spotkanie.

Będzie miał czas zaczaić się na Lindę Werendarz, która niebawem pojawi się na dworcu. A wtedy już mu się nie wywinie.

– Musisz wiedzieć, że ja nie robię tego dla pieniędzy, ale nie mam wyjścia. – Tamara zaczęła się tłumaczyć. – Nie wiem też, czy to, co powiem, ma jakieś znaczenie, bo policja zebrała dowody i może wiedzą lepiej... – Nagle zaczęła się jąkać i cały czas rwała wątek. – Ale to nie do końca było tak, jak mówią w mediach. Gabrysia, znaczy się Ryś, to taka miła dziewuszka. Zawsze ją lubiłam. Ona była wtedy nieprzytomna. Sama podawałam jej leki na uspokojenie i nawet dziś pamiętam dawkę. Od razu zasnęła. W tym stanie nie mogła zrobić nikomu krzywdy. Tego jestem pewna.

– Dobrze, że się zdecydowałaś – pochwalił ją Kuba. – O której możesz być na dworcu?

– Dziewiętnasta by mi pasowała. Spotkajmy się najlepiej w galerii. Mam tam coś do załatwienia. W razie gdyby ktoś nas widział, zawsze mogę powiedzieć, że natknęliśmy się na siebie przypadkowo. Nie pisz wiadomości na ten numer. To służbowa komórka. Zaraz wyślę telefon do męża. Nie może zostać ślad, że rozmawialiśmy. Pani profesor niby się zgodziła, ale nie byłaby zadowolona. Powiem jej, że zadzwoniłam do ciebie, ale odmówiłam prywatnego przesłuchania.

Rozłączyła się, zanim Kuba zdążył podziękować jej za odwagę.

***

Znów korek, roboty drogowe, zwężenia i jakieś wykopki. Jakub przestał się już tym przejmować. Ot, Kraków... Czas przestojów przeznaczał na przeglądanie dokumentów, które dostarczyła mu Brhel. Trąbili na niego czasem, kiedy się zagapiał, ale teraz już rozumiał, dlaczego tutaj wszystko tak wygląda. Ludzie w autach byli rozstrojeni i przejazd przez miasto wliczali w koszty.

Kiedy już wydawało mu się, że pokonał najgorszy zator, w oddali zobaczył przyczynę dzisiejszych korków. Rząd stojących tramwajów ciągnął się aż po horyzont. Ludzie wysiadali z nich i próbowali przebiec jezdnię, co jeszcze bardziej spowalniało ruch, bo auta zatrzymywały się, żeby wstęga rozzłoszczonych ludzi mogła bezpiecznie przedostać się na drugą stronę drogi. Kuba pogodził się już z tym, że przez jakiś czas wcale się nie ruszy, i wtedy gdzieś z boku wyrósł policjant, który zaczął zarządzać ruchem. Sobieski wiedział jednak, że musi doliczyć kolejny kwadrans na to skrzyżowanie.

Dojechał do świateł i spostrzegł tłumek przerażonych gapiów, dwie karetki, radiowóz oraz wóz strażacki. Zza pleców ciekawskich nie był w stanie dostrzec, co się stało, ale wypadek musiał być straszliwy. Jakub odczytał to z twarzy zgromadzonych ludzi. Ktoś za nim zatrąbił i ruch stał się płynny. Jeszcze przez chwilę detektyw myślał o zdarzeniu, ale zaraz wrócił do swoich spraw.

Krążył jakiś czas po jednokierunkowych uliczkach w centrum, aż wreszcie dotarł do Nowej Huty, gdzie mieszkała rodzina Róży Bernaś.

Brhel miała rację: blok okupowali dziennikarze. Dopóki sprawa była gorąca, nie miał szans przemknąć się tam bez zwracania na siebie uwagi.

Pojechał więc znów na dworzec, zaparkował na dachu i ruszył schodami do poczekalni. Pociąg do Szczecina, na który kupił bilet matce Miłki, odjeżdżał za trzydzieści minut, ale pasażerowie gromadzili się już na peronie. Przeszedł go w tę i z powrotem, szukając Lindy Werendarz. Bez skutku. Żadnej podomki w kwiatki, gołych nóg w kapciach i jego polara.

Pluł sobie w brodę, że umówił się z pielęgniarką na dziewiętnastą, bo jeśli pociąg się spóźni, nie będzie miał szans dopaść matki Miłki.

Kilka razy zadzwonił pod numer, który podała Linda, ale nadal nikt nie odbierał. Zlecił swoim ludziom, żeby sprawdzili mu tę kobietę, i Merkawa potwierdził, że nazwisko się zgadza. Prawdą było, że pracowała jako kucharka w stołówce sądowej, tyle że nie w Szczecinie, a w Chojnicach, gdzie obecnie była zameldowana. Co do reszty jej opowieści, nic się nie zgadzało. Werendarz nie była wdową, tylko rozwódką, i to zaledwie od roku. Rodzina miała założoną niebieską kartę, a rozwód orzeczono z winy męża. Byli małżonkowie mieli wciąż ten sam adres. Merkawa wyłuskał ponadto parę ciekawostek: kobieta była karana za drobne oszustwa i wyłudzenia. Prawo jazdy odebrano jej za prowadzenie samochodu pod wpływem alkoholu. To ostatnie Jakuba nie zdziwiło. Reszta była zaskoczeniem. Kiedy dawał jej pieniądze, brał ją za zaniedbaną, ale dobrotliwą kobiecinę, której w życiu nie poszło. Budziła jego litość. Nie mógł sobie darować, że tak się co do niej pomylił.

Stał przy schodach ruchomych, kiedy zapowiedziano pociąg. Ludzie zaczęli gromadzić się przy krawędzi peronu. Wpatrywał się w tłum i jednocześnie rozglądał na boki. Jego cierpliwość została nagrodzona. Linda pojawiła się rozchichotana i głośna w towarzystwie dwóch mężczyzn wyglądających na meneli. Jeden z nich obejmował ją w pasie. Wciąż była w kapciach, ale pod kolorową podomką nosiła neonowe dresy. Przez ramię przewiesiła wypchaną torbę. Jakub zawahał się, bo najchętniej od razu ruszyłby do niej i rzucił jej w twarz, że jest zwykłą kłamczuchą, ale się powstrzymał. Przez chwilę obserwował tę trójkę.

Zatrzymali się u szczytu schodów i wyglądało na to, że się żegnają. Gdyby Kuba nie widział jej rano zapłakanej i przerażonej, nie uwierzyłby, że to ta sama osoba. Ta Linda była hałaśliwa, wulgarna i doskonale czuła się w towarzystwie dwóch bezdomnych. Sobieski nie wiedział, jak długo się znają, ale ich relacja wyglądała na zażyłą. Nagle Werendarz spostrzegła kogoś w oddali i krzyknęła do swoich kompanów. Pognali w tamtym kierunku, a po chwili siłą przyciągnęli otyłą kobietę. Jakubowi prąd poszedł wzdłuż kręgosłupa. Zanim cokolwiek pomyślał, gnał już do schodów prowadzących na antresolę. Osobą, którą zobaczyła i nakazała przyprowadzić matka Miłki, była pielęgniarka z Koćwina.

Tamara Stolnikowa wystroiła się na spotkanie w buty na obcasach i czarne sztuczne futerko, ale i tak ją poznał po rumianej twarzy i słomianych włosach spiętych w wymyślny kucyk. Jakub był jeszcze daleko, kiedy rozległ się krzyk i między bezdomnymi a pielęgniarką wywiązała się bójka. Najprawdopodobniej nikt poza nim tego nie usłyszał, bo na peron wjechał pociąg. Ludzie ustawiali się przy wejściach do wagonów. Drzwi się otwarły i pasażerowie zaczęli wsiadać, a tymczasem Linda wrzeszczała coś do Tamary, szarpała ją za ubranie, aż wreszcie zamachnęła się i zadała cios pięścią. Pielęgniarka straciła równowagę. Bezskutecznie próbowała chwycić się poręczy.

W tym momencie rozległ się gwizd i pociąg do Szczecina odjechał. Jadące schody tylko przyśpieszyły upadek.

Jakub widział, jak Tamara przewraca się i ląduje na peronie twarzą w dół. Zawrócił i podbiegł do niej. Przepchnął się przez tłum podróżnych i ułożył kobietę na boku, żeby się nie zadławiła własną krwią, która buchała z jej ust i nosa. Twarz miała zmasakrowaną, ręce bezwładne i być może połamane, powieki zamknięte. Głośno i przeraźliwie charczała. Potrząsnął nią, wołając po imieniu, a potem tylko trzymał w ramionach, wołając o pomoc.

Nagle ciałem Tamary wstrząsnęły drgawki. Otworzyła na chwilę oczy i go rozpoznała. Jej wargi się rozchyliły. Wiedział, że próbuje mu coś powiedzieć, ale nie była w stanie wydobyć z gardła żadnego dźwięku poza agonalnym charkotem. Do oczu napłynęły mu łzy. Pochylił się i cicho szeptał:

– Zaraz przyjedzie karetka. Wytrzymaj. – A potem krzyknął głośniej: – Ratunku, ludzie! Wezwijcie sokistów! Niech ktoś zadzwoni na pogotowie!

Nikt nie zareagował, bo peron był praktycznie pusty.

Kuba podniósł głowę i w tłumie podróżnych na antresoli, którzy chyba w końcu zwrócili na niego uwagę, bo dostrzegł rząd telefonów komórkowych wymierzonych w jego kierunku, mignęła mu kwiecista podomka i zielone kapcie, ale zaraz stracił je z oczu. Werendarz zmieszała się z tłumem u wyjścia z dworca.

– Anastazja – dosłyszał cichy głos pielęgniarki. Dalej nie był pewien, bo Tamara mówiła po ukraińsku.
– Ona wie. Mój mąż Artem.

Odpłynęła.

Jakub od godziny siedział na korytarzu komendy policji. Pierwsze rozpytanie odbyło się na peronie i od tamtej chwili jeszcze kilka razy relacjonował dramatyczne zdarzenia kolejnym osobom. Przypomniał sobie czas, kiedy był jeszcze w służbie i musiał wyjaśniać, dlaczego z jego winy zmarł aresztowany przestępca. Teraz też, chociaż był jedynym świadkiem wydarzeń, traktowano go jak podejrzanego. W końcu stracił cierpliwość i zażądał rozmowy z sierżant Martą Kozak, która prowadziła śledztwo w sprawie zabójstwa w szpitalu. Dopiero po interwencji mecenas Brhel śledczy wyrazili na to zgodę, a i to warunkowo, jeśli policjantka będzie miała ochotę o tej godzinie dojechać z innej jednostki. To dlatego Jakub wysiadywał teraz na krzesełku w policyjnej poczekalni.

Nie miał pewności, czy sierżant Kozak w ogóle się do niego pofatyguje, ale zapowiedział dyżurnemu, że nie ruszy się stąd, póki funkcjonariuszka z nim nie porozmawia. W tym czasie wszczęto akcję poszukiwawczą za podejrzaną Werendarz. Jakub gorączkowo przeglądał internet i komunikatory społecznościowe, nie znalazł jednak zdjęć matki Miłki ani żadnego oficjalnego ogłoszenia. Prawdę mówiąc, nie dowierzał, że jego słowa potraktowano poważnie. Zderzenie z machiną organów ścigania było dojmujące i chociaż Jakub wiele razy był po tej drugiej stronie, dopiero teraz poczuł, co znaczą niemoc, upokorzenie oraz narastający z każdą minutą gniew.

Zajście na dworcu między Tamarą Stolnikową a jej agresorką poza Jakubem widziało jeszcze kilka osób, ale tylko on jeden był w stanie rozpoznać Lindę Werendarz i uparcie utrzymywał, że kobieta z rozmysłem zepchnęła pielęgniarkę ze schodów. Jak dotąd jego słowa były jedynym dowodem w sprawie.

– Pan do mnie?

U szczytu schodów pojawiła się drobna, bardzo szczupła kobieta o dziewczęcej sylwetce i miłej twarzy. Nawet ubrana w bojówki i skórzaną kurtkę zdawała się eteryczna, arcydelikatna. Trudno było uwierzyć, że niedawno rodziła. Wstał, wyciągnął do niej dłoń. Przedstawił się.

– Powiedział pan śledczym, że to zdarzenie może mieć związek z zabójstwem w szpitalu psychiatrycznym. – Od razu przeszła do rzeczy. – Niestety, nie przekazano mi, o jakich okolicznościach pan wspomina.

– Bo ich nie podałem – mruknął. Rozejrzał się. – Możemy porozmawiać w jakimś pokoju? Wolałbym nie zawiadamiać wszystkich o tym, co zebrałem.

Zawahała się, a potem skinęła na funkcjonariusza w mundurze, który przyglądał się im zaciekawiony.

– Daj mi klucz do trójki – poleciła zaskakująco twardym tonem.

– Zajęta.

– To załatw jakiś inny numer, który jest wolny.

– Nie kryła irytacji. – Zapisz, że zajmie mi to godzinę. Nie więcej.

Spojrzała na Sobieskiego.

– Palisz?

Pokiwał głową.

Wyszli na zewnątrz i stanęli przed wejściem. Marta Kozak wyjęła tradycyjne papierosy i zaproponowała jednego Jakubowi. Podziękował. Sięgnął do kieszeni po swoje urządzenie do palenia.

– Rzuciłam, jak tylko się dowiedziałam, że jestem w ciąży – oświadczyła. – Nie paliłam, kiedy karmiłam piersią, i dobrze mi z tym było. Ale jak tylko wróciłam do firmy, znów się zaczęło. Okropny nałóg.

– Ile ma twoje dziecko?

– Sześć miesięcy.

– Nie chciałaś zostać dłużej na urlopie?

– Nie mogłam. Ojciec mojego synka zmienił zdanie co do naszego życia razem. Nie powiedział tego, po prostu któregoś ranka się wyprowadził. W sumie nie mam żalu. To była wpadka. On też jest policjantem.

– Urwała. Przyjrzała mu się. – Masz dzieci?

Kuba pokazał jeden palec.

– Córka? Wyglądasz na ojca córek. – Sierżant Kozak się uśmiechnęła. Była naprawdę ładna.

– Syn – sprostował Jakub. – Nie widziałem go, odkąd był malutki. Moja była uciekła z nim za granicę. A teraz szantażuje mnie o kasę, bo jej związek z kochankiem się rozpadł. Nie warto o tym gadać.

Umilkł przerażony tym, że tak szybko otworzył się przed nieznajomą. Miała w sobie coś takiego, że chciało się mówić jej prawdę. Nie chodziło o jej urodę, bo zdawało się, że wcale o to nie dba, ale zjednywała zaufanie. Drobna twarz, żadnego makijażu, ciemne lekko falowane włosy, które zakładała za ucho. Był przekonany, że gdy przebierze się z tego uniformu i trochę się postara, może być magnetyczna. Biło też od niej specyficzne ciepło, które niektórzy zwą czarem. Nie udawała silniejszej, niż była, a ta wrodzona nonszalancja sprawiała, że była pełna mocy. Jakub zastanawiał się, dlaczego Gajda tak źle o niej mówił. Założyłby się o każde pieniądze, że była rzetelną śledczą.

– Kobieta, która zginęła na dworcu, to pielęgniarka ze szpitala w Koćwinie – zaczął. – A ta, która ją zepchnęła, jest matką jednej z pensjonariuszek. Widziałem, jak dziewczynę przyjmowali.

Opowiedział pokrótce, jak poznał Lindę Werendarz, a potem streścił próbę obezwładnienia Miłki. Marta wysłuchała jego opowieści z uwagą, a potem rzekła tylko:

– Interesujące.

Klepnęła go po ramieniu.

– Chodźmy, może chociaż na chwilę będę mogła usiąść. Cały dzień jestem na nogach.

Ruszyli do wejścia.

– Zgodzisz się na nagranie?

— Wolałbym nie.
— Szkoda — mruknęła. — Ta sprawa to wrzód na dupie. Jestem pewna, że mój były specjalnie mi ją wrzucił.

— Może myślał, że to będzie łatwizna? — Kuba podniósł brew, ale nie skomentował, że ojcem dziecka Marty jest kolega z pracy. I tak zbyt wiele mu powiedziała.

— Doskonale wiedział, że to beznadziejna sprawa — ciągnęła, kiedy szli, i tym razem mówiła już normalnie, a jej głos niósł się echem po korytarzu. — Praktycznie nie da się zebrać danych. Prokurator chce to szybko zamknąć.

— A ty co o tym sądzisz?

— Ja? — Odwróciła się gwałtownie i zatrzymała się przed pokojem z numerem 7. — Naprawdę cię to interesuje?

Wpatrywał się w nią, nic nie mówiąc. Ona też milczała. Oczy jej błyszczały, ale kąciki ust pozostały skrzywione w dół. Nacisnęła klamkę i zaprosiła go do środka. Odezwała się, dopiero kiedy weszli i dokładnie zamknęła drzwi:

— Czekałam, aż trafi mi się taki kwiatek, z jakim przyszedłeś. To może zmienić wszystko. — Usiadła i wskazała Sobieskiemu krzesło naprzeciwko.

Jakub w jednej chwili poczuł ulgę. Jeszcze nie wierzył, że działają po tej samej stronie, ale jej słowa mocno go podbudowały. Zdecydował się zaryzykować.

— Tamara Stolnikowa przyszła na dworzec, żeby się spotkać ze mną. Chciała mi coś powiedzieć o zabójstwie Róży Bernaś. Nie wiedziałem, że znają się z Lindą Werendarz ani że dojdzie między nimi do sprzeczki. Sam byłem zaskoczony. To nie mógł być przypadek.

Oczy Marty były teraz wielkie ze zdziwienia.

– Przypadek? Na pewno nie – wyszeptała, a zaraz potem dorzuciła: – Nie wierzę w tego rodzaju zbiegi okoliczności.

– Myślę, że one się znały. Coś między nimi zaszło.

– Co? – przerwała mu niecierpliwie.

– Nie mam pojęcia, ale był między nimi jakiś konflikt. Wiem, że córka Werendarz bywała już w Koćwinie. To musi być powiązane.

– Wiesz, czego dotyczył sekret, który pielęgniarka chciała ci powierzyć?

– Niestety nie zdążyłem jej przesłuchać – odparł i zaraz dodał: – Podejrzewam, że znała prawdziwy przebieg wydarzeń, a może i nazwisko sprawcy.

– Uuuu! – Marta zagwizdała. – Może błędnie zakładasz, że Gabrysia Gajda, pseudonim Ryś, jest niewinna? Zostałeś zatrudniony przez jej rodziców, to wiele wyjaśnia.

– Nie zakładam – odrzekł pewnym głosem. – Jestem przekonany, że do tej pory ujawniono tylko fragment kluczowych wydarzeń. A to, że córka Gajdów jest niewinna, wydaje się oczywiste. Trudno podciąć komuś gardło, będąc pod wpływem takiej ilości leków usypiających. Nie sądzisz?

– Raport toksykologiczny nie wyklucza dokonania przestępstwa przez tę dziewczynkę – zauważyła Marta. – Mogła udawać otumanioną.

– Tamara powiedziała mi, że Ryś dostał środki nasenne i coś na uspokojenie – zaoponował Jakub.
– Była to taka ilość, że od razu usnął.
– Teraz to tylko twoje domniemanie – weszła mu w słowo policjantka. – Niestety Tamara niczego już nie zezna.
– Dlaczego miałaby mi kłamać? – Sobieski się skrzywił.
– Nie mówię, że kłamała, ale mogłeś jej słowa źle zrozumieć.
– Zapewniam cię, że dokładnie tak się wyraziła – upierał się Jakub.
– Może usłyszałeś to, co chciałeś, bo szukasz dowodów na niewinność podejrzanej. Jednak procesowo wygląda to trochę inaczej, niż twierdzą Gajdowie – ucięła.
– Co masz na myśli? – Jakub się zaniepokoił.
– Naprawdę nie mogę nic więcej ujawnić. – Marta spojrzała na Jakuba przepraszająco. – Ale Gabrysia nie była nieprzytomna.

Kuba wpatrywał się w policjantkę zszokowany.

– Jesteś o tym przekonana czy masz jakiś kwit eksperta, który to potwierdza?
– W aktach jest na to papier. – Wzruszyła ramionami.
– Kto tak zaopiniował? Dyrektorka? – Wkurzył się.
– Nie wierzę tej kobiecie. Ona coś ukrywa.

Policjantka chciała gwałtownie zripostować, ale się powstrzymała.

– Tamara nic więcej ci nie ujawniła? – zapytała.
– Mamy jakiś punkt zaczepienia?

Jakub już miał podać oba imiona, które pielęgniarka wyszeptała mu przed śmiercią, ale uznał, że na razie lepiej zachować je dla siebie. Skoro Marta nie chce dzielić się swoimi ustaleniami, relacja wzajemności go nie obowiązuje.

– Tak z dobroci serca chciała na kogoś donieść? – dociskała policjantka.

– Zażądała kilku stów – wyjaśnił. – Ale naprawdę nie wiem, ile warta byłaby jej wiedza. Nie liczyłem na żaden cud. Wziąłbym za dobrą monetę, gdyby opowiedziała mi o relacjach dzieciaków na oddziale i choć trochę o pracownikach. Obstawiam, że zbrodni nie mógł dokonać nikt z zewnątrz. Sprawcą jest ktoś ze szpitala – podkreślił. – Dlaczego nie przesłuchałaś pacjentek? Widziałem notatkę. Jest zbiorcza. Nie ma nawet nazwisk!

– Myślisz, że był na to czas? – obruszyła się sierżant Kozak. – Profesor Kiryluk stała nade mną i kontrolowała każde słowo. A dzieciaki zeznawały jak jedno: niczego nie widziały. Po co miałam generować sterty bezużytecznych papierów? Prokurator chciał tylko materiału dotyczącego Gabrysi Gajdy.

– Zamierzasz tam wrócić i naprawić ten błąd? – zaatakował Jakub.

Spojrzała na niego gniewnie.

– Nie rozpędzaj się.

– Chyba zdajesz sobie sprawę, że to karygodne zaniedbanie?

Marta łypnęła ponad jego ramieniem na kamerę zawieszoną u sufitu. Kuba podążył za nią spojrzeniem. Czerwona lampka się nie świeciła, ale nie miał pewności, czy nie są podsłuchiwani. Uznał, że nie będzie jej poniewierał. Oboje dobrze wiedzieli, że adwokatka córki Gajdów z pewnością to wykorzysta.

– Właściwie czekałem na ciebie i znoszę to wszystko tylko z jednego powodu – oświadczył, jakby dokonywał podsumowania rozmowy. – Odkąd Tamara zmarła mi na rękach, gnębi mnie jedno pytanie.

– Jaka tajemnica umknęła ci sprzed nosa? – Policjantka uśmiechnęła się kpiąco. – Czy raczej nie możesz pogodzić się z tym, że kucharka z Chojnic zrobiła cię w konia?

– Znajdę Lindę Werendarz – odparł spokojnie.
– Chyba że wy dopadniecie ją pierwsi.

– Nie widzę innej możliwości. A to dręczące pytanie?

– Chciałbym wiedzieć, czy Miłka, córka Lindy Werendarz, była w tym szpitalu podczas zabójstwa Róży. Czy dziewczynki się znały?

Marta Kozak natychmiast spoważniała.

– I chcesz, żebym podzieliła się z tobą tą wiedzą?

– To chyba niewiele za to, co ci przekazałem z obywatelskiego obowiązku. – Tym razem to on uśmiechnął się drwiąco. – Linda wspominała, że córka była hospitalizowana w tej placówce już wcześniej. Tylko dlatego przyjęli ją kolejny raz. Nie mam wglądu w karty choroby tej młodzieży, a dyrektorka nie powie mi niczego, co naruszałoby tajemnicę lekarską, ale ty możesz zdobyć tę informację. I mniemam, że zajmiesz się tym niezwłocznie – dorzucił, chociaż wiedział, że policjantka się wkurzy.

Zdawało się, że jego słowa nie zrobiły na niej wrażenia. Siedziała nieporuszona, nawet nie mrugając.

– Mogę rozwiać twoje wątpliwości już teraz – odezwała się po długiej pauzie. – Wbrew temu, co mi zarzucasz, dokładnie sprawdziłam listę pensjonariuszy przebywających w czasie zdarzenia w tamtejszym szpitalu. Nie ma na niej Mileny Jarosławiec. Mileny J. – podkreśliła. – Może kojarzysz jej inicjały z mediów.

Jakub aż się wzdrygnął, kiedy Marta Kozak nazwała córkę kucharki z Chojnic personaliami, których się nie spodziewał.

– Ta piętnastolatka była w placówce trzy miesiące temu – kontynuowała policjantka. – Zgwałcił ją pacjent chory na schizofrenię. Matka podpisała wtedy zgodę na umieszczenie córki na oddziale dla dorosłych, a potem robiła szum w mediach i głosiła gdzie się dało, że Miłkę skrzywdzono z winy pracowników szpitala. Dokładniej, nie upilnować chorego pacjenta miała Tamara Stolnikowa. Jeśli ich spotkanie na dworcu faktycznie było nieszczęśliwym zbiegiem okoliczności, to ty umożliwiłeś Lindzie Werendarz dokonanie zemsty na Tamarze. A może to karma wróciła? Bo chyba żadne z nas nie wierzy, że tak działa świat. – Umilkła i zawiesiła wzrok w przestrzeni. – Przykro mi, ale twoja teoria o cichym spisku to kula w płot. Natomiast dziękuję ci za twoje informacje i to spotkanie. Jak już znajdziemy Lindę Werendarz, będę miała motyw zbrodni.

***

Sobieski wsiadł do hiluxa i dopiero wtedy zaczął kląć i wygrażać policjantce, waląc ze złości w kierownicę. Nie tak wyobrażał sobie sojusz z lokalną policją. Kiedy już trochę wyładował gniew, wpisał w nawigację adres hotelu Bachleda i włączył się do ruchu. Po drodze planował zadzwonić do Ady, bo widział, że w ciągu dnia dobijała się do niego kilkanaście razy, ale o dziwo, droga była przejezdna i nawet na chwilę nie stanął w korku. Zaparkował pod hotelem, wziął swoje dokumenty i komputer. Ruszył do recepcji. Był tak zmęczony, że marzył tylko, żeby znaleźć się w pokoju. Wziąć prysznic, wyciągnąć się na łóżku i zasnąć – to był jego aktualny plan. Tymczasem konsjerż wydał mu kartę do pokoju, a potem wskazał salę restauracyjną.

– Ktoś na pana czeka.

Zajrzał przez drzwi. Urszula Gajda na jego widok poderwała się od stolika.

– I jak ci się podoba hotel? – zapytała, uśmiechając się promiennie.

Na jej twarzy nie było znać śladów dawnej rozpaczy ani otępienia, które zszokowało go podczas pierwszej rozmowy online.

– Piękny, prawda? – Powiodła ramieniem wokół. – Żyrandole to prawdziwe Murano, a tapety na ścianach są kopią pałacowej groteski. Uwierzysz?

Zmarszczył brwi i położył swoje rzeczy na krześle naprzeciwko niej. Podał jej dłoń, ale w odpowiedzi rzuciła mu się w ramiona. Pachniała obłędnie i odniósł wrażenie, że ubrała się staranniej. Zamiast dresowej bluzy miała na sobie coś na kształt spodnium z dużym dekoltem. Zdała mu się też znacznie wyższa, więc dokładnie obejrzał jej obuwie na kilkunastocentymetrowych obcasach, w którym najprawdopodobniej dało się wyłącznie siedzieć.

– Co cię tu sprowadza? – burknął nieuprzejmie.

– Tak mi przykro – zaczęła, ściągając usta w ciup.
– Pamiętam tę pielęgniarkę. Od godziny wszystkie media publikują list gończy za jej morderczynią. Chociaż policja początkowo wydała komunikat, że to był po prostu nieszczęśliwy wypadek.

Kuba bardzo się zdziwił. Kiedy sprawdzał sieć ostatnim razem, nie znalazł ani jednego artykułu na ten temat. Sierżant Marta Kozak wzięła się widać do roboty.

– Jest też wzmianka o tobie – dokończyła Urszula. – W sieci piszą, że przypadkowy pasażer rzucił się na pomoc zaatakowanej kobiecie. Wiem od znajomej dziennikarki z tutejszego portalu, że szukają cię, bo chcą zrobić z ciebie bohatera. W sieci są filmiki, jak rzucasz się na pomoc i próbujesz reanimować tę Ukrainkę. Nie doszli jeszcze, że jesteś prywatnym detektywem. Ulżyło mi... Powiedz, jak to się stało, że w ogóle się tam znalazłeś?

Jakub nie miał ochoty na kolejną spowiedź, ale wyglądało na to, że nie ma innego wyjścia. W kilku zdaniach streścił klientce przebieg wydarzeń, a potem wyjął z aktówki listę, którą sama sporządziła.

– Znasz bliżej rodziców któregoś z tych dzieciaków? – Szybko zmienił temat. – Konsultowałem się z Brhel. Jesteśmy zgodni, że jak najszybciej powinienem z nimi pogadać.

Urszula powoli pokręciła głową.

– Niestety. – Rozłożyła ręce. – Musisz wiedzieć, że rzadko odwiedzałam Rysia w szpitalu. Głównie chodził tam Paweł. Nie mogłam znieść tych paskudnych warunków. I jeszcze ten smród...

Sobieski przyjrzał się jej uważniej. Zdawało mu się, że rozmawia z inną osobą niż ta, którą poznał przed kilkoma dniami. Tamta Urszula była zaangażowana, może zanadto emocjonalna, ale nie miał wątpliwości, że kocha swoje dziecko i jest w stanie zrobić dla niego wszystko. Zapachy i brzydota szpitala z pewnością by jej nie zniechęciły do odwiedzin Rysia. Dzisiejsza Urszula była pobudzona, sztucznie uśmiechnięta i ewidentnie go kokietowała.

– Piłaś coś? – Rzucił okiem na szklanki i talerze po konsumpcji. Wyglądało na to, że czekała na niego od kilku godzin. – A może coś wzięłaś?

– No wiesz? – Spojrzała na niego wielce obrażona. – To chyba nie twoja sprawa.

Zacisnął usta.

– Pod żadnym pozorem nie podawaj znajomym dziennikarkom mojego numeru telefonu – zastrzegł. – Nie planowałem akcji na dworcu i nie jest mi na rękę, że w sieci są jakieś filmiki. Już pomijam fakt, że kiedy wołałem o pomoc, nikt się nie zgłosił, chociaż co drugi obserwator miał w ręku komórkę. Teraz to już nieważne, ale będzie trudniej prowadzić dochodzenie. Zostaje tylko mieć nadzieję, że nikt mnie nie rozpozna.

– Żarty sobie stroisz? Za chwilę będziesz sławny! – Urszula się roześmiała. – Jeśli już nie jesteś... Radzę zapuścić zarost drwala i nie ruszać się bez kaptura. – Uniosła podbródek i oczyma pokazała kelnera. – Myślę, że on już wie, kim jesteś, więc chyba zmienimy lokal. Tańczysz? Znam jedno miejsce. Możemy tam pójść choćby teraz.

Puściła mu oko, a Jakuba aż wbiło w fotel. Gwałtownie się odwrócił i w tym samym momencie obsługa przy barze zaczęła cicho szeptać.

– Wychodzimy – zarządził.

Wstał.

– Czekam jeszcze na mój koktajl! Jest zapłacony! – zaoponowała śpiewnie. Kuba był już pewien, że Urszula jest wstawiona. – Zresztą nie zamierzam jeszcze wychodzić, bo mam dla ciebie dobre wieści!

Usiadł, ale pośpiesznie nasunął kaptur na głowę.

– Wyglądasz dziwacznie. – Zachichotała i pacnęła go po przedramieniu. – Nie wygłupiaj się! Teraz już naprawdę wszyscy się na nas gapią.

Skrzywił się, ale powstrzymał przed ripostą, chociaż to spotkanie coraz mniej mu się podobało.

– Zdobyłaś adres rodziców Anastazji?

– Jeszcze nie. – Rozsiadła się wygodniej, a jej dekolt znacznie się rozchylił. Widać było brzeg czerwonego biustonosza. – Wiem natomiast, z kim przyjaźniła się Anastazja, zanim to się stało. Tak się składa, że raz rozmawiałam z tą dziewczynką. – Odchrząknęła. – Teraz jest Karolem. – Klasnęła w dłonie. – I on twierdzi, że nikt nie widział zdarzenia, bo wszyscy poszli palić na górę. Tam gdzie było piętro dla dorosłych. Mówili policji prawdę.

– Myślałem, że oddział zamknięto trzy miesiące temu – zauważył Jakub. – Którym przejściem się tam dostają?

Urszula przywdziała na twarz uśmiech Mona Lizy. Czekała chwilę dla większego efektu.

– Kiedy był tam oddział dla dorosłych, z drugiej strony działało prywatne laboratorium. Mogłeś oddać mocz albo krew do badania. Dawniej, jeszcze za czasów pandemii, było tam centrum szczepionkowe. Wchodziło się od strony lasu, ale na samą górę można było wjechać windą. Po aferze z gwałtem wszystkie wejścia zostały zaślepione i zaplombowane, ale dzieciaki potrafią się tam dostać od środka. Zaadaptowały to miejsce na kryjówkę do palenia i cięcia się, robienia zdrapek – dorzuciła z niechęcią. – No wiesz, tych ran, które rozdzierają sobie do krwi, a potem rozdrapują strupy, kiedy nie mają żadnych narzędzi do samouszkodzeń.

– Windą? – powtórzył z niedowierzaniem Jakub. – Chcesz powiedzieć, że jest drugie wejście do budynku i że one są połączone?

– Właśnie – potwierdziła cała zadowolona, jakby opowiadała mu o ostatnich wakacjach. – To przecież oznacza, że zabójca mógł wejść do szpitala z zewnątrz! Wcale nie musiałby korzystać ze śluzy i być przeszukiwany. Pracownicy nie mieliby pojęcia, że w szpitalu przebywa obcy. No i mógłby swobodnie opuścić budynek po zbrodni. Jeśli, rzecz jasna, znał drogę – zaznaczyła.

– Czy policja wie o tajnym przejściu?

– Nie wyobrażam sobie, żeby było inaczej – potwierdziła z zapałem. – Przecież kiedy zamykali oddział dla dorosłych, musieli to zbadać. A że dzieciaki się tam ukrywają, to żadna tajemnica.

– Dlaczego mówisz mi o tym dopiero teraz?

– Sama dopiero się dowiedziałam!

– Od Karola?

– Od jego matki. Wymieniłyśmy się telefonami jakiś czas temu. Nawet nie zdajesz sobie sprawy, jak się nagimnastykowałam, żeby to z niej wyciągnąć. – Poprawiła ramiączko biustonosza i jednocześnie hipnotyzowała Jakuba spojrzeniem, aż mu się przewracało w żołądku i nie wiedział, gdzie podziać oczy. – Powiem ci więcej: matka Karola zdradziła, że po śmierci Róży on też próbował popełnić samobójstwo. Wygląda na to, że Róża uwiodła nie tylko Rysia.

– Ten Karol vel Karolina nadal jest w szpitalu? – przerwał jej Kuba. – Masz jego zdjęcie?

Urszula sięgnęła po komórkę i wyszukała Instagram dziewczynki. Kuba przyjrzał się kolejnej androgenicznej postaci jakby żywcem wyjętej z japońskiej mangi. Ze wszystkich obrazków na siatce było tylko jedno, które ukazywało prawdziwy wizerunek nastolatki. Była to przywódczyni gangu w czarnych bluzach, jak je w myślach nazwał Jakub.

– Mogłem się tego spodziewać – rzucił w próżnię, a ponieważ Urszula spojrzała na niego pytająco, uznał, że winien jest jej wyjaśnienie. – Widziałem tę pacjentkę w Koćwinie. Od razu pomyślałem, że jest dobrze poinformowana.

– Karol z całą pewnością był w placówce, kiedy doszło do zabójstwa – dorzuciła Urszula scenicznym szeptem i pochyliła się do Jakuba, aż prawie go dotykała. – Zna Rysia, Różę i musi coś wiedzieć. Wystarczy, że do niego dotrzesz, a tajemnica śmierci tej dziewczyny będzie rozwiązana.

– Gdyby to było takie proste – westchnął zniechęcony Jakub.

Część 2

OFIARA

19 lutego, Kraków, Nowa Huta, aleja Przyjaźni

Przed blokiem szwedzkim nie było już śladu po dziennikarzach. Jakub bez problemu zaparkował, zawiesił sobie aparat na szyi i skierował się do jednej z klatek. Państwo Bernaś mieszkali na drugim piętrze, a ich drzwi wyróżniały się spośród pozostałych kolorowymi mazajami.

– Tato! Następna hiena się czai – usłyszał głos nastolatka, zanim nacisnął dzwonek. – Mam go wpuścić?

W tym momencie drzwi się otworzyły i wychyliła się łysiejąca głowa oraz masywna sylwetka wciśnięta w rozciągnięty podkoszulek z rysunkiem drzewa i napisem „Nie zabijaj". Z wnętrza mieszkania woniało smażeniną, kocimi sikami i piwem wątpliwej jakości. Było jednak czysto, chociaż lokal wołał o remont.

– Płacisz coś? – padło zamiast powitania.

Kuba pogrzebał w kieszeniach i pomachał mężczyźnie zwitkiem pięćdziesiątek.

– Właź! – Drzwi otworzyły się szerzej. – Tylko bez wizji. Nieubrany jestem.

– Przecież on nie ma kamery, tylko jakiś starożytny aparat – westchnął zawiedziony nastolatek z utlenionymi włosami i sznurem pereł na szyi, po czym schował się w swoim pokoju i włączył deliryczną muzykę.

Sobieski przeciskał się wąskim korytarzem za Bernasiem i za chwilę byli już w głównym pokoju. W centralnym miejscu, na fotelu inwalidzkim, siedziała staruszka wpatrzona w wyciszony telewizor. Na ekranie Kuba widział to samo skrzyżowanie, na którym niedawno spędził więcej niż godzinę. Jego uwagę przykuł czarny worek na zwłoki. Zrozumiał, że miasto zostało sparaliżowane, bo ktoś zginął na torach tramwajowych. Babcia przyglądała mu się bez skrępowania, a potem sięgnęła po pilota i pogłośniła odbiornik tak bardzo, że Jakub nie słyszał już własnych myśli. Komentator przypominał o zachowaniu ostrożności podczas wsiadania do tramwajów.

– Ten dziewiętnastolatek zapłacił za swoją niefrasobliwość własnym młodym życiem – zakończył reporter.

Z kuchni słychać było krzątaninę, w pomieszczeniu obok było zapewne więcej osób, jednak ci, którzy tłukli garnkami oraz szeptali półgłosem, z rozmysłem nie wchodzili do salonu.

Mieszkanie miało kształt małego labiryntu, więc Jakub wiedział, że tam są następne pokoje. Co jakiś czas dochodził z nich gromki chichot i piskliwe zachwyty. Kuba rozróżnił przynajmniej trzy dziewczęce głosy.

– Skąd pan jesteś? – zagaił gospodarz.

– Z Warszawy – odrzekł Kuba.

Wahał się, czy powiedzieć prawdę, że nie jest dziennikarzem, ale ojciec Róży nie dał mu dojść do głosu.

– Napisz, że to skandal, bo jak dotąd nie oskarżono tego odmieńca. – Bernaś skutecznie przekrzykiwał telewizor. – A dopóki to się nie wydarzy, nie możemy złożyć pozwu cywilnego o odszkodowanie. Nie wiem, czy słyszałeś, że dyrektorka szpitala wcale nas nie przeprosiła. Profesor Kiryluk nie tylko nie poczuwa się do odpowiedzialności, a wręcz zrzuca telefony. Wobec naszego prawnika była, delikatnie mówiąc, chamska. No i koniecznie podkreśl, że nasza Róża nie była lesbijką. To tyle z nowości. Co jeszcze chcesz usłyszeć?

– Właściwie – zaczął z ociąganiem Sobieski, rozpaczliwie grzebiąc po kieszeniach w poszukiwaniu swojego notesu – chciałbym się dowiedzieć czegoś więcej o Róży. Jaka była, co lubiła? Jakie miała plany, marzenia... Czym chciała się zajmować w przyszłości?

Wreszcie znalazł swój kajet. Na jego widok Bernaś podejrzliwie zmrużył oczy. Kuba przeraził się, że spalił akcję, bo jego notes był typowym policyjnym rekwizytem. Został mu jeszcze ze starych czasów. Milczał, cały struchlały.

– Nie będziesz nagrywał? – odezwał się zawiedziony Bernaś.

– Można to przyciszyć? – Kuba wskazał odbiornik.

Mężczyzna wzruszył ramionami.

– Babcia niedługo idzie na drzemkę. Starość ma swoje prawa.

– Wobec tego skupię się na notatkach – oświadczył Jakub i schował telefon. Spojrzał przeciągle na ojca zamordowanej dziewczyny. Gdyby nie wiedział, że Bernaś przeżywa żałobę, nigdy by się tego nie domyślił. Ojciec Róży był jowialny, z natury wyrachowany i z całą pewnością miał plan ugrać na tej sprawie jak najwięcej pieniędzy dla siebie i rodziny. – Opowie mi pan coś o córce?

– A co tutaj opowiadać? – żachnął się zniecierpliwiony Bernaś. – Róża była jak każda nastolatka. Raz było między nami dobrze, innym razem źle. To przecież normalne. Uczyła się średnio, ale bez kłopotów przechodziła z klasy do klasy. Problemów większych z nią nie miałem. Czasami poszła z kolegami na balet, coś wypiła. Ogólnie w normie. Młodość ma swoje prawa – sparafrazował sam siebie.

– Racja – zgodził się Jakub, bo już wiedział, że z tego faceta egzystencjalnych spostrzeżeń nie wyciśnie. – Miała chłopaka?

– No raczej! A myślisz, że jednego? – Bernaś nagle potarł oczy, jakby szczerze się wzruszył. – Ładne dziecko miałem, to i kandydatów nie brakowało. Wszyscy ją lubili. Kochała tańczyć, a kiedy była młodsza, należała do zespołu cheerleaderek. Ostatni jej chłopak był kapitanem drużyny.

– To z nim była, kiedy patrol zabrał ją na SOR?

– Zgadza się, z Frankiem i jego dwoma kumplami. Wszystkich znam i jak tylko to się stało, od razu do mnie zadzwonili. To znaczy jak tylko wyszli z aresztu, bo wiesz, że byli zatrzymani?

Sobieski powoli skinął głową. Nie zareagował, że facet twardo zwracał się do niego per „ty".

– Wie pan, że brali narkotyki i popijali alkoholem?
– Każdy miał kiedyś kilkanaście lat. – Ojciec machnął ręką. – Ty czekałeś do pełnoletności, żeby wypić piwko? Nie wierzę...

Kuba przejrzał swoje wcześniejsze zapiski.

– Pan jest kierowcą?
– Motorniczym. W firmie od dziewiętnastu lat, a teraz szkolę młodych – odparł szybko. – Tej nocy, kiedy Róża się bawiła, odsypiałem wachtę. Pracuję w formacie dwadzieścia cztery na dwadzieścia cztery. Jej matka wzięła silne proszki na sen, bo odkąd pamiętam, nie zaśnie bez tabletki, a rodzeństwo... No cóż. Ma swoje życie. W naszym domu panuje równość. Starsi opiekują się młodszymi. Wciąż czekamy na lokal, który mam obiecany w urzędzie – zaznaczył bez związku. – Ciężko być w dzisiejszych czasach rodziną zastępczą. Obowiązków ful, a praw praktycznie żadnych. Wszyscy myślą, że wychowywanie dzieci to bułka z masłem.

– Jest ich teraz u was sześcioro? – upewnił się Kuba. – Dwójka własnych, a reszta przysposobione?

Bernaś pokiwał głową.

– Najmłodsze śpi w chuście na piersi żony w kuchni. A nasz dwulatek bardzo tęskni za Różą. Kochał ją najmocniej z nas wszystkich. Czasami mówił do niej mama. – Urwał. – Po co ci to wszystko? Znów naskrobiesz, że jest nas za dużo i mieszkamy na kupie?

– Ktoś tak napisał? – zdziwił się Kuba. – Nie widziałem.

– Sporo nas kosztowało, żeby to odkręcić. Na początku, jak sprawa wyszła, czepili się, że nie spełniamy wymagań, i sugerowali, że źle dbam o swoje stado. To nieprawda. Wszystko robię dla dzieciaków. Róża była praktycznie dorosła. Uważałem, że nie trzeba jej kontrolować.

– Jak córka znosiła pobyt w szpitalu w Koćwinie? Zaprzyjaźniła się z kimś na oddziale?

– No chyba, że miała całe mnóstwo koleżanek! – odpowiedział Bernaś bez wahania. – Dzwoniłem codziennie, chociaż nie zawsze dawali mi ją do telefonu. Ponoć miała tam jakieś zajęcia. Dziś wiem, że to blaga. Żadnej terapii tam nie prowadzą. Róża znalazła się w szpitalu omyłkowo, a ci, którzy ją tam wsadzili, zapłacą za jej krótkie życie! Nie była wariatką! Nie miała żadnych problemów! Po prostu trafiła do sali z jakimś odmieńcem, który ma zryty beret!

– Co mówiła o koleżankach? Pamięta pan ich imiona? Mogę z nimi porozmawiać? – Jakub zarzucił ojca dziewczyny pytaniami.

– Posługiwała się ksywami. Nie pamiętam dokładnie. Pewny jestem tylko, że o tym Rysiu nigdy nie wspominała. Pierwszy raz usłyszałem na policji, że niby były przyjaciółkami. To bzdura!

– Anastazja, Karolina? – podsunął Jakub.

– Nie wiem, naprawdę – poddał się Bernaś. Znów łypnął podejrzliwie na Jakuba. – Dziwny ten twój wywiad.

– Wie pan, że w pościeli Róży zabezpieczono dwa ślady spermy? – zaryzykował detektyw. Utrzymał wrogie spojrzenie ojca zamordowanej. – Myśli pan, że mogła nawiązać bliższą relację z kimś w placówce? Mam na myśli sanitariuszy...

– To wszystko są niepotwierdzone plotki! – wybuchnął Bernaś, ale zaraz zmarkotniał. – Jeśli się okaże, że moją córkę tam zgwałcili, zabiję profesor Kiryluk gołymi rękoma. Masz moje słowo!

– Tomuś, uspokój się – padło z drugiego pokoju. Głos kobiety był ciepły, delikatny, lecz karcący. – Pan jeszcze to napisze i będziemy mieli kłopoty.

– Tego nie pisz! – rozkazał Bernaś. – To tylko tak w złości powiedziałem. Ale między nami mówiąc, tam niedobrze się działo, skoro każdy z tych zaburzonych miał dostęp do ostrych narzędzi. Nie daruję sobie do końca życia, że feralnej nocy nie odebrałem telefonu. Żona też! Ta wariatka, która ją pocięła, pewnie nawet nie pójdzie siedzieć. Jej rodzina walczy o kwity niepoczytalności. Słyszałeś?

– A gdyby was przeprosili? Zaproponowali zadośćuczynienie?

– To dziecka nam nie wróci – odrzekł niemrawo Bernaś. – Ale zależy od propozycji. Adwokaci się znają. Gdyby Gajdowie chcieli coś proponować, musieliby płacić do końca życia. Tylko takie rozwiązanie widzę jako satysfakcjonujące. Na razie żadnej oferty nie dostaliśmy.

– Oni uważają, że ich córka jest niewinna – wtrącił Jakub.

– Na ich miejscu pewnie twierdziłbym to samo. Żałuję, że nie wyciągnąłem Róży z tego miejsca, kiedy był czas. Teraz już pozamiatane. Nie ma Róży, nasza rodzina się rozpadła – uderzył w płaczliwy ton i pocierał teatralnie oczy. – Jak oddadzą nam ciało, zostanie nam godnie ją pochować. Radny z naszej dzielnicy ładnie się zachował i załatwił pieniądze na duży nagrobek, bo pewnie byśmy się zrujnowali.

– Kojarzy pan pielęgniarkę, szefową zespołu, Tamarę Stolnikową?
– To ta, która spadła ze schodów na dworcu? – szybko połapał się Bernaś.
Jakub potwierdził skinieniem.
– Zepchnięto ją – doprecyzował. – To nie był wypadek.

Bernaś chwilę ważył słowa, aż wreszcie się odezwał:
– Widziałem ją raz, bo przyniosłem paczkę ze słodyczami, a nie dostałem pozwolenia, żeby córkę odwiedzić. Kobieta miła nie była, za to fachowa. Pozwoliła mi popatrzeć na córkę z daleka, kiedy miała badania. Do dziś pamiętam spojrzenie Róży i jej uśmiech na mój widok. Pomachała mi, ale ta pielęgniarka zaraz mnie wyrzuciła. Wyobrażam sobie, że pracując w takim miejscu, wyzbywasz się pewnych cech ludzkich, co nie znaczy, że stajesz się złym człowiekiem. Ona też musiała jakoś przetrwać.
– Co pan ma na myśli?
Bernaś się zawahał.
– Radziła, żebym jak najszybciej Różę stamtąd zabrał. To nie miejsce dla niej. Tak powiedziała.
– To było ostrzeżenie?
Bernaś nagle wybuchnął płaczem i pobiegł do łazienki, skąd długo dobiegał odgłos dmuchania nosa. Kuba czekał cierpliwie, aż w końcu uznał, że czas się zbierać. Wstał, zapiął kurtkę i skinął na pożegnanie babci, która wciąż siedziała wpatrzona w telewizor. Obok jej wózka leżały przewrócone zielone kapcie z puszkiem. Jakub wgapił się w nie i zastanawiał, czy to jakiś tani produkt z marketu, ale nie zdążył o nie

zapytać, bo zaciekawiona babcia odwróciła ku niemu głowę.

– Znam cię – oświadczyła, uśmiechając się dobrotliwie, jakby podawała mu mleko i domowe ciasteczka, a Kuba w tym momencie gwałtownie zerwał się z miejsca. – Ty jesteś tym bohaterem, który ratował grubą pielęgniarkę na dworcu! Mam rację?

Sobieski zastygł w stuporze. Nie był w stanie się odezwać. Patrzył tylko na drzwi łazienki, czy Bernaś słyszy ich rozmowę.

– Ten nóż Tomek dał córce do obrony. – Staruszka machnęła ręką. – Włożył go do ptasiego mleczka, jak niósł naszej Różyczce paczkę.

Jakub wyszedł z domu Bernasiów kompletnie skołowany. W pierwszej chwili miał ochotę wsiąść do auta i od razu pojechać do komendy policji, żeby rozmówić się z sierżant Martą Kozak, ale na wyświetlaczu spostrzegł pilną wiadomość od Merkawy. Był tam tylko adres i dopisek:

„Wdowa, akurat. Nieźle tobą zakręciła ta kucharka".

Już miał dzwonić, żeby dopytać, co ma na myśli jego informatyk, ale wpadła kolejna wiadomość.

„Na twoim miejscu bym uważał. Robert Jarosławiec jest kuty na cztery nogi. To jeden z lokalnych fotoreporterów. Jak wleziesz mu w oczy, nie odpuści i zacznie dymić w mediach. Oziu radzi przykleić wąsy, a i jakieś oksy nie zaszkodzą. Zostawiam ci info pod rozwagę. Nara".

Sobieski potrzebował chwili, żeby poukładać dane. Wreszcie wstukał podaną ulicę w nawigację. Znajdowała się na tym samym osiedlu, dwie przecznice dalej. Nie było sensu szukać nowego miejsca parkingowego.

„Jarosławiec? – napisał szybko. – Robert Jarosławiec? Ojciec zgwałconej Mileny, córki Lindy Werendarz? Jak go namierzyłeś?"

„Starczy, że przyznasz mi zaległą premię – padło w odpowiedzi. – Chciałbym zobaczyć minę człowieka, kiedy się dowie, że jego była rozpowiada obcym, że rok temu zszedł na raka".

Kuba podziękował Merkawie i ruszył piechotą pod podany adres, nie zastanawiając się nad kamuflażem. Dzwonił domofonem, aż ścierpł mu palec, ale nikt nie otworzył. Poszperał w sieci i tylko upewnił się, że Merkawa ma rację. Ojciec Miłki to lokalny fotoreporter, a redakcja gazety po wczorajszych wydarzeniach na dworcu była ostatnim miejscem, do którego Kuba miał ochotę się wybrać. Myślał chwilę, jak to rozwiązać, kiedy na balkonie dostrzegł mężczyznę w dresie. Ćmił papierosa, przyglądając się Sobieskiemu z zaciekawieniem. Kuba policzył piętra i sam nie dowierzał, że miałby taki fart.

– Robert Jarosławiec? – krzyknął z przepony.

Facet na chwilę oniemiał. Wreszcie pokiwał głową, ale zaraz schował się do mieszkania. Jakub dopadł domofonu i dzwonił do upadłego. W końcu usłyszał trzask. Ktoś podniósł słuchawkę.

– Kim jesteś i czego chcesz? – Głos Jarosławca był nie tyle wrogi, ile zaniepokojony.

– Powinieneś ze mną pogadać – rzucił Kuba bez zbędnych tłumaczeń. – Chodzi o twoją córkę.

– Nie żyje?

– Z tego, co wiem, jest z nią źle. Zejdź na dół, jeśli nie chcesz rozmawiać w chacie. Jestem prywatnym detektywem. Prowadzę śledztwo w sprawie zabójstwa w szpitalu.

Połączenie zerwano. Jakub nie był pewien, czy mężczyzna usłyszał jego ostatnie słowa, i szczerze wątpił, czy ojciec Miłki będzie skłonny do współpracy. Mimo to uparcie stał pod klatką, aż wreszcie Jarosławiec pojawił się w drzwiach z workiem śmieci w ręku. Kuba pomyślał, że chciał mieć pretekst, żeby wyjść z domu.

– Jakub Sobieski – przedstawił się. Pokazał odznakę. – Mam kilka pytań.

Jarosławiec przyglądał mu się dłużej, niż potrzeba, po czym rzekł:

– Kojarzę cię. To ty ratowałeś pielęgniarkę na dworcu. O co tutaj chodzi? Co z tym wszystkim ma wspólnego Miłka?

– Właśnie tego chciałbym się dowiedzieć – odparł szczerze Kuba. – Twoja była przywiozła ją do Koćwina, a potem poszła w tango. Pracujesz w redakcji. Dlaczego się nie zgłosiłeś, kiedy opublikowano wizerunki Lindy Werendarz?

– Nie chcę mieć z tą osobą nic wspólnego – wyburczał facet.

– Los córki też cię nie obchodzi? Widziałem, w jakim jest stanie. To nie wygląda dobrze.

Mężczyzna pochylił głowę. Nic nie odpowiedział. Wolnym krokiem zaniósł śmieci do kontenera, a potem wskazał drzwi do klatki schodowej.

– Za godzinę mam dyżur. Pośpiesz się, jeśli chcesz znać prawdę o matce Mileny.

***

– To był przelotny romans – zaczął opowiadać Jarosławiec, kiedy znaleźli się już w jego maleńkim mieszkaniu.

Wszędzie wisiały czarno-białe zdjęcia, a największe formaty wydrukowane na piankach stały oparte o ściany. Przedstawiały ludzi, pejzaże miejskie i reporterskie kadry. Widać było, że część z nich tworzy serie. Niektóre miały jakieś pieczęcie i sygnatury. Na długim stole leżały aparaty fotograficzne i obiektywy. Poza tym w salonie praktycznie nie było sprzętów. Kuba rzucił okiem na korytarzyk w głębi mieszkania i dostrzegł brzeg materaca bez ramy. Jarosławiec żył jak mnich. Ubrania trzymał przy wejściu na składanym wieszaku z Ikei. Dokładnie takie stelaże ustawiano w sklepach z odzieżą. Gospodarz przesunął wieszak do sypialni i przyniósł wysłużone krzesło. Podstawił Jakubowi, a sam przysiadł na taborecie i zajął się wiązaniem adidasów.

– Rozstaliśmy się, a kilka miesięcy później Linda napisała mi esemes, że jest w ciąży i niedługo rodzi. Znałem ją pod innym imieniem. Przedstawiła mi się jako Helena – ciągnął. – Ot, i cała nasza znajomość. Jej rodziców zobaczyłem dopiero na chrzcinach Mileny. Ojciec to skrajny alkoholik, a matka dewotka, która większość życia przesiaduje w kościele. W sumie nie byliśmy ze sobą, bo kiedy dzidzia się urodziła, Linda powiadomiła mnie, że poznała kogoś i jestem niepotrzebny. Krótko później wyjechała do Chojnic. Od tamtej pory kontakt był żaden.

– Nadal nie rozumiem, dlaczego nie zgłosiłeś się, kiedy rozesłano apel za twoją byłą – wszedł mu w słowo Jakub. – Pracujesz w redakcji. Musiałeś wiedzieć, że Linda jest poszukiwana.

– Nie poznałem jej! – zaoponował Jarosławiec.

– Nazwiska nie zmieniła. – Sobieski przygwoździł go spojrzeniem. – Nie przyjęła nowego, nawet kiedy rzuciła cię dla tego gościa. Werendarz musiało ci się wryć w pamięć na zawsze!

– Prawda jest taka, że chciałbym zapomnieć, że kiedykolwiek się znaliśmy. Ale teraz, kiedy już wiem, o co chodzi, pewnie, że się zgłoszę. Tak między nami, wcale nie dziwi mnie, za co jej szukają. Już wtedy była porąbana. Agresywna, nieobliczalna. I mściwa. Taką ją zapamiętałem.

– A córka? Miałeś z nią kontakt?

– Początkowo chciałem mieć, ale Werendarz to utrudniała. Kiedy wyrzucała mnie z domu, nie wiedziałem, że zbrzuchacił ją jakiś guru. O tym, że wstąpiła do Hare Kryszna, znajomi donieśli mi dużo później. Z tym gościem w koralikach wyjechała w Zachodniopomorskie. Nie chce mi się do tego wracać, bo Milenę oddała do matki, a jak już ci mówiłem, jej mamuśka to dewotka. Nowe dziecko z tym fagasem wychowywała w Chojnicach.

– Dziwne to wszystko – podsumował Jakub. – Ale nieco wyjaśnia, dlaczego tak jej zależało, żeby córka została przyjęta do tego konkretnego szpitala. Chciała się pozbyć Miłki? Wiedziała, że wtedy się nią zajmiesz?

– Werendarz to dziwna, ale przede wszystkim niebezpieczna osoba – podchwycił Jarosławiec. – Musisz wiedzieć, że ona nigdy nie była zbyt uduchowiona. Wstępując do sekty, zrobiła na złość matce. Podobno robiła z nimi jakieś przekręty. Nie wiem, po co się tym interesujesz. To było z dwanaście lat temu.

– Piętnaście – skorygował z pogardą Jakub. – Bo tyle teraz ma twoja córka.

– Dla mnie to już zamierzchła przeszłość.

– Więc z Mileną, znaczy się z Miłką, nie miałeś kontaktu?

– Płaciłem alimenty. – Mężczyzna uderzył się w pierś, a potem zwiesił smętnie głowę. – To znaczy moja matka płaciła. Miesiąc w miesiąc buliła, odejmując sobie od lichej emerytury. Uważała, że tak trzeba. Ja wysyłałem paczki na święta, czasami dzwoniłem, ale z biegiem lat coraz rzadziej. Do jedenastego roku życia widziałem Miłkę raptem kilka razy. – Spojrzał z przestrachem na Jakuba. – Jak ona się ma?

– Kto?

– Miłka.

– Powinieneś zabrać ją do siebie.

Opowiedział pokrótce, czego był świadkiem i jaki jest stan córki Jarosławca. Przemilczał sprawę gwałtu, chociaż nie wierzył, że pracując jako fotoreporter, ten człowiek o tym nie wie.

– Już to ćwiczyliśmy – wymamrotał Jarosławiec. – Miałem wtedy kobietę, a z nią trójkę dzieci. Rozstaliśmy się przez Miłkę, bo jak wziąłem ją do siebie, zaczęła pajacować.

– Co masz na myśli? – Kuba z trudem zachowywał spokój.

– Z Miłką od małego były problemy, ale nikt jej nie leczył, za to babcia w kółko prowadzała ją do księży. Wiem, że próbowali ją egzorcyzmować, bo sąsiedzi plotkowali, ale czy się udało, naprawdę nie wiem...

Wtedy bardzo chciałem pomóc córce. Moja ówczesna dziewczyna namówiła mnie, żebyśmy zaryzykowali. Mieliśmy już córeczkę i synka, a moja partnerka miała rozwinięty instynkt macierzyński, bo była ze mną w kolejnej ciąży. Dziadkom było to na rękę, bo już sobie z Miłką nie radzili. Werendarz praktycznie wcale jej nie odwiedzała. Ot, Wielkanoc, Boże Narodzenie, czasami przypominało jej się o córce w wakacje. Albo kiedy przestawałem płacić, to przyjeżdżała z tym swoim nawiedzonym mężem i straszyła mnie komornikiem. W sumie nic dziwnego, że Miłce się pogorszyło. Widziała przecież, że druga siostra mieszka normalnie z matką, a ją porzucono jak bezpańskiego szczeniaka. Dziadkowie wcale nie mieli do niej podejścia.

– A ty?
– Ja? – Jarosławiec zrobił zdziwioną minę. – Co ja?
– Też mogłeś coś zrobić.
– Próbowałem – powtórzył z uporem ojciec Miłki. – Ale ona była już bardzo zaburzona. Najgorsze były paranoje. Mówiła, że jedzenie w niej gnije, więc praktycznie nic nie jadła. Cięła się, podejmowała próby samobójcze. Wcale się nie nadawała do szkoły. Moja ówczesna kobieta musiała uczyć ją w domu, bo rówieśnicy jej nie akceptowali. Miłka przesiadywała u siebie i robiła nam piekło. Moje dzieciaki się jej bały. Mieszkała u nas już dwa lata, kiedy odkryłem, że ma dryg do fotografowania. Zaczęła chodzić ze mną na zdjęcia, przesiadywała w ciemni. Wydawało mi się, że mamy porozumienie.

– Tutaj mieszkaliście? – Jakub rozejrzał się po niewielkim lokalu.

Mężczyzna pokręcił przecząco głową.
- To chata moich rodziców. Tutaj się wychowywałem. Przeprowadziłem się do tej dziupli, dopiero jak moja mama zmarła – wyjaśnił z wyrzutem. – Wtedy wynajmowałem dom na obrzeżach Krakowa. Moja była wciąż tam mieszka. Ale i tak był za mały dla naszej szóstki, więc Miłce zrobiłem pokój w garażu. Okazało się to brzemienne w skutkach. Wiesz, jej nie można było zostawić samej. Kiedy raz poszedłem do pracy, pocięła się na oczach najstarszej córeczki. Do tej pory leczymy ją z traumy.

Sobieski nie mógł wydusić z gardła ani słowa.
- Hardcore, wiem – skomentował Jarosławiec.
- Ludzie mi współczują. Moja kobieta tego nie wytrzymała. Pokłóciliśmy się. Rozumiem ją, bo Miłka robiła takie rzeczy, że zagrażało to bezpieczeństwu pozostałych dzieciaków. W końcu poddałem się i odesłałem Miłkę z powrotem do babci Werendarz, a tam było z nią tylko gorzej. Wciąż uciekała do matki, która zajmowała się umieszczaniem jej w szpitalach. Trzy miesiące temu przywiozła ją do Koćwina i jakiś wariat ją zgwałcił. Sam już nie wiem, co jeszcze mógłbym zrobić.

Rozłożył ręce w geście bezradności.
- Może pomóc jej wyzdrowieć? – podpowiedział Jakub, nie kryjąc potępiającego spojrzenia.
- Jak?
- Otaczając ją opieką, organizując terapię i dopasowując leki? – wymieniał Sobieski. – Jeśli dalej będziesz się użalał nad sobą, zamiast zająć własnym dzieckiem, wkrótce będziesz odwiedzał ją na cmentarzu.

– Gdyby Miłka chciała się zabić, wiedziałaby, jak to zrobić, nie bój się! – zaśmiał się mężczyzna. – Wiesz, ile prób zaliczyła, kiedy mieszkała u mnie? Trzydzieści. Rozumiesz to?

Jakub nic nie odpowiedział. Sięgnął do kieszeni po długopis i zapisał na kartce nazwisko Tamary Stolnikowej. Podsunął Jarosławcowi pod nos.

– Ta kobieta zajmowała się twoją córką, kiedy Miłka była hospitalizowana – oświadczył. – Teraz Tamara nie żyje. Linda Werendarz zepchnęła ją ze schodów na dworcu. Widziałem to i mogę cię zapewnić, że to nie był wypadek. Jak myślisz, dlaczego to zrobiła?

– Nie mam pojęcia! – krzyknął wzburzony Jarosławiec. – I nic mnie to nie obchodzi! Powtarzam ci raz jeszcze: nie chcę mieć z nimi nic wspólnego! Ani z Werendarz, ani z jej czarcim pomiotem. Ta dziewczyna mnie przeraża!

– Co z tym zrobisz, twoja rzecz – mruknął Jakub, chociaż na usta cisnęły mu się najgrubsze obelgi. – Zostawiam to twojemu sumieniu. Przemyśl sprawę, a jak to w tobie dojrzeje, wiesz już, gdzie szukać córki.

– Miłka uciekła do matki, chociaż wybrałem ją, a nie własną rodzinę, którą kochałem! – poskarżył się Jarosławiec.

— I dlatego pogniewałeś się na nią jak jakiś szczeniak? – warknął Kuba i dorzucił: – Może wreszcie dorośnij! Ona poza tobą nie ma nikogo!

Ojciec Miłki zaczął się gorączkowo tłumaczyć, że nie ma warunków i za mało zarabia, żeby wziąć córkę do siebie, ale Kuba go nie słuchał.

– Gdzie znajdę matkę Miłki? Przychodzi ci na myśl, gdzie mogła się ukryć? Jeśli wiesz, a mi nie pomożesz, zawiadomię gliny, że współpracujesz z Werendarz – zagroził, widząc, że Jarosławiec nie kwapi się do udzielenia pomocy.

– Sprawdź u jej rodziców – odparł natychmiast Jarosławiec. Napisał na odwrocie karteczki adres i numer telefonu. – Mogła też zadekować się u kumpeli. Znam ją pod ksywą Set. To lesba. Prowadzi hostel dla wykluczonych. Nazywa się Horus. Dojdziesz po Google'ach. To niedaleko mojego osiedla. Gliny tam raczej nie wchodzą. Tylu tam przebierańców.

Jakub spojrzał na zegarek.

– Musisz już iść do roboty. – Rzucił na stół wizytówkę. – Jak sobie coś przypomnisz, zadzwoń.

Kiedy wychodził, odprowadzało go zaskoczone spojrzenie Jarosławca. Fotograf nie wierzył, że tak łatwo pozbył się intruza.

– Hej, Jakubie – usłyszał za plecami. – A gdyby w redakcji chcieli o tobie napisać, zgodzisz się na wywiad? Chciałbym ci zrobić foty. Masz dobrą twarz.

– Spierdalaj! – Sobieski odwrócił się i zmrużył nienawistnie oczy. – Na twoim miejscu gnałbym teraz do Koćwina i zawalczył o dziecko, póki jeszcze żyje.

– Tak tylko zapytałem – mruknął Jarosławiec, ale odpowiedziało mu trzaśnięcie drzwiami.

Hostel Horus, Nowa Huta

Gdyby nie młody mężczyzna w damskich ciuchach i na przesadnie wysokich obcasach, który stał przed wejściem do żabki, Kuba nie domyśliłby się, że w tym bloku mieści się hostel dla wykluczonych. Żadnego szyldu ani nawet małej tabliczki przy domofonach. Zatrzymał się i zadarł głowę, żeby się upewnić, ale okna budynku były identyczne.

– Szukasz kogoś, piękny? – zagaił transwestyta.

Jakub przywdział na twarz rodzaj przymilnego uśmiechu. Zaraz jednak ściągnął wargi, żeby nie osiągnąć odwrotnego skutku. Był pewien, że wygląda jak szczerzący się wilk.

– Właściwie to tak – odparł. – Znajomej.

Sięgnął do kieszeni po telefon, żeby pokazać zdjęcie Lindy Werendarz, ale bywalec Horusa zinterpretował jego ruch jako zachętę.

– Jestem Giselle. – Wymalowany facet wyciągnął dłoń. – I znam tutaj wszystkich. Chętnie ci pomogę. Masz może fajki?

Kuba pokręcił głową. Pokazał swoje urządzenie do palenia.

– Pożyczysz?

Podał Gizelle swojego elektronicznego papierosa razem z paczką wkładów. Kiedy się zaciągała, znalazł zdjęcie poszukiwanej.

– Wygląda znajomo?

– Przyjechała wczoraj – zakomunikowała Giselle. – Narobiła syfu w kuchni, wypiła wszystko, co miałyśmy, i tyle ją widziałam. Jesteś gliną?

Sobieski pokręcił głową.

– To dlaczego jej szukasz?

– Jest mi winna forsę – odparł wymijająco.

– Tak samo jak nam wszystkim – zaśmiała się Giselle. – Nie licz na zwrot. Prędzej w tym kraju zalegalizują małżeństwa gejów, niż nasza Helena Trojańska

odda swoje długi. Po tym, jaki gnój wczoraj odstawiła, lepiej, żeby przez jakiś czas nie pokazywała się nam na oczy. Wydłubię i zjem na surowo, przysięgam.
– Uderzyła się upierścienioną dłonią w pierś.

Jakub spojrzał na Giselle pytająco.

– Nie tutaj. – Zniżyła głos i wskazała podbródkiem piętro, gdzie, jak Kuba się domyślał, znajdowały się pokoje Horusa. – Wolałabym, żeby oni się nie dowiedzieli. Będą chcieli brać udział w składce. Zwłaszcza Set zaraz wyczai, że jest okazja do zarobku, a wiszę jej za pół roku czynszu.

– Składce? – powtórzył Sobieski jak echo.

– Wyglądasz jak gliniarz, ale nim nie jesteś. Zresztą żaden pies nie dotarł tutaj tropem Lindy. Pewnie szpiegujesz dla kogoś. Jesteś prywatnym detektywem? – Zawiesiła głos i uśmiechnęła się triumfująco. – Z doświadczenia wiem, że tacy jak ty mają budżet na informatorów. Ile mogę zarobić?

– Zależy, jakie masz informacje.

– Mówiłam ci, że sporo wiem o tym miejscu. Linda pomieszkiwała u nas i jak się upiła, to gadała. Myślisz, że nie wiem, że poszukują jej za zabójstwo pielęgniarki ze szpitala, w którym zgwałcono jej córkę? Od dawna była cięta na Ukrainkę, chociaż najbardziej chciała zajebać tę mumię, profesor Kiryluk. Prawdę mówiąc, spodziewałam się raczej, że to ją Lidka stuknie.

– Może sama powinnaś założyć agencję? – Jakub uśmiechnął się z przekąsem. – Trzymałaś te informacje dla mnie, zamiast iść na psiarnię?

– Szkoda mi życia na takie pierdoły – żachnęła się Giselle i nagle posmutniała. – Złapałam

HIV-a i raczej żadnych nadziei na wyleczenie. Zajmuję się teraz tylko tym, żeby przeżyć jak najweselej te kilka dni, które mi zostały. A kasa potrzebna mi na chatę, żarcie i szmaty. – Obciągnęła swoją falbaniastą spódniczkę. Puściła oko. – No i na dragi. Ale to będzie nasza słodka tajemnica. Chociaż gdybyś płacił więcej, zrobiłabym sobie przed śmiercią cycki.

– Gdzie możemy pogadać?

– Nie bój się, pogadamy – ucięła Giselle i uśmiechnęła się szeroko do kogoś ponad ramieniem Jakuba. – Jesteś wreszcie, mój zbawco! Już mi nogi w dupę wlazły od stania tutaj! Litości nie masz dla umierającej gwiazdy estrady. Gdyby nie stary kumpel, umarłabym z nudów!

Sobieski odwrócił się, żeby sprawdzić, kogo tak czule wita Giselle.

– O, pan redaktor! Kto by pomyślał!? – zaśmiał się nastoletni syn Bernasia, który wprowadzał Jakuba do mieszkania na rozmowę z ojcem.

W świetle naturalnym jego tlenione włosy okazały się zielonkawe i tworzyły trudny dla oka kontrast z obszerną różową bluzą z naszytymi na piersi cekinami, które układały się w numer 69. Przez ramię chłopak miał przewieszony wojskowy chlebak, z którego wystawała ogromna suszarka do włosów. Sznur perełek na szyi był na swoim miejscu.

Jakub przyglądał się synowi Bernasia, ale nie wyrzekł ani słowa.

– W robocie czy dla przyjemności? – zagaił chytrze młody z perłami, a potem porozumiał się wzrokiem z Giselle, która aż opluła się z podniecenia.

– Nie interesuj się, mały, tylko dawaj, co przyniosłeś – obsztorcowała go żartobliwie i odciągnęła młodego na bok.

Kuba nie słuchał dalej. Nie chciał być świadkiem wymiany. Wszedł do żabki po nowe wkłady do palenia, a przy okazji zamierzał rozmienić pieniądze. Bił się z myślami, czy powinien interweniować i natychmiast zawiadamiać policję, ale ostatecznie uznał, że cel uświęca środki. Kiedy załatwił sprawunki, młodego Bernasia nie było już na horyzoncie, a Giselle – cała zadowolona – machała do niego upierścienioną dłonią.

– Chodź na skwerek. Wszystko ci opowiem. – Ruszyła żwawo do wolnej ławki. Tak gnała na swoich obcasach, wykrzywiając je niemiłosiernie na boki, że Jakub ledwie mógł za nią nadążyć. – Znam ten szpital – gadała całą drogę. – Profesor Kiryluk szefowała już tej budzie, kiedy ja byłam dzieckiem. Wiesz, co robiła, żeby przemówić mi do rozumu, kiedy starzy wyrzucili mnie z domu, bo pocięłam się tak, że sądziłam już, że z tego nie wyjdę?

– Zapinała w pasy? Szpikowała cię lekami?

– Leki? Chyba żartujesz! – zaśmiała się szyderczo Giselle. – To byłby zbyt duży wydatek! Każdą nadmiarową partię można opylić na czarnym rynku! A dla mnie garść prochów to była wtedy czysta przyjemność… Nie, nie zgadłeś! Kazała moczyć prześcieradła i zawijała mnie w nie, a potem wsadzała do izolatki na piętrze i wyłączała ogrzewanie. Na dworze minus dziesięć i śnieg. Trzęsłam się tak, aż myślałam, że pogubię zęby. A Kiryluk codziennie przychodziła i pytała, czy przemyślałam sprawę. Gdyby nie ksiądz

Janek, nasz Dobry Anioł, zeszłabym po którejś z takich terapii. Mówię ci, nie dożyłabym osiemnastego roku życia. On mnie uratował.

– To ile ty masz teraz lat? – przerwał jej Kuba.

– W maju skończę dwadzieścia jeden – odparła, wzruszając ramionami. – Szkoda umierać, ale co robić...

Sobieski nie skomentował, bo Giselle wyglądała na dwa razy tyle. Może to była kwestia niedobranego podkładu, dziwacznych ubrań i niehigienicznego trybu życia, a może jej choroby, ale Kuba nie dałby jej dwudziestki. Giselle musiała odczytać jego myśli, bo nagle posmutniała. Oboje jakiś czas milczeli.

– Set, czyli założycielka tego przybytku – Giselle wskazała oddalony od parku blok, w którym mieściły się pokoje Horusa – zna się dobrze z księdzem Jankiem. Jak tylko skończyłam osiemnaście lat, zajęłam najlepszy lokal, tuż obok kuchni. Mówiłam ci, że wiem o tym hostelu wszystko, bo mieszkam w nim od początku.

– Dlaczego Linda Werendarz trafiła do Horusa?

– W sumie nie ona miała tu mieszkać, tylko jej córka Miłka – tłumaczyła Giselle. – Dobry Anioł załatwił im pokój dwuosobowy, bo matka skarżyła się, że mąż się nad nią pastwi. Ze względu na swoją przeszłość kryminalną nie miała szans na lokal z gminy, a do Chojnic wracać nie chciała. Z rodzicami żyje jak pies z kotem. Kłócą się cały czas. Chwilę z Miłką tutaj bywały, a potem zaczęły się jazdy. Młoda cięła się, łykała prochy. Linda czasem nawet nie wiedziała, bo wciąż szlajała się z elementem. Na koniec Set je pogoniła. Chryja była taka, że miasto zagroziło zamknięciem ośrodka. Znów na pomoc przyszedł Dobry Anioł.

– Mowa o księdzu Janie Aleksandrze Żmudzińskim? Kuba już sprawdzał w sieci duchownego.

– To najlepsza osoba, jaką znam. Religijna nie jestem, ale w niego wierzę. Nikt poza Jankiem nie zrobił dla naszych kolorowych ptaków więcej dobrego. Jak zbliża się Boże Narodzenie, wszyscy składamy się na prezent dla niego. Ksiądz Janek zbiera stare książki filozoficzne i choćby wszyscy byli pod kreską, zdobywamy u zaprzyjaźnionego antykwariusza jakiegoś białego kruka. Dobry Anioł pomaga nie tylko dzieciakom w kryzysie, chodzi też na onkologię, wiesz? Jak czasem opowiada, to łzy same lecą mi po twarzy.

– Mówiłaś, że Linda wczoraj u was była. – Kuba wrócił do przerwanego wątku. – Sama czy z kimś?

– A z jakimiś dwoma nurkami, których poznała na dworcu. Smród zostawili taki, że do dzisiaj okna trzymam otwarte.

– Po co przyjechała?

– A bo ja wiem? – Giselle się skrzywiła. – Pewnie po forsę. Przespała się i jak rano wstałam z wyrka, już ich nie było.

– Zostawiła kontakt do siebie?

– Kontakt? Żarty sobie robisz? Linda to włóczykijka – zaśmiała się Giselle. – Dwóch dni w miejscu nie zagrzeje. No, chyba że się zakocha. Ale powiem ci, że wczoraj była przerażona. Udawała twardzielkę, chichrała się z tymi typami, ale sra po gaciach, że ją złapią i zapuszkują. Chociaż pyszniła się, że jej zdjęcie pokazują na każdym portalu.

– Dlaczego to zrobiła? – wszedł jej w słowo Jakub.
– Co?
– Dlaczego zepchnęła Tamarę ze schodów. Wiedziała przecież, że kobieta zginie. Tam było kilka metrów wysokości. W najlepszym razie pielęgniarka miałaby uszkodzony kręgosłup.
– Linda sama tego do końca nie wie. Była pijana. Wściekła. Chciała się na kimś wyładować, bo życie ma w rozsypce.
– Tak po prostu?
– Może ta pielęgniarka napatoczyła się w nieodpowiednim momencie? Nic innego nie przychodzi mi do głowy. Nie myśl, że Linda to moja przyjaciółka. Znam ją, jak wszystkich tutaj, ale w Horusie mieszkają nie tylko transy. Reszta to zwykli ludkowie po przejściach. Raczej spokojni.
– One się dobrze znały? – zapytał Jakub. – Linda z Tamarą. Wiesz coś o tym?
– O tyle, o ile… – Giselle wzruszyła ramionami.
– Tamara jej płaciła.
Kuba aż zakrztusił się papierosem.
– Za co?
– Za krzywdy moralne – odparła z powagą Giselle. – Tak nazywała to Linda. Tamara miała wyrzuty sumienia, że doszło do gwałtu na Miłce. Dyrektorka sprawę zatuszowała, ale nie ze względu na nią, tylko żeby dymu w mediach nie było. Z tym że Linda nie chciała odpuścić. Szantażowała pielęgniarkę i jak ta raz zapłaciła, to musiała już cały czas bulić. Myślę, że miała dość. Postawiła się i… – Giselle rozłożyła ramiona w geście bezradności. – Sam wiesz, jak to w życiu wychodzi. Jeden błąd, a potem efekt domina. Zapadasz się.

– Znam to z doświadczenia, uwierz – mruknął Jakub. – Ale prawdę mówiąc, z tej sprawy niewiele rozumiem.

Siedzieli chwilę w ciszy. Giselle zaczynała się już niecierpliwić.

– Dasz mi tę kasę czy jeszcze czegoś potrzebujesz? – zapytała cicho, a potem podniosła głowę i zawiesiła wzrok w przestrzeni.

Kuba podążył śladem jej spojrzenia. W drugim końcu parku widać było ekipę muskularnych facetów w dresach. Nie mieli w rękach kijów ani maczet, ale wyglądali, jakby szli na ustawkę. Wyraźnie zmierzali wprost na nich. Sobieski wyciągnął zwitek dwudziestek, a potem dołożył jeszcze pięćdziesiątkę.

– Słuchaj, czy za twoich czasów do szpitala w Koćwinie dało się przedostać tajnym wejściem? Podobno można przejść na oddział przez stare ambulatorium. – Zawahał się.

– Teraz to nie wiem, bo oddział dla dorosłych zamknęli, a przychodnia od strony lasu też nie działa. – Giselle wzruszyła ramionami. – Ale kiedyś mieliśmy specjalny klucz, który przekazywaliśmy sobie po wyjściu. Był taki zakamarek w kotłowni, gdzie ukrywaliśmy się przed pielęgniarkami. Ktoś mi jednak gadał, że jak zamknęli ten oddział po gwałcie, wszystkie drzwi zamurowano na amen. Wiesz, trzy lata tam nie byłam. Bądź jednak pewien, że dzieciaki zawsze znajdą kryjówkę. Pogadaj z tymi, które są teraz na oddziale.

– To właśnie chcę zrobić – przekonywał. – I kółko się zamyka.

Giselle gwałtownie się podniosła.

– Będę się zmywała. Dajesz tę forsę, czy mam cię źle pamiętać? – Uśmiechnęła się smutno.

Kuba podał jej pieniądze, a potem położył jej dłoń na ramieniu. Czuł, że cała się trzęsie.

– Spokojnie. Nie bój się – przemówił łagodnie. – Jesteśmy w miejscu publicznym. Przecież cię tutaj nie pobiją.

– Co ty możesz wiedzieć!? – wychrypiała. Dłonie jej już drżały, jakby miała atak padaczki, a rozbiegany wzrok zdradzał czyste przerażenie. – To dla nich nie pierwszyzna. Raz miałam złamaną rękę i wiem, ile kosztuje jej złożenie bez ubezpieczenia. Na psiarni nawet mnie nie wysłuchali.

Jakub chciał dodać, że gdyby nie ubierała się tak wyzywająco i zachowała umiar w makijażu, nie prowokowałaby napastników, ale tamci byli już obok.

Rozległy się gwizdy, wulgarne przytyki. Giselle stała w miejscu jak zamurowana.

– Dajcie spokój, chłopaki – rzuciła pojednawczo, ale jej słowa tylko rozochociły napastników.

Wszystko rozegrało się błyskawicznie. Jeden z nich szarpnął ją za ramię, drugi ściągnął z głowy czarną perukę. Ukazała się łysa czaszka okryta cielistą siatką. Któryś podciął Giselle pod kolanami, aż upadła na chodnik. Jej spódniczka zadarła się, ukazując męskie obcisłe bokserki. W akompaniamencie rechotu reszta ustawiła się do zadawania kopniaków. Jakub stanął między nimi a Giselle i podniósł ją z ziemi, a potem ryknął, żeby wybudzić ją ze stuporu.

– Uciekaj! – wrzeszczał. – A jak będziesz bezpieczna, zadzwoń po gliny!

Natarł na pięciu potężniejszych od siebie mężczyzn, chociaż wiedział, że szanse ma żadne. Położył dwóch, a wtedy z zaparkowanego samochodu wynurzył się zapasiony facet, którego Sobieski znał.

– Starczy – krzyknął władczo Tomasz Bernaś.
– Brać go.

Dalej Kuba już nie słyszał. Dostał pięścią w twarz, aż pociemniało mu w oczach, a krew buchnęła z nosa, i chwilę potem stracił świadomość.

***

– Taki z ciebie reporter? – Kuba usłyszał głos jakby zza szyby i ktoś chlusnął mu wodą w twarz.

Otrzepał się i rozejrzał, żeby zorientować się, gdzie się znajduje. Garaż, barak? Jakaś opuszczona fabryka? Nie miał pojęcia. Leżał na ziemi, plecami oparty o ścianę. Wokół było czarno, ale powoli rozpoznawał kontury, zarys jakichś maszyn. Jedyna smuga światła przemykała przez okienko w drzwiach, ale to nie wystarczyło, żeby rozpoznać twarze napastników. Wiedział, że jest ich kilku. Słyszał ich oddechy i szuranie butów. Nie miał pojęcia, co zamierzali. Za wszelką cenę próbował zachować w pamięci detale, kiedy za dnia widział ich w parku. Czy głos, który teraz do niego przemawiał, należał do Tomasza Bernasia? Nie był przekonany. Rozległ się pisk, jakby metal tarł o metal, drzwi trzasnęły i zapadła kompletna ciemność. Nagła cisza zadzwoniła Kubie w uszach. Wyszli. Jakub był tego pewien, chociaż nie mógł do końca uwierzyć w swoje szczęście.

– Co to, kurwa, było? – rzucił do siebie i odetchnął pełną piersią.

Podniósł dłonie do twarzy, wytarł ciecz spływającą aż za kołnierz. Pocieszył się, że woda była czysta i że nie jest związany. Poklepał się po kieszeniach. Miał swój portfel, legitymację, a nawet telefon komórkowy. Nie zabrali mu też kluczyków do auta. Zastanawiał się, dlaczego go zostawili. Chcieli się upewnić, kim naprawdę jest? Nastraszyć go? O co tutaj chodzi?

Był przekonany, że przywódcą bandy jest Tomasz Bernaś, ojciec zamordowanej w szpitalu Róży. Wprawdzie facet miał prawo się wkurzyć, bo Jakub udawał reportera, ale skąd wiedział o oszustwie i kto mu doniósł, że siedzi w parku z Giselle? Takie metody perswazji nie były typowe dla motorniczych. Raczej dla zaprawionych w bójkach bandytów. Kibole? Członkowie grup, które na ustawkach tłuką się w lasach? Najpewniej tak... W tej sytuacji pogratulował sobie szczęścia, że nie użyli słynnych maczet.

Poczekał, aż wzrok przyzwyczai się do ciemności. Wreszcie wstał, zacisnął zęby, pokonując ból zdrętwiałych kończyn, i ruszył do wyjścia. Nie chciał przedwcześnie zapalać latarki w telefonie, więc znalazł uchwyt po omacku. Pociągnął. Nic, nawet się nie ruszyły. To nie mogło być takie proste, skonstatował. Zamierzają wrócić i dać mu ostre manto? Po co go tutaj uwięzili? Po głowie przemykały mu uporczywe złe myśli. Odganiał te, które go paraliżowały.

Włączył latarkę w komórce i obszedł teren dookoła. Zaraz pojął, że znajduje się w starej maszynowni albo zabytkowej zajezdni tramwajowej. Pojazdy, które tam ustawiono, z pewnością miały wartość muzealną. To utwierdziło go w przekonaniu, że porwała go grupa Bernasia. Chodził jeszcze jakiś czas, starając się wydostać, w końcu uznał, że schowa honor do kieszeni, i wysłał swoją lokalizację sierżant Marcie Kozak. Dopiero kiedy pisał do niej wiadomość, zrozumiał, że zmitrężył więcej niż pół dnia. Było grubo po dziewiętnastej. W tym czasie dzwonili do niego Urszula i Paweł Gajdowie, Ada, jego ludzie z Warszawy i kilka nieznanych numerów. Niczego nie słyszał, nic nie pamiętał. Czyżby cały czas leżał nieprzytomny? Otumanili go kopniakami czy jakimś specyfikiem? Nie wiedział.

Bateria w telefonie była bardzo słaba. Zostało mu ledwie kilka procent. Wygasił więc wszystkie aplikacje i zmniejszył jasność ekranu, żeby jej nie wyczerpywać. Nie wiedział, czy Marta Kozak zareaguje na jego wezwanie. Kiedy zadzwoniła, aż podskoczył, tak głośny wydał mu się dzwonek własnej komórki. Ludzie Bernasia musieli się dobrze bawić, kiedy zmieniali mu dźwięk przychodzących połączeń na pieśń disco polo.

– Myślisz, że będę cię niańczyć? – zapytała policjantka bez powitania, kiedy przesunął zieloną słuchawkę. – O co chodzi? Uprzedzam cię, że jestem po służbie i nie mam z kim zostawić dziecka.

– Tomasz Bernaś – odpowiedział tylko. – Co o nim wiemy?

Po drugiej stronie panowała długa cisza.

– Tyle, że to poszkodowany w sprawie – padło wreszcie w odpowiedzi. – Chciałbyś coś dodać?

– Mógłbym się stąd wydostać sam – ciągnął Jakub. – Ale ta akcja wygląda na chory żart. Podsumowując, Bernaś ewidentnie próbuje mnie wystraszyć. Wszystkie gnaty mnie bolą. Jak wyglądam, nie wiem, bo siedzę w ciemnicy.

– W co ty się wpakowałeś? – żachnęła się policjantka. Zrozumiała już chyba, że sprawa jest poważna. – Wysłać do ciebie patrol?

– Żadnych mundurowych! – przerwał jej. – Nie będę składał wniosku o ściganie, ale musimy pogadać. Szczerze. – Namyślał się chwilę. – Nic mi nie jest.

– Skoro nic ci nie jest, to radź sobie sam i daj mi spokój. Służbę zaczynam jutro od szóstej. Jak się nie wydostaniesz do rana, mogę cię zgarnąć.

– Czekaj – wciął się w jej wypowiedź. – Babcia Bernasiów wygadała, że to ojciec Róży zaniósł nóż do tapet córce, żeby mogła się bronić.

– Niby jak?

– W ptasim mleczku.

Po drugiej stronie rozległ się kpiący śmiech.

– Naprawdę ci za to płacą? Za takie kocopały?

– Marto – upierał się. – To wszystko kupy się nie trzyma. Po co ten gość mnie porywał? Gdybym na niego doniósł, narobiłbym mu gnoju.

– Widać przewidział, że będziesz wzbraniał się przez mundurowymi – parsknęła, ale Kuba jej nie słuchał.

– Badałaś spermę na łóżku Róży? Może to ojciec jest winien? Czasami najprostsze rozwiązanie jest właściwe.

– Chyba cię porąbało! – żachnęła się Marta. – Niby dlaczego miałabym sprawdzać ojca ofiary? Nie ma nawet jednej poszlaki, że mógł być w tej placówce w krytycznym dniu. O co ci chodzi?

– Sam nie wiem. Strzelam na oślep. To, co tutaj odstawił ze swoimi kibolami, kwalifikuje się na zgłoszenie! Nie porwali mnie przez przypadek, ale zostawili całego. Główkuję, główkuję i nijak mi się to nie składa... Za cholerę nie wiem, o co im tak naprawdę chodzi!

– To jak coś będziesz miał, daj znać, bo na razie pieprzysz jak potłuczony.

– Da się dostać do szpitala tylnym wejściem? Sprawdzałaś to? Pobieraliście ślady?

– Wiesz, że nie mogę ci odpowiedzieć na żadne z tych pytań – zaczęła służbowym tonem, aż nagle umilkła.

Jakub spojrzał na swoją martwą komórkę. Padła bateria. Schował ją do kieszeni i pożałował, że na rozmowę z Giselle nie wziął plecaka. Miał w nim powerbank, służbową broń i zestaw podręcznych narzędzi, którymi mógłby otworzyć metalowe drzwi. A potem pogratulował sobie zapobiegliwości. Napastnicy zabraliby mu to wszystko i jeszcze miałby kłopoty, gdyby ktoś zabawił się jego pistoletem.

Zawrócił do miejsca, w którym się obudził. Z przerażeniem spostrzegł, że obok leży goły materac i kilka butelek zapieczętowanej wody. Czyżby planowali go więzić? Kiedy wrócą? Rano czy może za kilka godzin? Pewnie zamierzają go skatować, ale wpierw chcą go złamać psychicznie. Nie wiedział, ile ma czasu. Czuł, że ogarnia go panika.

Wspinał się po zakratowanych oknach, ale żadne nie dało się otworzyć. Obszedł i obmacał wszystkie ściany. Nic, żadnego wyłomu. Drzwi zaryglowano od zewnątrz. Patrzył w okna, na granatowe niebo i próbował odczytać intencje porywaczy. Nic z tego nie rozumiał. Nagle posłyszał kroki. Niewiele myśląc, przedostał się na jeden z wagonów. Obserwował wchodzącego, który chwilę gmerał przy zamku, aż wreszcie, sapiąc z wysiłku, wkroczył do środka. Był sam. Jakub odetchnął z ulgą. Planował atak, powalenie przeciwnika na ziemię, kiedy nagle rozległ się zachrypły głos starszego człowieka:

– Halo, jest tu kto? Żarty sobie robicie, idioci!? Mało wam po ostatnim?! Jak cię złapię, gnoju, nogi ci z dupy powyrywam! Jeśli sam się zaraz nie ujawnisz, przysięgam, dzwonię po gliny.

Sobieski milczał. Starał się wypatrzeć mężczyznę przez szparę.

– Ochrona. Słyszałem hałasy. – Głos dziadka nagle złagodniał. – Dla naszego wspólnego dobra wyłaź i spierdalaj. Odwrócę się, policzę do trzech i już cię nie ma. Zgoda?

Kuba zeskoczył z maszyny. Stary wagonik zatrząsł się i rozległ się pisk metalu trącego o metal. W tym momencie oczy Jakuba oślepił snop latarki.

– Mam cię, bratku! – ryknął ochroniarz i ruszył w jego kierunku najszybciej, jak zdołał. – Złomu ci się zachciało?!

Kuba wyminął mężczyznę, odepchnął go i wybiegł naprzód, licząc, że skoro strażnik wszedł, w pozostałych pomieszczeniach nie zamknął za sobą rygli.

Nie pamiętał, jak długo biegł, chociaż prawie wypluwał płuca, ale kiedy wyszedł na zewnątrz, nabrał powietrza i odetchnął z ulgą.

Teren był opustoszały, ale bramę wyjściową ktoś zadrutował. Tym razem Sobieski nie zamierzał ryzykować wpadki. Wspiął się po niej niesiony adrenaliną i przeskoczył płot, a potem bez zatrzymywania się pognał w stronę miasta. Zwolnił dopiero kilka przecznic dalej. Wciąż nie rozumiał, po co go uprowadzili, ale nie zamierzał tego pozostawić bez odpowiedzi. Skinął na taksówkę, która przejeżdżała obok, i zamówił kurs na aleję Przyjaźni, gdzie mieszkał Bernaś.

Nie wysiadł z auta. Nakazał kierowcy czekać i obserwował tłumek, który zgromadził się pod blokiem.

Przed wejściem stało kilka radiowozów z włączonymi kogutami. Przed jednym z nich Kuba dostrzegł sierżant Martę Kozak w kamizelce kuloodpornej. Włosy miała w nieładzie, jakby dopiero co wstała z łóżka albo się z kimś przed chwilą szarpała. Spotkali się spojrzeniem, ale policjantka zaraz odwróciła wzrok. Zrozumiał, że nie chce, by ktoś z jej ekipy spostrzegł, że się znają. Poczuł ukłucie żalu i pacnął taksówkarza po ramieniu, żeby jechał dalej, kiedy z klatki schodowej mundurowi nagle wyprowadzili skutą kajdankami Lindę Werendarz.

Las w okolicy szpitala psychiatrycznego w Koćwinie, około północy

Było ciemno i żadna latarnia w okolicy nie działała, więc gdyby Jakub nie zabrał latarki, idąc przez las, z pewnością kilka razy wywinąłby orła. Wreszcie dotarł do tylnego wejścia na posesję otaczającą szpital. Szedł wzdłuż siatki i powoli zaczynał wątpić, czy Urszula Gajda się nie pomyliła. Wydawało się logiczne, że skoro zamknięto placówkę publiczną i oddział dla dorosłych, wymieniono tylną bramę na przęsło siatki. Był już bliski poddania się i marzył o powrocie do samochodu, kiedy wymacał klamkę. Poświecił, dokładnie ją obejrzał i z nadzieją nacisnął z całych sił. Nie poruszyła się. Pchnął kilka razy, ciągnął do siebie. Bez skutku. Westchnął ciężko i już miał wyjmować z plecaka zestaw narzędzi, kiedy w oddali dostrzegł światła samochodu. Szybko wyłączył latarkę, odbiegł kilka kroków i schował się w gęstwinie drzew. W napięciu wpatrywał się w pojazd. Modlił się, żeby to był tylko zagubiony kierowca, który przez las skraca sobie drogę do domu. Auto przejechało tuż obok niego i Sobieski był pewien, że nie został zauważony. On też nie miał szans dostrzec, kto siedzi za kierownicą. Kiedy odgłos silnika nie był już słyszalny, a wokół panowała całkowita ciemność, wrócił na swoje pierwotne stanowisko.

Jeszcze raz obejrzał klamkę i poświecił do góry, żeby sprawdzić wysokość płotu. Rozważał wejście po siatce zamiast włamania i szacował, która opcja wywoła najmniej hałasu. Nagle na samej górze budynku dostrzegł jakby ogniki. Wyłączył latarkę, wytężył wzrok. Na ostatniej kondygnacji ktoś ewidentnie palił w oknach znicze. Podekscytowany w jednej chwili postanowił za wszelką cenę pokonać przeszkodę. Ogniki na zamkniętym piętrze szpitala oznaczały, że młodzi wymknęli się do kryjówki i miałby szansę ich zaskoczyć. Sprawdził, czy plecak jest zapięty, i zanim obleciał go strach, wspiął się po ogrodzeniu. Siatka chwiała się niczym plandeka, tak była wiekowa i pordzewiała. Wdrapał się do połowy, kiedy ogrodzenie się wygięło. Zrozumiał, że ten plan spali na panewce. Gdyby zrobił kilka kroków więcej, siatka najprawdopodobniej by się zerwała. Jemu zapewne nic by się nie stało, ale zostawiłby ślad w postaci zrujnowanego ogrodzenia. Powoli zszedł na ziemię i zajął się wyszukiwaniem odpowiedniego wytrycha.

Klucz do bramki nie był wyrafinowany, ale Jakub nieczęsto w ten sposób łamał prawo, więc miał z tym trochę kłopotu. Ostatecznie zdecydował się na podważenie języka zamka zwykłym śrubokrętem. Zadziałało. Przycisnął ledwie kilka razy i furtka stała przed nim otworem. Serce zabiło mu mocniej, adrenalina uderzyła do głowy. Pobiegł w kierunku tylnego wejścia do szpitala. Czas na drugą rundę.

Manewrował pilniczkiem w tanim zamku yeti, kiedy poczuł na ramieniu zaciskającą się dłoń, a dopiero potem usłyszał komendę wydawaną niskim głosem ze wschodnim akcentem.

– Artem? – spytał Jakub ledwie słyszalnie.

Facet nie zareagował. Krzyknął jeszcze bardziej rozeźlony:

– Nogi szeroko, ręce do tyłu! Rzuć te swoje druciki pod nogi.

Kuba wahał się kilka sekund, ale ostatecznie wykonał polecenie.

– Masz broń?

Wolno skinął głową. Nadal się nie odzywał. Czuł, że mężczyzna go obszukuje. Wyciągnął mu glocka z kabury, mrucząc pod nosem jakieś wschodnie przekleństwa. Jakub zrozumiał tylko „swołocz", „polaczok" i „bladź".

– Odwracaj się – zarządził ochroniarz. – Tylko powoli, bo odstrzelę ci jaja.

Kiedy Jakub stanął z mężczyzną twarzą w twarz, zdziwił się, bo tamten szeroko się uśmiechał. Nie widział dokładnie jego twarzy, ale zakładał, że to jeden z sanitariuszy, których widział wczoraj. Facet mierzył do niego z jego własnego pistoletu. Kuba nie mógł sobie darować, że popełnił taki błąd. Pocieszał się, że to ze zmęczenia.

– O, pan detektyw z Warszawy! Widziałem cię, jak kryjesz się w krzakach – rzucił tamten. – I jak próbowałeś wejść na siatkę. Idiot z ciebie. Myślałeś, że tu nie ma kamer?

– A są? – wyburczał Jakub. – To ci niespodzianka.

– Czego tutaj szukasz, mendo? Masz ochotę poruchać? Zachciało ci się dziewuszki z przetrąconą głową?

– Spierdalaj – zezłościł się Jakub, ale zaraz umilkł. W końcu facet trzymał go na muszce. – Dzwoń lepiej po gliny. Nie chce mi się z tobą gadać. I oddaj moją giwerę.

– Chciałbyś – zaśmiał się ochroniarz. Potrząsnął glockiem. – Używałem takiego na wojnie. Dobre, niezawodne kolano.

W tym momencie zaświergotała krótkofalówka, którą ochroniarz nosił przy pasku. Uśmiech natychmiast zniknął z jego gęby. Wolną ręką podniósł ją i potwierdził odbiór. Cały czas nie spuszczał wzroku z Sobieskiego.

– Mam ptaszka – dokończył. – Nie przywidziało mi się. Tylne wyjście od starej przychodni.

Rozłączył się i przypiął urządzenie z powrotem na miejsce. Wciąż mierzył do Jakuba.

– Co ze mną zrobicie?

– A co byś chciał, pizdo? – warknął. – Masz jaką forsę?

Kuba sam nie wiedział, co było silniejsze: ulga czy wściekłość.

– Jak zapłacę, to mnie puścisz? – wychrypiał. – Tak po prostu?

– Trzy tysiące – odpowiedział tamten.

– Dlaczego nie pięć? – zakpił Jakub.

– Może być pięć. Muszę się podzielić z kumplem.

– To sporo – targował się Jakub. – Chyba wolę już, żebyś dzwonił po gliny. Taniej wyjdzie.

Mężczyzna zmarszczył czoło, jakby nie zrozumiał po polsku. Wyraźnie był zaskoczony taką bezczelnością.

– Dwa – rzucił Sobieski. – Ale pogadacie ze mną.

– To nie ty decydujesz! – wkurzył się ochroniarz.

Chyba dopiero dotarło do niego, że traci pole, bo nagle ręka mu zadrżała i Kuba przestraszył się, że naciśnie spust. Wyciągnął dłoń.

– Daj mi tego gnata – poprosił.

Mężczyzna zrobił krok do przodu i wymachiwał pistoletem, krzycząc, że albo teraz zapłaci, albo faktycznie dzwoni po policję. Oglądał się nerwowo za siebie i Kuba był pewien, że czeka na swojego kompana.

– Dobrze, niech będzie – mruknął detektyw. – Zgadzam się na trzy koła. Załatwione?

Ochroniarz wahał się jeszcze chwilę i pokręcił głową.

– Piątka – uparł się.

Sięgnął znów do krótkofalówki i na chwilę odwrócił głowę od Sobieskiego. Jakub w tym momencie rzucił się na niego, powalił go na ziemię i próbował zabrać mu pistolet. Turlali się po chodniku jakiś czas, bo facet był muskularny i z całą pewnością po przeszkoleniu wojskowym. Nie było łatwo go obezwładnić. Kuba kopnął go w krocze, a potem przewrócił na brzuch i usiadł na nim okrakiem. Ukrainiec wierzgał i parskał. Nie rozwijał dłoni, w której tkwił glock Sobieskiego. Wreszcie Jakub ugryzł go w ucho, aż tamten zawył z bólu i na krótki moment rozluźnił chwyt. Wystarczyło. Kuba wybił pistolet z rąk ochroniarza, przesunął go daleko w krzaki, a potem zlazł z faceta i zapakował glocka do kabury. Przeczołgał się pod ścianę, usiadł i oparł się o nią. Ciężko dyszał z wysiłku. Tamten jeszcze jakiś czas leżał pokonany, ale w końcu wstał i dołączył do Jakuba. W takiej konfiguracji zastał ich drugi ochroniarz, który wynurzył się zza winkla w kombinezonie i z pałką przy pasie. Wycierał rękawem twarz, a szczęki mu chodziły, jakby przed chwilą coś jadł.

– Jest twój kamrat. – Jakub podniósł głowę i pacnął pierwszego sanitariusza po ramieniu. – Powiedz mu, co uradziliśmy.

– Piątka – rzucił tamten. – Po dwa i pół na głowę. Gdzie byłeś, Artem?

– W sraczu – odparł jego kumpel. – A potem coś szamałem. – Poświecił latarką w twarz Sobieskiemu. – Czego tutaj szukasz? – I nie czekając na odpowiedź, zwrócił się do kolegi: – Ty go tak urządziłeś, Kola?

– Gdzie tam – żachnął się tamten. – Nawet go nie tknąłem. Od początku taki był już poobijany... – Zaśmiał się rubasznie.

– Trójka. – Jakub wciął się w ich dyskurs. – A czego szukam? Pracuję. Twoja żona przed śmiercią poleciła mi się z tobą rozmówić. Oto jestem. – Wpatrywał się w bielejącą twarz Artema Stolnikowa i podniósł się z trudem. – Pogadamy, a potem od razu jadę do bankomatu – zapewnił. – Nie martwcie się. Dostaniecie pieniądze za swoje informacje.

– Bez kombinowania! – Pierwszy ochroniarz nagle się ożywił. – Forsa z góry albo dzwonię na psiarnię i zabierają ci licencję. Myślisz, że nie wiem, że blefowałeś?

– Czekaj, Kola! – Artem podniósł dłoń. – Co Tamara powiedziała ci przed śmiercią? I jak Werendarz znalazła ją na dworcu?

Kuba dopiero teraz spostrzegł, że Artem ma przekrwione białka, worki pod oczyma, a jego dolna szczęka lekko drży, kiedy się odzywa.

– Przykro mi, że straciłeś żonę – zaczął łagodniej. – Byłem tam i widziałem, jak Werendarz ją pchnęła. To nie był wypadek.

– Jestem o tym przekonany – potwierdził Artem ze złością. – Gdybyś ją znalazł, osobiście zająłbym się tą suką. Szkoda na nią sądów i miejsca w pierdlu.

– Udam, że tego nie słyszałem.

– Tak samo jak my udamy, że cię tutaj nie widzieliśmy. Za trzy koła.

– Cieszę się, że mamy wspólny interes – podsumował Jakub. Obejrzał się na drugiego sanitariusza. – Nie martw się, Kola, zapłacę. Mój klient ma na to budżet. Możemy pomóc sobie wzajemnie. Gdzie będziemy gadać?

– To zależy – mruknął Artem. Wskazał podbródkiem drzwi, którymi Sobieski chciał wejść na teren. – A to byłaby ślepa uliczka. Wszedłbyś do starej kotłowni i tam byśmy cię capnęli, bo Kola szedł tylko przestawić auto. Masz słabe rozpoznanie terenu. Chyba od niedawna robisz w tym fachu? – skwitował lekceważąco, a ponieważ Sobieski nie zareagował, dorzucił: – Mordę masz jak kawał chabaniny. Kto cię tak załatwił?

Jakub nie zamierzał odpowiadać. Nieznacznie tylko wzruszył ramionami.

– Gdzie i kiedy? Zależy mi na czasie.

– Kończę zmianę jutro o siódmej. Prześpię się ze dwie godziny, a na dziesiątą przyjedziesz do mnie na kwadrat – zadecydował Artem. – Przynieś gotówkę. Nie dla mnie, dla dzieciaków. Mamy ich z Tamarą tutaj w Polsce trójkę, a najstarszy syn walczy na wojnie w Ukrainie. Twój numer mam. Wyślę ci adres.

*

20 lutego, Nowa Huta, mieszkanie Stolnikowa

Chociaż nie było jeszcze jedenastej, siedzieli w półmroku, bo przez okno sutereny wpadało niewiele światła. Zaraz po wejściu do mieszkania uwagę Jakuba przyciągnęły zasłonięte prześcieradłem lustro i żółta świeczka, która paliła się przed zdjęciem żony

Artema. Tamara była na nim młoda, jeszcze bardzo zgrabna, a jej szczery, promienny uśmiech sprawiał, że Sobieskiemu serce ściskało się z żalu.

– Opowiedz, jak to było – poprosił Artem, a Jakub aż się wzdrygnął, jakby mężczyzna zajrzał mu do głowy. – Chcę wiedzieć wszystko – dorzucił twardo wdowiec i zawahał się na chwilę.

Potarł niezgrabnie oczy. Nie płakał, nie znać było na jego twarzy rozczulenia. Gdyby Sobieski nie widział go wcześniej, kiedy Tamara jeszcze żyła, nie domyśliłby się, jakie emocje nim targają. Stolnikow zdawał się szczuplejszy, jakby znacząco schudł w rekordowo krótkim czasie, a pod oczyma miał granatowe cienie. Spracowane dłonie zaciskał w pięść, kiedy kontynuował:

– Mówiłem, że wezmę wolne i ją zawiozę, ale się uparła – podkreślił. – Profesor Kiryluk nie lubi zmian w harmonogramie, a my potrzebujemy tej pracy.

Zatoczył ramieniem okrąg. Sobieski policzył materace ułożone na podłodze. Każdy był dokładnie pościelony i przykryty narzutą. Na niektórych poduszkach leżały zabawki i precyzyjnie złożone ubrania. W mieszkaniu było czysto jak w hotelu.

– Mieszkamy tutaj na kupie, żeby jak najwięcej odłożyć – ciągnął Artem. – Już za dwa, trzy miesiące mieliśmy się przenieść na swoje. Nie będę ukrywał, że profesor Kiryluk pociągnęła za kilka sznurków, ale to moja żona wychodziła w urzędzie nowe lokum dla nas. Tamara już nie zobaczy tego mieszkania... – Głos mu zadrżał.

Sobieski wolno kiwał głową. Nie śmiał przerywać wdowcowi. Kiedy umawiał się z nim na spotkanie,

nie przewidział, że mężczyzna się rozklei. Miał go za twardziela, wrogo do siebie nastawionego i nieczułego. Jak bardzo się mylił! Teraz zachodził w głowę, jak poprowadzić przesłuchanie, żeby nie rozdrapywać świeżej rany i dowiedzieć się jak najwięcej. Był pewien, że Artem zna wersję Tamary, a chociaż ona zginęła, jest szansa na wydobycie tych informacji. Musiał jednak zrobić z Artema swojego sojusznika.

Milczenie trwało już bardzo długo i stało się męczące. Sanitariusz go nie pośpieszał. Wreszcie Kuba zaczął opowiadać. Powiedział o telefonie Tamary, o jej żądaniu pieniędzy, lęku wyzierającym spomiędzy jej słów i jednocześnie wyraźnej chęci pomocy. Podkreślił, że Tamara mu ufała. Choć się bała, to chciała pomóc w wyjaśnieniu zagadki śmierci Róży Bernaś. Nie wierzyła, że Gabrysia Gajda zadała cios. Potem opowiedział całe zajście na schodach i zaznaczył, że widział szarpaninę między kobietami.

– Linda Werendarz popchnęła twoją żonę – dokończył. – Ona zrobiła to specjalnie. Mogę przysiąc na Boga, czy w cokolwiek wierzysz.

Artem przeżegnał się, składając trzy palce.

– Hospody pomyłuj – wyszeptał i umilkł. A potem splunął w dłoń i dorzucił chrapliwie: – Ostrzegałem Tamarę, że z Werendarz będą jeszcze kłopoty, ale uparła się, żeby trzymać z nią kontakt i jej nie rozdrażniać.

Kuba odczekał kilka sekund, zanim dopytał:

– Jeszcze? To znaczy, że z Werendarz mieliście problemy już wcześniej? Groziła wam, szantażowała? Co na was miała? – zarzucił Artema pytaniami.

Mężczyzna westchnął ciężko.

– Werendarz wkręciła sobie, że przez moją żonę ten wariat zgwałcił Miłkę – oświadczył z wyrzutem. – To prawda, że Tamara była tej nocy na dyżurze, ale do obsługi miała całe piętro na oddziale dziecięcym i na oddział dla dorosłych musiała chodzić specjalnie. Robiła to, ale nie była tam całej nocy. Kto zawinił dokładnie, nie wiemy, bo tam na górze powinny być inne pielęgniarki, których winę profesor Kiryluk skrzętnie wyczyściła. A przecież to matka podpisała kwity przyjęcia na własną odpowiedzialność, mimo że dyrektorka jej to odradzała. Jakbyś chciał znać moje zdanie, Werendarz planowała w ten sposób pozbyć się córki. Podczas pobytu w szpitalu nie odwiedziła jej ani razu. Nawet kiedy doszło do gwałtu, nie chciała przyjechać z Chojnic. Podała numer do ojca dziewczyny, który mieszka w Krakowie, ale komórka okazała się nieaktualna. Tamara z własnej inicjatywy zadzwoniła do redakcji i otrzymała odpowiedź, że fotograf wyjechał w delegację, ale odezwie się, jak wróci. Mamy pewność, że wiadomość mu przekazano. Jak się domyślasz, nigdy nie zadzwonił. Nie przyjechał.

– Chodzi ci o Roberta Jarosławca? – upewnił się Jakub.

Artem niechętnie przytaknął.

– Tych dwoje powinno równo smażyć się w piekle. Mieli gdzieś los tego dziecka. Osobiście uważam, że takich ludzi lepiej kastrować. Co robią ze swoim życiem, ich sprawa, ale dzieci płodzić bym im zakazał. Tylko je krzywdzą. – Mężczyzna przeklął szpetnie kilka razy. – Werendarz wypięła się na córkę, a biologiczny ojciec Miłki był ponoć przez lata nieobecny. Ogólnie dziewczyna została całkiem sama. To Tamara była z nią w trudnych chwilach. Wspierała, rozmawiała, przynosiła jej rosół albo czekoladki. Mówiłem, żeby się tak nie angażowała, bo będą z tego problemy – powtórzył kolejny raz.

– W końcu jednak Werendarz wróciła i zrobiła zamęt w mediach – podpowiedział Jakub.

– Tak było – żachnął się Artem. – Przyjechała, ale dopiero kiedy zwęszyła pieniądz: że jest szansa podać szpital do sądu. Suka, swołocz, tyle musisz o niej wiedzieć. Jak się dowiedziała, że Tamara zajmowała się jej córką, wykorzystała to i zaczęła gadać, że moja żona robiła to z poczucia winy! Gdybym miał ją w swoich łapach, udusiłbym, przysięgam!

– Zatrzymali ją wczoraj wieczorem – przerwał mu Jakub. – Będzie osądzona. Złożyłem zeznania i już się nie wywinie. Pójdzie siedzieć za zabójstwo Tamary. To ci gwarantuję.

– Szkoda. – Artem był wyraźnie zawiedziony. – Wolałbym ją sam wytropić i potraktować jak chromą sarnę.

– Lepiej, że tego nie zrobiłeś – mruknął detektyw. – Chociaż rozumiem cię, bo wkurzyła mnie na tyle, że gdyby doszło do polowania, pewnie bym ci pomógł.

Kącik ust mężczyzny o urodzie bizona lekko uniósł się w górę. Jakub wiedział, że zyskał kilka punktów. Kontynuował:

– Twoje dzieci straciły już jedno z rodziców. Co byłoby z nimi, gdybyś ty poszedł siedzieć? Myśl o tym, a nie o zemście.

– Wiem. – Artem zwiesił głowę. – Ale to nie było tak, jak pisali w mediach. Tamara była dla Miłki najbliższą osobą. Tak sobie myślę, że dlatego Werendarz przywiozła ją do Koćwina ponownie. Może Miłka nie chciała zostać w innej placówce?

– To ma sens – zgodził się Sobieski. – Nadal jednak nie rozumiem wielu kwestii. Dlaczego Tamara umówiła się ze mną na dworcu? Czy wiedziała, że będzie tam Werendarz? Czy one były ze sobą w kontakcie? A może twoja żona chciała to w ten sposób zamknąć? Może nie chodziło jej o spotkanie ze mną, tylko o rodzaj konfrontacji, której byłbym świadkiem?

Umilkł na chwilę i czekał na reakcję wdowca. Bezskutecznie. Artem wpatrywał się w swoje spracowane dłonie. Nie podnosił głowy.

– Artem? – pośpieszył go Sobieski. – Dlaczego w ogóle daliście się Werendarz zastraszyć, skoro profesor Kiryluk zatuszowała sprawę gwałtu? Przecież Tamara była oczyszczona z zarzutu zaniedbania obowiązków! O co tutaj chodzi?

– Nie wiem. Sam tego nie rozumiem – padło w odpowiedzi, ale Kuba jakoś w tym momencie nie wierzył Stolnikowowi.

– One znały się wcześniej? – docisnął. – Artem, pytam cię jeszcze raz. Czy Tamara znała się z Lindą Werendarz przed gwałtem na Miłce?

– Nie! – Stolnikow zaprzeczył natychmiast. – Zanim Miłka została umieszczona u nas na oddziale dla dorosłych, nie wiedziałem o istnieniu takiej suki jak Werendarz.

– Ile jej płaciliście?

Artem długo nie odpowiadał.

– Chciała tysiąc, ale zgodziła się na osiemset.
– Miesięcznie? – upewnił się detektyw.

Właśnie taką kwotę Tamara chciała dostać od niego za przekazanie informacji. Może te pieniądze były jej potrzebne do spłacenia Werendarz i to dlatego umówiła się z nim na dworcu? Nie podzielił się tym wnioskiem z Artemem.

– Zgadza się – potwierdził tymczasem mąż Tamary. – Osiemset co miesiąc. Może dla ciebie to mało, ale dla nas był to wyniszczający haracz. Co gorsza, baliśmy się, że nigdy się nie skończy, a za jakiś czas ta suka będzie chciała więcej i więcej.

Kuba zanotował w notesie tę informację.

– Linda zadekowała się w mieszkaniu rodziców Róży Bernaś – zmienił na chwilę temat. – Rozmawiałem z policjantką, która nadzorowała aresztowanie, i wszyscy się tam głowią, skąd Tomasz Bernaś i Linda Werendarz się znają. Miłka nie była hospitalizowana w czasie pobytu Róży w szpitalu. Masz jakiś pomysł, co łączy tę dwójkę?

Artem wzruszył ramionami.

– Kojarzę typa, ale czy oni choć raz się u nas zetknęli? Nie dałbym za to głowy – zaczął z ociąganiem. – Wobec mnie Bernaś był przymilny i z całych sił starał się wkupić w łaski. Jakoś nie przyszło mu do głowy, żeby od czasu do czasu zostawić napiwek, więc go ignorowałem. Nie miałem pojęcia, że znają się z Werendarz. Gdybym to wiedział, inaczej rozegrałbym sprawę po zabójstwie Róży. Zaraz by ją zamknęli, a może żona by żyła... – zaperzył się.

– A jego córka? – pytał dalej Jakub. – Jaka była Róża Bernaś?

Artem się skrzywił, ale zaraz podniósł głowę, a nawet lekko się uśmiechnął.

– Bardzo ładna i przede wszystkim normalna, co rzadkie w tym szpitalu – podkreślił. – Dało się z nią pogadać, bo nie pajacowała jak pozostali. Chociaż był z niej kawał cholery. Za to uroczej. Połowa tych dziewczyn, które udają chłopców, podkochiwała się w niej, a te, które miały z nią kosę, pewnie jej zazdrościły. Taki typ dziewczyny żarówki. Kojarzysz?

– Żarówki? – Jakub nie zrozumiał. – Co masz na myśli?

– Jak tylko Róża wchodziła do sali ogólnej albo na zajęcia w podgrupach, od razu było wesoło – rozgadał się nagle. – Miała podejście do każdego. Tu zagadała, tam coś komuś pomogła, przyniosła... Piguły sobie załatwiała od tych w kryzysie, żeby mieć wizje. I opowiadała o nich wszystkim, a to zawsze były takie kolorowe filmy. Szkoda dziewczyny. Praktycznie nie miałem z nią roboty. Czasem stół pomagała mi kleić albo wiercić dziury w ścianie. Miała dryg do technicznych zadań, a przy tym była figlarna, kokieteryjna. Pamiętam, że dzień wcześniej, jak przyszli robotnicy od wentylacji i zostawili narzędzia na ostatnim piętrze, to ona powiedziała mi, gdzie jest skrzynka, żebym kłopotów nie miał. Trzymaliśmy sztamę, ale traktowałem ją jak innych, chociaż gdybym wiedział, że tak skończy, pewnie i bym się trochę bardziej postarał. Lubiłem ją. Za to moja Tamara ją faworyzowała. Nie mogła zrozumieć, dlaczego zamknęli zdrowego dzieciaka i nie chcą wypuścić.

Sobieski słuchał z uwagą i co jakiś czas notował ważniejsze szczegóły zeznania Artema. Nagle przerwał, spojrzał na mężczyznę.

– Kiedy fachowcy od wentylacji zostawili narzędzia i gdzie?

– Na górze – odpowiedź padła natychmiast.

– Mówisz o zamkniętym piętrze dawnego oddziału dla dorosłych?

– Skąd o tym wiesz? – Nagle Artem stał się czujny.

– Klientka mi powiedziała – odparł szczerze Jakub. – Ponoć wszyscy pacjenci Koćwina o tym wiedzą. Wnoszę więc, że pracownicy również...

To wystarczyło Artemowi, żeby przegonić podejrzenia.

– Wiedzieliśmy, że dzieciaki się tam wymykają – kontynuował po chwili. – Ale robiły to pod nieobecność kadry i zwykle nie było z tego powodu reperkusji. Fachowcy pracowali w ciągu dnia, a wszystkich pacjentów mieliśmy wtedy na oku. Gdyby ta skrzynka wpadła w ich ręce, dopiero byłaby jatka! Prawdę mówiąc, Róża uratowała mi wtedy dupę!

– Czy w tej skrzynce mógł być nóż do cięcia tapet? – Jakub zadał pytanie, które nieoczekiwanie zawisło w powietrzu.

Artem zbladł.

– Ty myślisz... – zaczął i nie dokończył.

– Profesor Kiryluk twierdziła, że na oddziale handlowano wtedy żyletkami. Nie wspomniała ani słowem o zapomnianej skrzynce narzędziowej – podkreślił Jakub.

– Szefowa o tym nie wiedziała – przyznał z niechęcią Artem. – Nikomu z Różą o tym nie gadaliśmy. Nawet przed Tamarą się nie przypucowała, a mówiłem ci, że były blisko.

– Skąd możesz wiedzieć?

- Róża potrafiła dochować tajemnicy.
- Mieliście swoje tajemnice?
- To była fajna, trochę zwariowana dziewczyna - zapewnił Artem. - Lubiłem ją i mieliśmy sztamę - powtórzył kolejny raz. - Już ci opowiadałem.
- Jak sądzisz, czy Róża mogłaby zabrać z tej skrzynki nóż do tapet i gdzieś go ukryć?
- No pewnie - potwierdził. - Ale nie wiem po co. Ona nie była chora, jak pozostałe. Spytaj doktorów, a ci potwierdzą: ta dziewczyna nie miała na skórze ani jednej blizny po samookaleczeniach. To nie była wariatka!
- Mogła zabrać nóż, żeby nim zahandlować - podsunął Sobieski. - Przeszukałeś ją, kiedy oddała ci skrzynkę?
- Ona mi jej nie przyniosła - zaperzył się nagle Artem. - Podeszła do mnie po obiedzie i szepnęła, że tam na górze coś stoi. Sam otworzyłem drzwi i zabrałem narzędziownik. Wszystko dokładnie zamknąłem i zgłosiłem fachowcom, że mam ich zgubę.
- Artemie, dlaczego nie powiedziałeś o tym szefostwu, żonie albo komukolwiek? Czy nie powinieneś zgłaszać takich zdarzeń?
- Gdybym zgłaszał każdą pierdołę, zaraz by mnie zwolnili! - obruszył się sanitariusz. - Moim zadaniem było pilnować, czy nikt nie robi sobie krzywdy, reagować na kryzysy i jak trzeba, obezwładnić pacjenta. Sam widziałeś, jak tam jest. Nie znasz dnia ani godziny, a nagle robi się gorąco!
- Skąd Róża wiedziała o skrzynce? Dlaczego poszła na górę do zamkniętej strefy? - Jakub zarzucił mężczyznę pytaniami.

– Nie mam pojęcia. Może się nudziła? A może jakiś młody robotnik jej się spodobał i go obłaskawiła? Ludzie miękli na jej widok, bo była ładna i nie pasowała do reszty pensjonariuszek.

– A może byliście tam razem? – Sobieski zadał to pytanie, zanim je przemyślał. – Artemie, miałeś romans z Różą Bernaś? Podobała ci się, była dla ciebie miła, a twoja żona w szpitalu miała całą masę roboty.

– Wynocha! – Artem poderwał się, aż zatrzęsło stolikiem, przy którym siedzieli. – Myślałem, że jesteśmy w teamie! Jak śmiesz, gównozjadzie, tak mnie oczerniać? Wypierdalaj!

W tym momencie drzwi trzasnęły i do pokoju wszedł Mikołaj, kolega Artema.

– Przyniosłeś forsę? – zwrócił się do Sobieskiego zamiast powitania.

Jakub spojrzał znacząco na Artema, sięgnął do kieszeni i położył na blacie kopertę z pieniędzmi.

– Tak jak się umawialiśmy – rzekł. – Przeliczcie przy mnie.

Artem siedział z zaciśniętymi w pięści dłońmi, łypał na Jakuba wrogo. Nic się nie odzywał.

Drugi sanitariusz zabrał się do liczenia. Jego palce szybko przewijały banknoty. Jakub pomyślał, że facet jest nawykły do pracy z gotówką, ale tego nie skomentował. Skupiał się na obserwacji Artema i wcale nie zwracał uwagi na jego kolegę.

– Chciałbym skorzystać z toalety – rzekł niby mimochodem.

Mikołaj obejrzał się na Artema i od razu wyczuł, że między tymi dwoma doszło do nieprzyjemnej wymiany zdań.

– Skończyliście?
– Na dzisiaj tak – wychrypiał Artem, prawie nie otwierając ust. – Bierz, Kola, swoją działkę i spadaj na chatę. Muszę się wyspać przed dyżurem, zanim dzieciaki wrócą ze szkoły.
– Spoko luz – odrzekł tamten i zapiął kurtkę, ale wciąż nie wychodził. – Wszystko dobrze?
– Pewnie – odrzekł Jakub. Podsunął mu swoją wizytówkę. – Złapiemy się. Jestem już poumawiany. Gdzie jest łazienka?
Artem podniósł dłoń i wskazał ciemny korytarzyk. Kuba wszedł, odkręcił kran w umywalce i zaczął przeglądać szafki. Widział w kubeczku na wannie kilka szczoteczek do zębów, perfumowane płyny do kąpieli i damskie kosmetyki. Wahał się chwilę, aż wreszcie sięgnął po staromodny pędzel do golenia i jednorazową maszynkę. Schował do foliowej torebki, po czym spuścił wodę w sedesie.
– Tak sobie jeszcze myślałem, że jak chcesz wiedzieć coś więcej o dzieciakach z oddziału, to powinieneś znaleźć księdza Janka – zaczął entuzjastycznie Mikołaj. Odkąd wziął pieniądze, nie było śladu jego dawnej wrogości. Obejrzał się na Artema. – Dobry pomysł, nie?
Artem pokiwał głową, ale uparcie unikał spotkania wzrokiem z Sobieskim.
– Macie do niego numer? Jakiś adres?
– Z buta go nie odwiedzisz, bo jest zakonnikiem, ale mieszka w suterenie kurii. Za to znajdziesz go na Facebooku. Komórka jest chyba na stronie fundacji wspierającej dzieciaki chore na raka pod hasłem „Pogotowie dla rodziców". On głównie tam dyżuruje.

Do Koćwina przychodził dwa razy w tygodniu, nie licząc niespodziewanych wizyt. To wartościowy człowiek. Zna te dziewczyny lepiej niż ich rodzice. Serio, nie przesadzam. Nie wiem, jakim cudem, ale kilka razy przyjeżdżał dokładnie w czasie, kiedy było ostro, i odwiódł niejedną od samobójstwa.

***

Jakub wyszedł z mieszkania Artema pełen podejrzeń. Starał się być delikatny i nie zamierzał drażnić wdowca, ale zupełnie nie rozumiał, dlaczego sanitariusz tak gwałtownie zareagował na podejrzenie, że łączyło go coś z Różą. To spotkanie mogło przebiec inaczej, zwłaszcza kolega Artema był wyraźnie skłonny do współpracy, kiedy już zainkasował pieniądze. Kuba jednak odniósł wrażenie, że Artem chce się go jak najszybciej pozbyć i nie dopuścić do dalszych pytań w towarzystwie Mikołaja. Słaba to była przykrywka, bo przecież Jakub i tak pomówi z jego kumplem na osobności, a jeśli ten przyzna, że Artema i zmarłą nastolatkę coś łączyło, sanitariusz znajdzie się w kłopotach.

Żałował, że jest sam jak palec na tym wygnaniu w Krakowie. Nie miał z kim podyskutować o sprawie, wesprzeć się inną hipotezą, dlatego zanim zdążył uporządkować te myśli, jego palec już znajdował się na numerze telefonu do Ady Kowalczyk.

– Przypomniałeś sobie o mnie? – mruknęła zgłuszonym szeptem, a potem dobiegały go różne szumy i trzaski. Wiedział, że przyjaciółka wychodzi z biura do palarni, żeby mogli spokojnie pomówić. W końcu zapanowała idealna cisza. – No i jak ci idzie?

– Chodzę po ludziach – wyburczał niechętny. Za żadne skarby nie chciał przyznać, że jego śledztwo to porażka. Co by sobie o nim pomyślała? – I nadal nie mam nawet cienia pomysłu, co wydarzyło się na tym oddziale. Co gorsza, sprawa niebezpiecznie się rozgałęzia i zamiast prostej zagadki konfliktu między młodymi pojawiają się nowi bohaterowie dramatu ze swoimi tajemnicami. Krążę po omacku. Nawet nie zbliżyłem się do rozwiązania.

– Przecież tak jest praktycznie zawsze – weszła mu w słowo. – Słyszałam o Lindzie Werendarz i tej pielęgniarce z Koćwina. To nie może być zbieg okoliczności, że Werendarz i ojciec zamordowanej dziewczyny mieli jakiś rodzaj unii.

– Na razie nie ma na to dowodów – zaprotestował.
– Ponoć wcześniej się nie znali.

– Więc dlaczego przechowywał ją po zabójstwie Tamary? Musiał zdawać sobie sprawę z ryzyka, a jednak je podjął. Albo mają romans, albo łączą ich ciemne interesy – zawyrokowała.

– Ten facet jest śliski – rzekł po namyśle Jakub. – Prezentuje się w mediach jako głowa rodziny, społecznik i przedstawiciel klasy robotniczej, ale założę się, że tak naprawdę ma sporo za uszami.

Opowiedział Adzie o pobiciu przez grupę kiboli i uprowadzeniu go do starej zajezdni. Starał się relacjonować zdarzenia w lekkim tonie, żeby nie pomyślała, że jest mięczakiem. To, że następnego dnia sam próbował się włamać do starego wejścia do szpitala i został złapany na gorącym uczynku przez sanitariuszy, przemilczał. Nie było się czym chwalić, a poza kilkoma siniakami, niewyspaniem i kisielem w głowie po rozmowie z Artemem niewiele wskórał.

– Ty naprawdę sądzisz, że porwanie ciebie miało być żartem? – Ada zareagowała gwałtownie. – Kubusiu, przecież to się kwalifikuje do zgłoszenia! Mówiłeś z policjantką, która prowadzi dochodzenie?

– Miała wolne i odmówiła pomocy. A zresztą nie chciałem składać wniosku o ściganie. W sumie nic mi się nie stało. Jak tylko strażnik przyszedł na zwiad, uciekłem.

– Zwariowałeś!? Przez takie durne chojrakowanie możesz mieć poważne kłopoty! – zdenerwowała się. – Co ty w ogóle odstawiasz? Nie wierzę, że nie mówisz lokalnym gliniarzom takich rzeczy!

– Przecież ci tłumaczę, że sierżant Kozak nie chciała mnie słuchać!

– I to jest najdziwniejsze – skwitowała Ada.

– Nie sądzę, żeby tutaj był jakiś spisek – zbagatelizował jej słowa. – Marta ma małe dziecko i w sumie powinna być na macierzyńskim. Niepotrzebnie zawracałem jej głowę. Zresztą wszystko dobrze się skończyło. Do wesela się zagoi...

Jakiś czas milczeli.

– Chcesz, żebym przyjechała? Potrzebujesz pomocy chłopaków? Wiem, że ty nigdy się do tego nie przyznasz, ale mogę zadzwonić do Ozia. Przyjedzie choćby jutro...

– Daj spokój – mruknął Kuba lekceważąco. – Mają w cholerę pracy i nie mogę pozwolić, żeby zaniedbali stałe zlecenia. Ale ciebie bardzo bym chciał zobaczyć – wyznał bez zastanowienia i zaraz urwał zawstydzony. Cieszył się, że Ady nie ma obok, bo aż się zarumienił.

Pewnie tylko dlatego od razu sam sobie zaprzeczył.
– Tak serio, nie rób sobie kłopotu. Na razie nawet nie wiem, w czym mogłabyś mi pomóc. Dalej łazić po ludziach mogę sam.

– Nie cierpię, kiedy bez potrzeby zgrywasz twardziela! – żachnęła się. – Powiesz i przyjadę! Chodzenie po ludziach i nasze dyskusje uwielbiam. Wiesz przecież!

Mówiła dalej jak nakręcona, a Jakub nieoczekiwanie uśmiechnął się, bo choć była daleko, po prostu widział ją, jak się zaperza i wywraca oczyma, co dziwnie rozgrzewało mu serce i automatycznie rozciągało jego usta w grymas zadowolenia. Tylko Ada błyskawicznie potrafiła przywrócić go do pionu. Znów poczuł przypływ sił i wiary w to, że pokona wszystkie trudności. Odchrząknął i przerwał jej słowotok.

– Nie chcę, żebyś traciła czas. Dopóki nie mam niczego, co byłoby przełomem w śledztwie, to chyba bez sensu.

Milczała chwilę, zanim odpowiedziała.

– Jak będziesz mnie potrzebował, dzwoń, pisz – dodała rzeczowo. – Gdybyś chciał coś przegadać, coś mi pokazać, czymś się podzielić, jestem do dyspozycji.

– Tak jest, szefowo – zażartował.

– Na twoim miejscu skupiłabym się na dzieciakach, które w czasie zbrodni były na oddziale – dorzuciła, jakby nie słyszała ironii w jego głosie. – Założę się, że one wiedzą, co się wydarzyło, i nawet jeśli biorą w tym udział dorośli, to nie mają powodu, by cokolwiek ukrywać. A to, co dzieje się teraz wokół tej sprawy, twoje uprowadzenie i reszta dziwnych zdarzeń, moim zdaniem dowodzi, że wciąż jesteś poza zasięgiem sekretu mordercy Róży. Tym bardziej jestem przekonana, że Ryś jest niewinny. O co jednak tutaj chodzi, za cholerę nie wiem.

– Ja też – przyznał. – I wątpię, żebym się tego dowiedział, pracując dalej w ten sposób. Co innego, gdybym był w służbie.

– Przestań się nad sobą użalać! – zbeształa go. – Nie jesteś w służbie, więc możesz więcej. Nie obowiązują cię zasady mundurowych. Już było wiele takich śledztw, że mur milczenia zdawał się nie do przebicia, i dawaliśmy radę. Wierzę w ciebie. Nie poddawaj się. Może określ sobie deadline i jeśli to się nie wyjaśni do tego czasu, wrócisz do Warszawy, a sprawę zostawisz glinom. Trudno... Czasami niektóre tajemnice muszą pozostać niewyjaśnione. Ty już nie jesteś w firmie. Masz robić swoje, inkasować forsę i dostarczać zebrany materiał klientom. Co z tym zrobią, ich sprawa. I koniecznie odpuść mrzonki o misji. Zaczyna mnie to denerwować. Kuba, jeśli nie uratujesz Rysia, świat się nie zawali.

Nie odpowiedział. Taki sposób myślenia oznaczałby akceptację przegranej.

– Dam znać, jak to się rozwinie – oświadczył zimno. – Masz tutaj w Krakowie kogoś, kto dyskretnie pobrałby próbki DNA i zrobił analizę porównawczą? Tutejsza prokuratura nie uważa za stosowne sprawdzić spermy sanitariuszy, którzy byli krytycznego dnia na dyżurze. Uwierzysz?

– Pewnie nie mają podstawy prawnej – odparła i zaraz dorzuciła zaniepokojona: – Zawiniłeś coś świadkowi? Co i komu?

— Chciałbym tylko sprawdzić jedną rzecz — wykpił się od odpowiedzi. — Wysyłanie tego do Nika za bardzo wydłuży dochodzenie.

— Ale jest najbezpieczniejsze — oświadczyła z przekonaniem. — Nadaj mi ten dowód kurierem, a ja zadbam o to, żeby twój wuj zrobił wynik na cito. Musisz to oddać?

— Jeszcze nie wiem.

***

Kuba próbował wejść na oddział onkologiczny, ale zdołał jedynie dotrzeć do pierwszej śluzy i zobaczyć łyse główki dzieci. Niektóre leżały w łóżkach unieruchomione rurkami skomplikowanej aparatury medycznej. Zdziwiły go ich pogodne twarze i to, że wiele z nich się uśmiecha.

— Szukam księdza Jana Aleksandra Żmudzińskiego — zagaił pierwszą napotkaną pielęgniarkę. — Nazywają go Dobrym Aniołem, a ja jestem detektywem. — Przedstawił się, pokazał blachę.

Spojrzała na niego zbulwersowana i otaksowała jego ubiór, posiniaczoną twarz, a chociaż miał na sobie fizelinowy płaszcz z automatu i ochraniacze na nogach, bezceremonialnie wyprosiła go na korytarz.

— Może pani chociaż przekazać, że go szukam? — krzyknął za nią, kiedy zatrzaskiwała drzwi na oddział.

Burknęła coś w odpowiedzi. Nie był pewien, czy go słyszała.

W pierwszej chwili zamierzał czekać w poczekalni do skutku, bo skoro nie zaprzeczyła, że ksiądz Janek jest na swoim dyżurze, to mogła być jedyna okazja, ale po półgodzinie poddał się i wyszedł przed wejście zapalić.

Nie wiedział, jak wygląda duchowny, czy odwiedza dzieci w sutannie i na ile będzie chętny do rozmowy, ale czuł, że nie wolno mu spalić tego tropu. Wyglądało na to, że Dobry Anioł jest jedyną osobą, która miała bezpośredni kontakt z pacjentami szpitala w Koćwinie, i nie ma interesu być jego wrogiem.

– Pan detektyw? – zagadnął go mężczyzna wyglądający na lekarza.

Na nogach miał buty ortopedyczne, w dłoni podkładkę, jaką noszą dyżurni doktorzy podczas obchodu, a z kieszonki kitla upstrzonego odręcznymi podpisami dzieci wystawał kolorowy długopis z główką uśmiechniętego misia.

– Tak? – Jakub się odwrócił. – Czy ksiądz Jan Aleksander Żmudziński zgodził się ze mną spotkać?

– To ja i mów mi po imieniu – uciął niejasności mężczyzna. Jego białe jak mleko rozczochrane włosy i druciane oprawki okularów nasuwały raczej skojarzenie z szalonym naukowcem niż z przedstawicielem kleru. – Siostra Bernadeta przekazała mi, że na mnie czekasz. Przepraszam za jej rozkojarzenie, ale dziś rano odszedł Michaś. Miał cztery latka i był słoneczkiem tego oddziału. Kiedy z nim rozmawiałem, miałem poczucie, że jestem głupi, niedoświadczony i nic nie wiem o życiu. Umarł spokojny. Ale to dla nas wszystkich za każdym razem wielka strata. W tym miesiącu pożegnaliśmy aż dziewięcioro dzielnych bohaterów. To nie rekord, bo grudzień był dwa razy gorszy, ale trudno w takiej sytuacji utrzymać emocje na wodzy. Wybacz, proszę, siostrze Berni. Bardzo się angażuje.

– Rozumiem – wyszeptał Kuba i dorzucił z poczuciem winy. – Przykro mi.

– Te dzieciaki są mądrzejsze niż my – powtórzył ksiądz Janek. – Mają więcej wiary niż niejeden mój szef, a chociaż cierpią, odchodzą pogodzone, spokojne. Bardziej martwię się o ich rodziców.

– Wiara nie pomaga?

– Gdybym nie wierzył, wcale bym się do tego nie brał. Chodź, przejdziemy się. Czasami po dyżurze robię kilkanaście kilometrów marszu. To mój sposób na złość, niemoc i bezsilność. Inaczej nie jestem w stanie znaleźć sobie miejsca. A tym bardziej zasnąć.

– Dlaczego właściwie ksiądz odwiedza dzieciaki?

– Mów mi Janek – uparł się duchowny. – Mógłbym powiedzieć, że nikt inny nie zdołałby towarzyszyć im w ostatniej ścieżce, i byłaby to prawda. Mógłbym też zrobić ci wykład o powinnościach klechy, ale tego ci oszczędzę. – Uśmiechnął się smutno. – Prawda jest taka, że to oni dają mi siłę, żeby żyć dalej. Ich odwaga, hart ducha i radość istnienia, chociaż brzmi to absurdalnie, bo przecież są na ostatniej prostej i dobrze o tym wiedzą, napawają mnie nadzieją, że życie człowieka ma sens.

Sobieski schował pośpiesznie swoje urządzenie do palenia, rozebrał się z fizelinowego okrycia i zwinął je w kulę. Zdążył wrzucić płaszcz do kosza i ściągnąć ochraniacze, a ksiądz Janek odsadził go już na dobre kilka metrów. Nie minęło kilka chwil, a byli na skwerze. Jakiś czas szli, nie odzywając się. Kuba nie miał śmiałości przerywać tej ciszy. Czuł, że Dobry Anioł układa w sobie emocje, których doznał po dzisiejszej wizycie w szpitalu.

– Z czym przychodzisz? – zapytał wreszcie ksiądz Janek. – Dlaczego mnie szukałeś?

– Pracuję nad sprawą zabójstwa w Koćwinie – odparł Jakub. – Zatrudnili mnie rodzice Gabrieli Gajdy. Nie wierzą, że dziewczynka jest winna.

– Czy to ma tak wielkie znaczenie? – Ksiądz się zamyślił. – Ryś i tak przebywa większość czasu w swoim świecie. Skoro jego przyjaciółka zginęła, został całkiem sam. A w szpitalu odnalazł więcej spokoju niż w tym pięknym domu, w którym się wychowywał. Chociaż rodzice Rysia przedstawili ci to pewnie inaczej.

– Poznałeś go? Zwierzał ci się?

Ksiądz zmierzył Jakuba ironicznym spojrzeniem.

– Skoro tutaj jesteś, wiesz, że tak – rzucił. – Z każdą z tych dziewczyn mówiłem, ale Ryś był szczególnie nieufny. Ja nie naciskam, nie wkładam im do głów dogmatów. Nie prowadzę katechezy. Słucham. Akceptuję. Zadziwiające, że to wystarcza, żeby po jakimś czasie uwierzyli, że jestem po ich stronie.

– Gdyby rodzice tych dzieci robili to samo, nie znalazłyby się w ośrodku leczenia psychiatrycznego – zaryzykował Jakub.

– To nie jest takie proste – zaoponował Janek. – Ich problemy narastają od dzieciństwa. Wiele czynników się na to składa, a raz ugruntowane zasady w domu i relacje między członkami rodziny nie tak łatwo zmienić. Jeśli przychodzisz z czystą kartą, dostajesz kredyt zaufania. Tak działają połączenia między ludźmi. Rodzice nie słuchali ich przez lata, a teraz nagle cała uwaga się na nich skupia. To nic nie wniesie, a może nawet pogorszyć sprawę. Ci młodzi dorośli to mądre, czujne bestie. Buntują się, bo nadal nie są widziani. Wiedzą, że ich opiekunom chodzi teraz o rozwiązanie problemu. Że to oni są problemem – podkreślił.

Sobieski zmarszczył brwi. Niewiele z tego rozumiał. Uznał, że czas przejść do konkretnych pytań, zanim rozmowa nabierze egzystencjalnego wymiaru.

– Byłeś na oddziale po zdarzeniu? Rozmawiałeś z pacjentkami? Co ci powiedziały o zabójstwie Róży?

– Nie pytałem o to. – Duchowny wzruszył ramionami. – Jak ci wcześniej mówiłem, nie pytam ich o nic. Częściej to one pytają mnie, a ja staram się odpowiadać szczerze.

Sobieski był już zniecierpliwiony. Starał się jednak zachować spokój i nie dać tego po sobie poznać.

– Zauważyłeś jakąś zmianę na oddziale po śmierci Róży? Coś się zmieniło?

– Wszystko – padło w odpowiedzi. – Tragedia Róży i Rysia tak je wystraszyła, że nie było cięcia się, zdrapek i podduszania w szafkach przez całe dwa dni. Obsługa mówiła, że mieli spokój jak w normalnym szpitalu, co, jak się domyślasz, właściwie się nie zdarza.

– Bały się? – zdziwił się Kuba. – Kogo?

– Ryś zaprzyjaźnił się z Różą od dnia przyjęcia jej na oddział. Ale nie był jedyny. Jeszcze przynajmniej dwie, które wciąż tam mieszkają, o nią rywalizowały.

– Które?

– Anastazja i Karolina. Ta ostatnia woli, żeby mówić o niej Karol. Ma wszystkie cechy przywódcy. Jak tylko przyjechała do Koćwina, założyła swoją bandę. Noszą czarne bluzy z kapturami i nie jedzą. Każda ma swoje problemy, ale głodzenie się to ich religia. Nawet te, które nie miały problemów z bulimią ani anoreksją, po dołączeniu do paczki Karola kombinują, jak po obiedzie wymknąć się do toalety. To jeden ze sposobów na kontrolowanie emocji. Zaraz po cięciu się i samouszkodzeniach.

– Anastazję zamknięto w izolatce i z tego, co wiem, nie została do dziś przesłuchana – ciągnął Jakub. – Tamara przed śmiercią wyznała, że to Anastazja zawiadomiła ją o tym, że Róża leży w kałuży krwi.

Ksiądz Janek skrzywił się niezadowolony.

– Ciekawe, bo akurat ta dziewczynka kontestowała kontakty z obsługą – zauważył. – Nigdy, ale to nigdy nie rozmawiała z pielęgniarkami, a już tym bardziej z sanitariuszami. Co musiało zajść, żeby złamała swoje zasady?

– Może nie widziała nigdy człowieka w agonii? – podsunął Sobieski.

– Wątpię. One widziały wiele dramatycznych scen. – Janek się zamyślił. – Ale wiesz, kiedy dowiedziałem się, co zaszło, że Ryś zaatakował Różę, nie byłem zaskoczony.

– Wszyscy mówili, że nie jest agresywna. – Jakub nie dowierzał.

– Agresywna w oczywisty sposób to nie – wycofał się nagle ksiądz. – Jednak Ryś był o Różę chorobliwie zazdrosny. To zaczynało wyglądać na toksyczną relację.

Wszędzie chodzili razem, a kiedy Róża chciała spędzać czas z kimś innym, Ryś robił jej sceny. Zupełnie jakby byli parą.
- A byli?
- Myślę, że Ryś tak uważał. Cokolwiek to znaczy.
- Janek zawiesił głos. - Jeśli chcesz zapytać, czy uprawiali seks, to nie wiem, ale chodzili za rękę i przynajmniej raz przyłapano ich, jak spali przytuleni. Anastazja na nie doniosła i potem Karol ze swoją bandą się z nich naigrywały. Profesor Kiryluk nosiła się z zamiarem rozdzielenia dziewczyn, ale uznała, że Róża wkrótce wychodzi, więc dla dobra Rysia lepiej będzie niczego nie zmieniać. Każdy w tym szpitalu wiedział, że im bliżej do wyjścia Róży, tym więcej ryzyka.
- Co masz na myśli?
- No cóż, Róża była bardzo lubiana, a do tego wszyscy jej zazdrościli, że trafiła do szpitala omyłkowo. Zjednała sobie trzy rywalizujące o nią amantki, ale dla niej to była tylko zabawa. Co tak naprawdę działo się między nimi i jaki był układ romantyczny? Musiałbyś sam je o to spytać. Moim zdaniem równie dobrze Różę mogli zaatakować Karol, Anastazja, jak i Ryś, ale to w ręku tego ostatniego znaleziono narzędzie zbrodni.
- Wiedziałeś, że na oddziale krążyły żyletki?
- Zawsze coś krąży - odparł lekceważąco Janek. - Bywało i tak, że rodzice dostarczali te narzędzia poukrywane w paczkach. Trudno to sobie wyobrazić osobie postronnej, ale to doprawdy inny świat. Dżungla. Skąd jednak wziął się ten nóż do tapet na oddziale, to dla mnie prawdziwa zagadka. Raczej nie ma moż-

liwości, żeby został przemycony. Ktoś dostarczył go specjalnie.

Kuba wahał się chwilę, ale ostatecznie zdecydował się podzielić informacją z księdzem.

– Byłem w domu Róży Bernaś i jej babcia twierdzi, że ojciec dziewczyny schował go do ptasiego mleczka.

– Wykluczone! – zaprotestował Janek, ale Kuba powstrzymał go gestem.

– Druga opcja brzmi bardziej sensownie – kontynuował. – Jest trop wskazujący, że dzień przed zabójstwem fachowcy, którzy robili wentylację, zostawili skrzynkę na zamkniętym oddziale dla dorosłych. Róża powiadomiła o tym Artema, jednego z sanitariuszy. Obstawiam, że zanim to zrobiła, zabrała nóż i go ukryła. Jeśli tak było, prawdziwie tragiczne jest, że za jego sprawą zginęła.

Ksiądz Janek długo nie odpowiadał. Szedł pogrążony w myślach, aż wreszcie zatrzymał się i usiadł na pierwszej z brzegu ławce. Kuba zajął miejsce obok. Zastanawiał się, czy wypada zapytać, czy może w towarzystwie duchownego zapalić, ale uznał, że się powstrzyma.

– Jak uważasz, po co Róża miałaby kraść nóż dzień przed opuszczeniem szpitala? – zwrócił się do Janka.
– Nie dokonywała samookaleczeń, nie potrzebowała dodatkowych kłopotów. Miała tylko przenocować i następnego ranka przyjechałby po nią ojciec, a przygoda ze szpitalem mogła być dla niej tylko nieprzyjemnym wspomnieniem.

– Chyba że to nie ona zabrała nóż ze skrzynki? – podsunął Janek. – Skoro wszystkie dziewczyny na oddziale wiedziały, że fachowcy zapomnieli narzędzi, nóż mógł przechodzić z rąk do rąk. To, jak się znalazł w rękach zabójcy, jest mniej istotne. Pytanie, dlaczego Różę zaatakowano.

– Zgadzam się. Motyw jest kluczem – przytaknął Jakub. – Niestety nie mam szans na rozmowę z pensjonariuszami. Byłem raz u dyrektorki, ale szybko zrozumiałem, że uważa mnie tam za persona non grata.

– Dlaczego? – zdziwił się Janek. – Powinno jej zależeć na wyjaśnieniu sprawy.

– Też tego nie rozumiem. Wiem tylko tyle, że bez wsparcia szefostwa nie uda mi się rozmówić z pacjentami. Może mógłbyś to zrobić za mnie?

Ksiądz pokręcił przecząco głową.

– Jak ci powiedziałem, nie zadaję dziewczynom pytań. Żadnych – podkreślił. – Zresztą nie wiedziałbym, jak poprowadzić taki wywiad. Moją specjalnością jest słuchanie.

– Napiszę ci listę zagadnień. Może przemycisz je jakoś w rozmowie – namawiał Jakub.

– Mam inny pomysł. – Oczy księdza nagle rozbłysły. – Pójdziesz tam ze mną.

– Niczego się nie dowiem! – żachnął się Jakub. – Nawet gdybyś za mnie zaręczył i dostałbym zgodę na wejście, podczas przesłuchania byłaby obecna profesor Kiryluk albo któryś z jej cerberów. Już nie wspomnę, że po śmierci Tamary z pewnością jestem tam na cenzurowanym. – Westchnął zniechęcony. – Pytać będę mógł do woli. Z tym że nie mam co liczyć na odpowiedzi.

— Będzie inaczej, jeśli wejdziesz ze mną — upierał się Janek. — Dwa razy w tygodniu przychodzę do pacjentek w odwiedziny i nikt mnie nie przeszukuje. Z reguły jest to forma szukania rozrywki, bo jak siedzą w izolatce, to mają ograniczony kontakt ze światem i każde widzenie człowieka z zewnątrz jest ciekawe. Gdybym cię zabrał ze sobą, wpuściliby nas bez problemu. Ale dziewczynom trzeba powiedzieć wprost. One cenią szczerość. Załatwię to.

— Jak? — zdziwił się Jakub.

— Nie pytaj. — Ksiądz się uśmiechnął. — Po prostu mi zaufaj.

Kuba wykrzywił usta w grymas, ale pokiwał głową. Ksiądz Janek kontynuował:

— Skoro ty zadajesz sobie tyle pytań, z pewnością i one szukają odpowiedzi. Założę się, że po tym wszystkim zachodzą w głowę, co zaszło, i na pewno się boją...

— Fajnie, ale nadal nie rozumiem, jak ominiemy świadka tych rozmów. — Jakub w dalszym ciągu był sceptyczny.

— Znasz angielski? — Z oczu księdza błysnęła szelma. — Bo profesor Kiryluk i jej ludzie słabo mówią w jakimkolwiek języku poza polskim, ewentualnie ukraińskim. Za to dziewczyny praktycznie myślą po angielsku.

Przyjrzał się zaczerwienionej i podrapanej twarzy Jakuba.

— Musimy cię tylko trochę podrasować. Mam w domu zestaw do makijażu i przebranie arlekina. Czasami korzystam z niego, kiedy bywam na oddziale onkologicznym i wskazana jest terapia śmiechem.

Są tam też sztuczne zarosty i peruka, jeśli dobrze pamiętam.

– Chcesz mnie przebrać za klauna? – Jakub skrzywił się i roześmiał szyderczo. – Może jeszcze mam dokleić sobie czerwony nos?

Ksiądz Janek nie brał do siebie tych drwin.

– Jeśli dobrze to przeprowadzisz, dziewczyny pokażą nam ten zamknięty oddział i miejsce, gdzie znaleziono skrzynkę – zapewnił. – A reszta już w twoich rękach.

Część 3
MISTYFIKACJA

21 lutego, szpital w Koćwinie

Koloratka wpijała się Jakubowi w szyję, a sztuczny zarost swędział tak, że detektyw co jakiś czas nerwowo sięgał do twarzy. Ostatecznie sprawdzał tylko, czy nic się nie odkleiło, i starał się zachowywać z powagą, jak przystało na duchownego. O dziwo, w sutannie czuł się komfortowo. Było mu tylko trochę gorąco, jakby w pomieszczeniu miał na sobie rodzaj wiosennego płaszcza.

Ksiądz Janek tego dnia włożył wyświechtane bojówki i dżinsową kurtkę, ale w poczekalni zamienił ją na swój lekarski kitel z podpisami dzieciaków, w którym Jakub widział go za pierwszym razem.

W śluzie czekali znacznie krócej, jakby ich wejście było czystą formalnością, a pielęgniarka, która ich wpuszczała, nawet nie przyglądała się zanadto gościom. Sprawdziła tylko dokładnie reklamówkę ze słodyczami, które wnosili ze sobą, i skrzywiła się na widok zestawu lego dla dorosłych. Kazała im wyjąć klocki z opakowania i sprawdzała każdą najmniejszą folijkę, ale po tych ceregielach zezwoliła im zabrać wszystkie zabawki na oddział. Jakub odetchnął z ulgą, kiedy drzwi szpitala się za nimi zamknęły, a na miejscu nie dostrzegł znajomych twarzy – Artema czy Mikołaja, bo tego popołudnia zmianę mieli zupełnie inni sanitariusze.

– Rozluźnij się – szepnął mu do ucha ksiądz Janek, kiedy szli korytarzem. – Wyglądasz, jakbyś wchodził na ring bokserski.

– Łatwo powiedzieć – wymamrotał pod nosem detektyw. – Ten klej z pewnością był przeterminowany, bo twarz mnie ciągnie, jakbyś posmarował ją wikolem. Martwię się, że jak zacznę gadać, a co gorsza się uśmiechnę, te sztuczne włosy po prostu odpadną.

– Wydawało mi się, że z natury jesteś ponurakiem – zauważył ksiądz. – Cel uświęca środki, a dobry klecha nie pokazuje zębów. Bądź poważny. – Zachichotał. – Nie panikuj i trzymaj się planu.

– Przecież my nie mamy żadnego planu!

– Mów po angielsku – syknął Janek i pomachał wesoło do grupy markotnych dziewczyn siedzących w niedbałych pozach przed telewizorem.

Była to ekipa w czarnych bluzach, ale Jakub nie dostrzegł wśród nich Karoliny. To na rozmowie z nią najbardziej mu zależało. Kiedy się rozglądał, złapał czujne spojrzenie pielęgniarki, która ich wpuszczała. Udawała, że wypełnia jakieś papiery, ale nie traciła gości z oczu. Kuba obawiał się, że ich plan w każdej chwili może spalić na panewce. Z księdzem Jankiem nie ustalili, co zrobią, jeśli zostaną nakryci na szwindlu.

Janek pewnie ruszył do wolnego stolika i rozłożył na nim przyniesione prezenty. Nikogo nie wołał, nie zachęcał, ale nie minęła chwila, a wokół niego zaczęły gromadzić się pacjentki. Wybierały sobie cukierki, zagadywały niedbale do Janka, a ten żartując, przedstawił Jakuba jako brata Ricardo z Andaluzji, który prowadzi misje w różnych częściach świata.

– Do Polski przyjechał, bo pisze pracę naukową. Wierzcie lub nie, ale ten facet był kiedyś niezłym łobuzem – dokończył z szelmowskim uśmiechem.

Teraz uwaga wszystkich skupiła się na Jakubie. Sobieski najchętniej zapadłby się pod ziemię i chociaż umówili się z Jankiem, że teraz powinien wygłosić jakąś maksymę, nie był w stanie zabłysnąć żadną anegdotą. Co gorsza, poczuł nieodpartą potrzebę, żeby podrapać się po głowie, bo zdawało mu się, że siatka z peruką się przesunęła. Ledwie podniósł rękę, a pożałował tego ruchu. Rękaw sutanny był na niego zdecydowanie za krótki i w pełnej krasie ukazał się jego wytatuowany przegub.

– Gdzie walczyłeś? – Pytanie padło po angielsku.
– Spoko dziary.

Jakub szybko obciągnął rękaw sutanny, a potem przyjrzał się dziewczynie. Pamiętał, że ostatnim razem stała obok niego, kiedy ratował z Tamarą Miłkę.

– Nie byłem nigdy w żadnej kadrze – oświadczył.
– Ot, uliczne walki i nielegalne zakłady. Stare dzieje.
– O czym piszesz pracę?
– O autoagresji i wpływie środowiska na młodych ludzi – szył na bieżąco. – Interesuje mnie najbardziej mikrośrodowisko.
– W sensie rodzina?
– Głównie. – Zmusił się do uśmiechu. – Ale też socjologiczne uwarunkowania grup koleżeńskich.

Janek mówi, że wy przyjaźnicie się głównie z ludźmi, których poznaliście w szpitalu. Utrzymujecie kontakty na odległość i te przyjaźnie są trwałe. – Odchrząknął. – To bardzo silne więzi, które czasami wykraczają poza sferę koleżeństwa.

– To prawda. – Skinęła głową. – A ty wolisz chłopaków czy dziewczyny?

Kompletnie go zatkało. Teraz już wszystkie twarze skupione były wyłącznie na Sobieskim. Detektyw czuł się z tym wyjątkowo źle. Chociaż wcześniej podobał mu się ten pomysł, był na siebie wściekły, że nie jest w stanie wystarczająco wczuć się w rolę.

– Jestem misjonarzem – odrzekł bez przekonania.
– Staram się przestrzegać celibatu.

– Starasz się? – Rozległ się gromki śmiech i do grupy dołączyła Karolina. – No i jak ci idzie?

Miała świeżo umyte włosy, nastroszone na czubku, jakby przed chwilą wycierała je ręcznikiem. Czarna bluza była zmechacona, a jej dżinsy nosiły ślady jakichś działań plastycznych. Całe były w kolorowych plamach od farby. Jakub przyjrzał się upstrzonej pryszczami twarzy i wielkim oczom dziewczyny. Ruchy miała zamaszyste, kanciaste, a głos modulowała na niski i chrapliwy. Nic nie odpowiedział. Przyglądał się jej z obawą, bo był absolutnie pewien, że go poznała.

– Karol, spokojnie! Odpuść bratu Ricardo, bo może będziesz pierwszą badaną. – Na odsiecz przyszedł Jakubowi ksiądz Janek.

Pochylił się i szepnął jej coś na ucho. Machnęła lekceważąco ręką i dalej już go nie słuchała.

– Ja? – zdziwiła się nieszczerze. – A niby dlaczego kopnął mnie taki zaszczyt?

– Jesteś gwiazdą placówki – podkreślił Janek głośniej, żeby wszyscy słyszeli. – Kto miałby udzielić pierwszego wywiadu, jeśli nie ty?

– Pod nazwiskiem? – Karolina spojrzała pytająco na Kubę.

– Mogę cię zanonimizować – obiecał detektyw. – Chociaż w kwestionariuszu powinienem podać jakieś nazwisko albo pseudonim.

– Karol wystarczy. Poza tym tutaj nie ma gwiazd. Same przegrywy, ale to chyba już wiesz.

Kuba sięgnął po lego.

– Zamierzasz teraz układać bukiet róż? – Karolina się skrzywiła.

Przelotnie spojrzał na kontuar, za którym siedziała pielęgniarka. Już nie udawała, że jest zajęta, i bez skrępowania wgapiała się w nich, starając się nie uronić ani słowa.

– Nie martw się. Ona ledwie rozumie po polsku. To Białorusinka.

– Lepiej, żebyśmy mieli czym zająć ręce – rzucił i z impetem wysypał na stolik klocki. – Wiesz, dlaczego tu jestem?

– Dobry Anioł pisał mi w wiadomości. Ale i tak bym cię rozpoznała. Masz szczęście, że profesor Kiryluk jest na urlopie, a mąż Tamary i jego goryl Kola skończyli zmianę rano. Powiem ci, że to przebranie jest chujowe.

– Fakt. – Uśmiechnął się szeroko, aż zapiekły go policzki. – Więc tym bardziej dziękuję, że się zgodziłaś. Możesz mieć tutaj komórkę?

– Jasne, że nie.
– To jak ci napisał?
– Przez bloga Miłki Jarosławiec. „Porcelanowe aniołki". Zrobiła go, kiedy czuła się lepiej i wszyscy myśleliśmy, że nie zobaczymy jej więcej w tym bagnie. To było przed gwałtem. Gdybyś nie był takim bucem, już za pierwszym razem bym ci powiedziała, że w ten sposób możemy się kontaktować. W ramach terapii mamy prawo do kilkunastu minut dziennie przy internecie, jeśli rzecz jasna dobrze się sprawujemy. Oczywiście terapeuta siedzi nam za plecami, ale zwykle grzebie w swoim telefonie i nie zwraca uwagi. Net jest monitorowany, ale blog dotyczy zdrowia psychicznego dzieciaków, a nasze forum jest tajne. Tylko dlatego mumia jeszcze go nie zablokowała.

Sobieski znów miał ochotę się uśmiechnąć, ale tylko skrzywił się z bólu. Klej ciągnął niemiłosiernie.

– Mumia? – powtórzył.
– No wiesz, szefowa Kiryluk. – Tym razem i Karolina się uśmiechnęła. – Też jesteś u niej na czarnej liście. Congratsy.
– Cieszę się, że zmieniłaś zdanie i zgodziłaś się pogadać – powtórzył niby od niechcenia, chociaż już wiedział, że Karolina jest zadowolona i czuje się doceniona. – Dobry Anioł faktycznie ma u was wejścia – dorzucił.
– Nie dla niego to robię – mruknęła i naciągnęła kaptur na głowę. – Ratched idzie tutaj. Gadaj coś o tych klockach.

Zabrali się do układania różanego bukietu.

– Proszę księdza, może kawy, herbaty? – Pielęgniarka uśmiechnęła się przymilnie. Mówiła kanciastym angielskim, jakby czytała fonetycznie.

Sobieski pokręcił głową, a potem nagle zmienił zdanie. Uznał, że warto jej coś zlecić, żeby na chwilę straciła ich z oczu.

– Może szklankę soku, siostro? Tylko bez lodu. Mam chore gardło.

Kiedy podniósł rękę, znów odsłonił tatuaże. Czuł na sobie palące spojrzenie pielęgniarki.

– A ja? Mnie nie zapytasz? Napiłabym się kawy – włączyła się Karolina. Jej angielski był godny native'a. – Najlepiej cappuccino.

– Wiesz, że ci nie wolno – oświadczyła po polsku pielęgniarka. – Nawet gdyby pani profesor zezwoliła, nie podałabym ci grama kofeiny. Mogłaby ci zaszkodzić.

Karolina prychnęła coś wulgarnego w odpowiedzi, a pielęgniarka odeszła, głośno tupiąc.

– Wredna rura! – syknęła dziewczyna i spojrzała na Sobieskiego. – Co się tak gapisz? Dziś rano wyszłam z izolatki. W głowie mi się kręci od prochów. Ledwie stoję na nogach. Ale przetrwałam. Znów, kurwa, się udało. Nie wiem, ile jeszcze zniosę.

Umilkła i siedzieli oboje jakiś czas w ciszy. Dobiegały ich tylko rozmowy księdza Janka z innymi pacjentkami.

– Nie odpowiedziałaś, dlaczego zmieniłaś zdanie – kontynuował Jakub.

– To dla ciebie takie ważne? – Karolina się wykrzywiła. – Nie szkoda ci czasu na takie zwierzenia? Jak to babsko przyniesie sok, da nam kwadrans i będziecie musieli spadać. Aż trzęsie się z ciekawości, o czym rozmawiamy.

– Myślę, że masz dla mnie informacje – odparł całkiem serio Jakub. – I chciałbym mieć pewność, że mogę je wykorzystać. Dlaczego zgodziłaś się spotkać z takim bucem jak ja?

– Widziałam, jak ratowałeś Miłkę. To nie było udawane. Wszyscy to widzieli i bądź pewien, że chcą pomóc. A jeśli ja z tobą gadam, masz to już załatwione.

Pokiwał głową. Uznał, że czas przejść do tematu głównego. Karolina, choć kolczasta, była gotowa mu pomóc. Aż paliła się, żeby zaczął zadawać konkretne pytania.

– Gdzie byłaś, kiedy doszło do zdarzenia?

– Tutaj. – Uniosła podbródek. – Jak większość pacjentów. Po kolacji mamy tylko trzy godziny przed snem, kiedy możemy się spotkać, pogadać. Kadry wtedy jest mało. Nikt nas nie pilnuje. Czasami można się wymknąć na piętro i coś zajarać.

– Tego dnia też się wymykałyście?

– Nie – odparła twardo. – Było dokładnie tak jak dzisiaj. Ledwie wyszłam z izolatki. Leżałam zapięta w pasach całą dobę. Wiesz w ogóle, jak to jest, kiedy nie możesz się ruszyć nawet do łazienki? Koszmar.

– Często dostajesz takie kary? – zaczął, ale nie zdążył dokończyć pytania, bo Karolina mu przerwała.

– Wtedy zamknęli mnie przez twoją Różę – parsknęła. – Doniosła, że handluję żyletkami.

– A handlowałaś?

– No jasne. – Wzruszyła ramionami. – Moi starzy nie mają kasy. Nauczyłam się radzić sobie sama. Ale twoja Róża też nie była święta. Udawała wzorową pa-

cjentkę i zakumplowała się z Artemem i Tamarą, żeby mieć dostęp do leków. Nie ćpała ich. Chomikowała. Nikt nie wierzył w jej opowieści o wizjach i kolorowych odjazdach. Pewnie zamierzała sprzedać te prochy po wyjściu, bo wiedziała dobrze, co kraść. Ostatniego dnia przed wypisem zakosiła kilka fiolek w fabrycznych opakowaniach. Nie mam pojęcia, jak zamierzała je przeszmuglować na zewnątrz, bo przeszukania są ostre, ale to już twoja działka, żeby się tego dowiedzieć. Wygarnęłam jej, że jest zwykłą złodziejką i do tego oszustką. Tamara jej matkowała i dosłownie stawała na głowie, żeby biednej Różyczce umilić życie. A ta suka wykorzystała to i na mnie doniosła. Zanim się obejrzałam, zamknęli mnie za te żyletki. Nie wydał mnie nawet Dino, który po połyku połówki ostrza trafił na OIOM. Jestem pewna, że przez twoją Różę siedziałam. Załatwiła mnie na cacy.
– Urwała.

– Nawet teraz jej nienawidzisz? – wyszeptał Jakub. – Przecież ona już nie żyje.

– Słuchaj, mnie zamknęli, a jej nawet nie przeszukali. Jak myślisz, dlaczego?

Sobieski wzruszył ramionami.

– Czasami dostajemy po tyłku, bo ktoś musi oberwać.

– Ona nigdy nie obrywała. Była po prostu dobrą cwaniarą – złościła się nadal Karolina. – Nie powinnam tego mówić, ale nie żałowałam jej jakoś bardzo. Wszyscy litowaliśmy się nad Rysiem.

– Nie wierzysz, że Ryś zaatakował Różę?

– Ten neptek? – Skrzywiła się z pogardą. – Daj spokój! Prędzej by siebie pociął z żalu, a Róży by nie tknął.

On uważał Bernasiową za ósmy cud świata! Nie wyobrażam sobie, co Ryś czuł, kiedy się ocknął, a na podłodze leżały zwłoki jego dziewczyny. Traktował ją jak miłość życia, najlepszą przyjaciółkę i duchową siostrę. Jak się domyślasz, Róża nie odwzajemniała jego uczucia, ale nie wyprowadzała Ryśka z błędu.

– Kiedy się dowiedziałaś o tej tragedii?
– Praktycznie zaraz, jak Anastazja znalazła ciało.
– Karolina nie zastanawiała się nad odpowiedzią.
– Nastka wybiegła z płaczem, zaczęła się kiwać i coś mruczeć, a potem Tamara ją zabrała i zamknęła do tego miękkiego pokoju, gdzie widziałeś ostatnio Ścibora.
– Chodzi ci o Natalię?
– To wtedy zaczęło jej się pogarszać – potwierdziła.
– Wcześniej miała długi okres remisji. Lubię ją. Jest kochanym dzieciakiem.

Jakub zastanawiał się nad słowami Karoliny. Nie był pewien, czy źle usłyszał, czy profesor Kiryluk skłamała. Mówiła, że w dniu zbrodni Natalia czuła się bardzo dobrze.

– Słyszałem, że Róża romansowała przynajmniej z trzema osobami. Z Rysiem, Anastazją i... – zawahał się – z tobą. To prawda? Wiedziałyście o sobie? Czy dlatego jesteś na nią taka cięta, że czułaś się zdradzana?

Karolina pochyliła głowę.

– Podobała mi się – przyznała szczerze. – Ale szybko mi przeszło. Przejrzałam ją. Przez większość jej pobytu byłyśmy zaciętymi wrogami. Musisz wiedzieć, że to raczej trudne. Zasadniczo wspieramy się i rzadko zdarza się taka suka jak Róża.

W powietrzu wisiało kolejne pytanie, a Jakub wahał się, czy je w ogóle zadawać, ale Karolina uwolniła go z tego kłopotu.

– Nie myśl, że tak jej nienawidziłam, że sięgnęłam po nóż. Gdybym chciała ją ukarać, znalazłabym wiele innych sposobów. Nie musiałabym jej zabijać.

– Na przykład?

– Mogłam donieść, co łączy ją z Artemem. Z miejsca straciłby robotę.

Sobieski wzmógł czujność.

– A co ich łączyło?

– Przesiadywała u niego popołudniami – wypaliła dziewczyna. – Nie wiem, czy się przespali albo coś, ale ją faworyzował. Po prostu miała u niego duże chody. Chwaliła się, że załatwi jej klucz do tajnego wejścia na zamknięty oddział, a taki klucz to tutaj skarb. Starczy, że wejdziesz na górę, i swobodnie możesz wychodzić, kiedy chcesz. Wiem, że próbowała go przehandlować. Mnie oczywiście nie proponowała, bo otwarcie ją hejtowałam i nie mam forsy, ale młodsze dzieciaki rozważały kupno. Anastazja też. Ona ma bogatych rodziców i chłopaka na zewnątrz, z którym bardzo chciała się spotykać.

– Istnieje klucz do wejścia od drugiej strony budynku? – zapytał Jakub, starając się hamować niezdrową ekscytację.

– Też w to na początku nie wierzyłam – potwierdziła Karolina. – Ale plotki chodzą o nim od zawsze. Słyszałam, że to wejście od kotłowni. Od lat nie zmieniano zamka, a młodzi pacjenci tamtędy wymykali się z Koćwina, żeby sobie ulżyć albo po prostu pospacerować. Dziewczyny tą drogą umawiały się na randki i tak dalej... To ponoć tutejsza tradycja. Była kiedyś ekipa, która miała ten klucz, ale są już dorośli i nawet jeśli mają kryzys, nie są kwaterowani u nas, tylko w jakimś szpitalu dla staruchów – wyjaśniła i urwała, bo nagle zza pleców wyrosła pielęgniarka z przyklejoną do jej nóg dziewczynką, która w objęciach trzymała małpkę gabarytów połowy swojego ciała.

Jakubem wstrząsnęło, kiedy puściła do niego oko, bo w jednej chwili poznał pacjentkę, która wcześniej darła się wniebogłosy i była agresywna jak dzikie zwierzę. Teraz – dokładnie jak uprzedzała go profesor Kiryluk – Natalia zdawała się uosobieniem spokoju i po prostu słodkim dzieciakiem.

– Chyba będzie musiał ksiądz zaraz iść – oświadczyła pielęgniarka swoim kanciastym angielskim i postawiła na stole szklankę z sokiem. – Dziewczyny powinny iść na kolację, a potem czas na lulu. Nie mogę tego przedłużać, bo wydaję leki i kończę zmianę.

– Lulu? – Karolina wywróciła oczyma. – Ratched, ty myślisz, że my mamy po siedem lat?

Pielęgniarka nie okazała zdenerwowania. Zachowała całkowity spokój, mimo że Karolina użyła wobec niej obraźliwej ksywy.

– Nie przeginaj, Karolino, bo zadzwonię do pani profesor i wrócisz do izolatki – rzuciła oschlej.

– Grozisz mi? – parsknęła dziewczyna. – Mam na imię Karol. To tak trudno zapamiętać?

– Ostrzegam cię ostatni raz.

– Nic nie zrobiłam! – oburzyła się Karolina. – Myślisz, że jak moja matka nie jest w stanie złożyć skargi, to możesz robić ze mną, co chcesz?!

– Zaraz kończymy, siostro – starał się załagodzić wymianę zdań Jakub. – Obiecuję, że wypiję ten sok i zbieram się do wyjścia.

Pielęgniarka podziękowała mu skinieniem i podeszła do księdza Janka, który zaraz zaczął jej coś kwieciście opowiadać. Natalia ze swoją małpką zawróciła do Karoliny i umościła się jej na kolanach. W jednej chwili nastolatka przestała się złościć. Mocno przytuliła małą i mruknęła coś obraźliwego na temat pielęgniarki, co rozbawiło dziewczynkę.

– Ja ciebie widziałam – wyszeptała Natalia do Jakuba, jakby zdradzała mu tajemnicę. – Przez okienko.

Sobieski zbladł. Zmusił się do pobłażliwego uśmiechu.

– Musiało ci się pomylić. Jestem tutaj pierwszy raz.

– Nie pomyliło mi się – upierała się dziewczynka. – Nie miałeś brody i ubrania księdza, ale to byłeś ty! Tak samo mówił ten chłopak, który wyszedł z pokoju Róży, kiedy ona umarła.

– Chłopak? – powtórzyła jak echo Karolina. – Co ty gadasz, Ścibor? Widziałaś kogoś tego dnia?

Natalia położyła palec na ustach.

– Ciiii... Powiedział, że to będzie nasza tajemnica. Miał perełki na szyi i kilka pierścionków na ręku. Ale ja go pamiętam. Był u nas wcześniej na leczeniu. Pamiętam go, chociaż wtedy byłam jeszcze bardzo mała.

**

Hostel Horus

– Co ty tutaj robisz? – Mecenas Anita Brhel obrzuciła Sobieskiego taksującym spojrzeniem.

Nie miał już na sobie sutanny, ale trzymał ją przewieszoną przez ramię, a przyklejony zarost wciąż go swędział.

– O to samo mógłbym ciebie zapytać. – Jakub nie krył zdziwienia, że spotyka tutaj prawniczkę Gajdów.

Zajrzał w głąb pomieszczenia. Dostrzegł kręcących się techników kryminalistycznych i młodą policjantkę w mundurze. Jeśli sądzić po pagonach, to raczej dzielnicowa. Sierżant Kozak nie było w ekipie.

– Jakiś problem? – Do rozmawiających dołączyła ostrzyżona na zapałkę wysoka, postawna blondynka o szeroko rozstawionych oczach. Na widok Sobieskiego ściągnęła jasne brwi. – Czego ksiądz tutaj szuka?

– To mój znajomy – westchnęła Brhel i jeden z kącików jej ust podniósł się w kpiącym grymasie. Trwało to sekundę, może dwie, bo zaraz znów spoważniała. Szybko przedstawiła ich sobie: – Jakub Sobieski, detektyw. Set, właścicielka hostelu.

– Nie jest pan księdzem? – wydukała Set i wskazała sutannę Janka. – Myślałam, że Dobry Anioł pana przysłał. To habit jego zgromadzenia.

– Nie mam czasu teraz tego wyjaśniać – zniecierpliwił się Jakub. – Pilnie potrzebuję rozmówić się z Giselle.

– To się nie uda – powiedziała Set. – Zniknęła.

Sobieski nie wiedział, co myśleć. Wpatrywał się w Brhel, która stała z założonymi na ramiona rękoma, a z jej twarzy nie dało się niczego wyczytać. Dziś miała na sobie dżinsowe rurki, sztyblety i granatową dwurzędową marynarkę, z której wystawał śnieżnobiały golf.

– Więc ta impreza jest z tej okazji? – zwrócił się do szefowej hostelu, a potem wyciągnął do niej rękę. – Miło mi cię poznać. Byłem tutaj wczoraj i rozmawiałem z twoją podopieczną. Ekipa kiboli zasadziła się na Giselle i na moich oczach próbowała ją pobić. Może zwiała przed nimi i się gdzieś ukryła?

– Wątpię. – Set się skrzywiła. – Ona nie ma nikogo. Horus to jedyne miejsce, gdzie jest tolerowana. A o tym, że wyjechała, zorientowaliśmy się dopiero dziś rano. Zanim zwiała, ogołociła kilka lokali ze wszystkiego, co się da, i pewnie znów poszła w tango. Musisz wiedzieć, że w Horusie mieszkają nie tylko transy i geje. Queerowa społeczność jest najbardziej widoczna, ale to azyl dla wszystkich, którzy znaleźli się na zakręcie życia. Mamy uchodźców, samotne matki i młodych dorosłych, których rodzice wyrzucili z domu, bo nie zaakceptowali ich homoseksualizmu albo problemów psychicznych. Te dzieciaki przed chwilą osiągnęły pełnoletność i nie mają się gdzie podziać. Robimy dla nich warsztaty aktywizujące, żeby umiały sobie radzić na rynku pracy. Chodzą też na darmowe terapie dla wykluczonych. To nie jest przechowalnia odmieńców, jak twierdzą nasi wrogowie w mediach. Giselle i jej znajomi to tylko kilka osób z kilkudziesięciu lokatorów Horusa. Fakt, że to oni są najbardziej hałaśliwi i mają potrzebę manifestowania swojej inności. Choćby to, że nie są w stanie ubierać się normalnie i wtopić w tłum – denerwuje lokalsów. To trochę skomplikowane… – Zawahała się, ale zaraz dorzuciła: – Większość lokatorów hostelu prawie nic nie posiada, więc jeśli ktoś ich ograbi z tego lichego dobytku, to dla nich prawdziwy dramat. Giselle mieszka u mnie trzeci rok z przerwami i cyklicznie idzie w cug. Znoszę to, bo potrafi być urocza i przekonująca. Sama byłam kiedyś bezdomna, więc wiem, jakie to trudne odnaleźć równowagę psychiczną, jeśli nie masz dachu nad głową. Giselle była trzeźwa, kiedy rozmawialiście? – zapytała bardziej z troską niż ze złością.

– Trudno stwierdzić – odparł Jakub. – Alkoholu od niej nie czułem, ale chyba byłem świadkiem jej spotkania z dilerem. – Umilkł na chwilę, ale zaraz dokończył: – Podszedł do niej młody chłopak z ufarbowanymi włosami. Nosi perełki na szyi.

– Wiem który – zareagowała natychmiast Set. – To Willie. Giselle uważa go za swojego przyjaciela, chociaż ostrzegałam ją, żeby trzymała się od niego z daleka. Ten mały nie sprzedaje narkotyków. Dostarcza Giselle i jej znajomym prochy na depresję i końskie dawki hormonów. Potrzebują tego regularnie sporych ilości, a jak się domyślasz, z nikim się nie konsultują i żal im forsy na terapię. Wszystkie pieniądze przeznaczają na lewe recepty i lekarstwa, które biorą bez kontroli lekarzy. To poważny problem, bo mieszają te leki z alkoholem i robią burdy, a potem przepraszają, ale nie bardzo mogę z tym cokolwiek zrobić. Gdybym to zgłosiła, miasto zamknęłoby Horusa, a bardzo wiele osób potrzebuje tego lokum.

– Więc przymykasz oko na handlowanie lewymi receptami?

– Recepty nie są fałszywe, a leki mają fabryczne opakowania. Kiedy ostatnim razem ostrzegałam Giselle, że wyrzucę ją z hostelu, zrobiłam jej kipisz i oglądałam je z bliska. Z całą pewnością są oryginalne. Dałam się wtedy nabrać, że Giselle chodzi na konsultacje, ale dziś już wiem, że te prochy dostarcza jej Willie. Musi mieć stałe dojście do nieuczciwych psychiatrów, bo przychodzi regularnie. – Spojrzała na kręcących się po budynku policjantach. – Przepraszam, powinnam tam wrócić i przypilnować, czy oględziny idą zgodnie z prawem. Większość moich podopiecznych jest nieporadna jak dzieci.

– Jasne, idź, to ważne – zachęciła ją mecenas Brhel. – Gdybyś potrzebowała pomocy, będę na dole przy samochodzie. Poczekam z pół godziny, a potem dzwoń na komórkę. Przyjadę w każdej chwili.

Sobieski podziękował szefowej ośrodka skinieniem. Odpowiedziała podobnym gestem. Było mu jej szkoda. Set to społeczniczka i z pewnością przyświecała jej misja, kiedy zakładała ten hostel, a wystarczyło kilka wybryków niesubordynowanych podopiecznych i cała jej praca może pójść na marne. Nawet sobie nie wyobrażał, jakim stresem ta kobieta okupuje swoją dobroczynną działalność.

– Set! – zawołał ją, chociaż nie przemyślał pytania, które chciał jej zadać.

Odwróciła się niechętnie i wymieniła błagalne spojrzenie z Brhel. Prawniczka z trudem ukrywała zniecierpliwienie, jakby dawała Set do zrozumienia, że nie ma wpływu na wścibstwo detektywa.

– Jakiś czas temu mieszkała u ciebie Linda Werendarz z córką – napierał Jakub. – Dlaczego je przyjęłaś?

– Z litości. Ale to było dawno temu – odpowiedziała szczerze. – Polecił ją ksiądz Janek Żmudziński, który opowiedział mi mroczną historię o bezdomności Werendarz i przemocy, której ona i jej córka doznały ze strony męża Lindy. Wiem, że to nie było kłamstwo, a ich przejścia są prawdziwe. Jestem w stanie bezbłędnie rozpoznać ofiarę. Ale szybko zrozumiałam, że Linda nie chce nic robić ze swoim życiem. Nie chce, a może nie umie wziąć się do pracy i wyjść na prostą. Sprawiała wiele problemów. Balowała, upijała się i robiła awantury, ale nie dlatego poprosiłam, żeby się wyprowadziły, chociaż Miłki, jej córki, do tej pory mi szkoda. – Umilkła.

– Więc dlaczego?

– To ona przyprowadziła Williego do Horusa. Wiem od Giselle i innych podopiecznych, że Linda Werendarz była główną dostarczycielką prochów i brała czynny udział w handlu receptami. Wykorzystywała chorobę córki i jej pobyty w szpitalach, żeby załatwiać leki na różne dolegliwości psychiczne. Zaryzykuję tezę, że wcale nie chciała, żeby Miłka wyzdrowiała. Ze sprzedaży tych prochów zrobiła sobie interes. Nie były to kokosy, ale z tego się utrzymywała.

Sobieski chwilę przetwarzał nowe informacje. Choć były szokujące, w jakimś sensie pasowały do tego, co już udało mu się ustalić.

– Policja o tym wie?

Set wzruszyła ramionami.

– Nikt mnie o to nie pytał, a ja sama nie mam interesu, żeby wychodzić przed szereg – odrzekła. – Ale gdyby śledztwo poszło w tym kierunku, nie będę milczała.

– Wiesz, że Werendarz ukrywała się u was przed policją po napaści na pielęgniarkę z Koćwina?

Set nabrała powietrza i odparowała pytaniem:

– Jak myślisz, dlaczego widzisz tutaj techników policyjnych?

– Ktoś doniósł o tym glinom?

– Ja sama. – Set weszła mu w słowo. – I przekonałam podopiecznych, że muszą się zgodzić na przeszukania. Tak się stało. Mogę cię poza tym zapewnić, że Werendarz była u nas tylko jedną noc. Co robiła zaraz po zabójstwie Tamary Stolnikowej, nie wiem. Nie chcę wiedzieć.

Sobieski milczał.

– Gdybym wiedziała wcześniej, że Werendarz się u nas ukrywa, zareagowałabym natychmiast – kontynuowała Set. – Teraz zależy mi tylko na tym, żeby oczyścić dobre imię hostelu. Mecenas Brhel była ze mną w komendzie, kiedy składałam zeznania. Nie wiem, jak to się skończy, ale nie mogłam postąpić inaczej. Przynajmniej wobec pozostałych jestem fair.

– Nie boisz się, że Giselle wróci i zemści się na tobie albo pozostałych?

Set się zaśmiała.

– Ona nie jest agresywna – zapewniła. – Bywa niestabilna, a po tych lekach branych bez kontroli czasami faktycznie dostaje małpiego rozumu, ale nie, nie boję się Giselle. Za to Linda Werendarz jest zdolna do wszystkiego i to przed nią moim obowiązkiem jest chronić pozostałych lokatorów Horusa. Zresztą chyba nie muszę ci tego tłumaczyć, skoro ją spotkałeś.

Kuba nie skomentował. Zrozumiał, że Set jest wprowadzona w temat i tylko stara się być dyplomatką.

– Powodzenia – rzucił na odchodne. – Mam nadzieję, że wszystko się wyjaśni na waszą korzyść.

– Zadzwonię, gdyby Giselle się pojawiła – obiecała Set i westchnęła ciężko. – Przysięgam, że jestem bliska zamknięcia fundacji i oddania Horusa w ręce miasta, ale wiem, że wtedy hostel nie przetrwałby do lata. Niektórzy z moich podopiecznych skończyliby na dworcu i nikogo by to nie obeszło.

Sobieski i Brhel nic nie powiedzieli. Schodzili w milczeniu klatką schodową i dopiero na dole Jakub odważył się zabrać głos.

– Wiesz, kim jest ten Willie od recept?

Brhel odwróciła w jego kierunku głowę. Była szczerze zaciekawiona.

– To syn Bernasia.

– Brat zamordowanej Róży?

– Otwierał mi drzwi, kiedy byłem u nich na pierwszej rozmowie – wyjaśnił Jakub. – Co gorsza, chyba teraz rozumiem, kto doniósł ojcu, że biorę na spytki Giselle, bo przecież to nie mógł być przypadek, że mnie uprowadzili.

Opowiedział adwokatce swoją niechlubną przygodę z ekipą Bernasia. Pominął wstydliwe detale, jak wydostał się ze starej zajezdni.

– Co to może znaczyć? – zastanowiła się na głos Brhel. – Przecież gdybyś to zgłosił, Bernaś miałby kłopoty.

– On wiedział, że ja tego nie zgłoszę – zapewnił Sobieski. – Oszukałem go, że jestem dziennikarzem, i był wkurzony, że dał się nabrać. A nawet gdybym to zrobił, jego kumple zapewniliby mu alibi. Moje słowo przeciwko słowu pięciu facetów. Nawet jeśli to łobuzy, trzymaliby się jednej wersji i tylko bym się zbłaźnił. Za to moja licencja byłaby zagrożona. Coś takiego nawet gadał, kiedy mi wygrażał.

– Więc po co on to zrobił?

Kuba chwilę się zastanawiał.

– Chciał mnie postraszyć. Po prostu... Może przegnać z miasta? Pokazać swoją siłę? Żebym zrezygnował z dochodzenia? – myślał na głos. – Wiesz, sądzę, że kiedy tam u nich byłem, w kuchni poza żoną Bernasia była też Linda Werendarz. Widziałem kapcie podobne do tych, w których przyjechała z Chojnic. To ona po moim wyjściu musiała uświadomić Bernasia, że ich nabrałem. A kiedy młody przyszedł do Giselle z prochami, już wiedział, że nie jestem reporterem, tylko prywatnym detektywem. Dlatego wydzwonił ojca z ekipą.

– Nadal nie rozumiem, co Bernaś chciał przez to osiągnąć – głowiła się Brhel. – Tym sposobem jedynie się odsłonił.

– Chyba nie przewidział, że tak szybko wydostanę się z tej zajezdni – zasugerował Jakub. – Co chcieli ze mną zrobić, nawet nie chcę myśleć... Widziałem materac i butelki wody. Trudno w to uwierzyć, ale może nie byłem pierwszym zamkniętym w maszynowni, któremu zrobili takiego psikusa?

Brhel spojrzała na Kubę zaskoczona.

– Chyba się zapędzasz – mruknęła. – To nadal ojciec ofiary i człowiek o nieposzlakowanej opinii. Sprawdziłam go dokładnie. Nie ma jednego niezapłaconego mandatu.

– Teraz to się może zmienić. Bo za ukrywanie Lindy Werendarz pójdzie siedzieć.

– Wątpię.

– Owszem – upierał się Jakub. – Jeśli udowodnimy, że brał udział w handlowaniu prochami, które załatwiała Werendarz. Chyba nie sądzisz, że to zbieg okoliczności, że jego syn kolportuje prochy pod Horusem. Skoro sprzedaje tam, to pewnie diluje też w innych miejscach, a założę się, że ci muskularni panowie, którzy napadli Giselle i mnie, korzystają z rozlicznych medykamentów, żeby nimi ostro trzepało.

– Myślę, że idziesz trochę za daleko – schłodziła go Brhel. – Nie masz żadnych dowodów, a twoje spojrzenie może być wypaczone przez wściekłość, że dałeś im się złapać.

– Mam świadka, który widział młodego mężczyznę w Koćwinie w dniu zabójstwa Róży – odparował Sobieski i nie czekał na odpowiedź adwokatki. – Miał na szyi perełki, a na dłoniach kilka pierścionków. Rysopis pasuje zarówno do Giselle, jak i syna Bernasia zwanego Williem. Ważne teraz, aby potwierdzić, czy młody Bernaś bywał w Koćwinie, bo Giselle sama mi opowiadała, że była hospitalizowana po próbach samobójczych.

Brhel uśmiechnęła się kpiąco.

– I liczysz na to, że ślady DNA na pościeli Róży mogłyby pasować?

– Na razie to tylko trop, który pozwoliłby ci złożyć wniosek o analizę porównawczą. Jedyny, który mógłby zatrzymać akt oskarżenia przeciwko córce Gajdów.

– Tak, pod warunkiem że dasz mi potwierdzenie, z którym mogłabym uderzyć do prokuratora – zastrzegła.

– Nie widzę tego inaczej – odparł.

***

Hotel Bachleda

Pokój, który Sobieskiemu wynajęła Urszula Gajda, był urządzony w wyrafinowanym stylu, ale tak mały, że Jakub ulokował się na łóżku, a Brhel okupowała jedyny stolik, żeby przygotować pisma. Podłączyli przenośną drukarkę Kuby i przez długi czas się do siebie nie odzywali. Każde pozostawało pogrążone w swoim zadaniu.

Jakub założył słuchawki i zabrał się do ponownego przeglądania nagrań z monitoringu, które dostał kilka dni temu od prawniczki. Wydawało mu się, że zna je już na pamięć, ale po zdobyciu nowych informacji czuł, że może wyłuskać z nich coś ciekawego. Coś nieoczywistego, co zmieni bieg śledztwa i pozwoli Brhel złożyć odpowiednie wnioski dowodowe, a tym samym uratować Rysia przed oskarżeniem. Obraz z kamer był ziarnisty i momentami zaciemniony, bo czas ataku na Różę szacowano na godziny wieczorne, a w szpitalu dla oszczędności gaszono większość świateł na korytarzach. Sobieski skupiał się więc na

tych partiach materiału, które wcześniej po prostu z nudów przewijał. Oglądał krytyczne pół godziny kolejny raz i był coraz bardziej załamany. Wyglądało na to, że w nagraniach jednak niczego nie znajdzie. Wreszcie zrzucił komputer z kolan i poszedł po wodę.
– Chcesz herbaty, kawy? – Przyglądał się eleganckim urządzeniom w pokoju. – Może chociaż wody?

Brhel spojrzała na niego znad okularów.

– Znalazłeś coś?

Pokręcił głową zniechęcony.

– Mówiłam ci, ale nie chciałeś słuchać. Myślisz, że policja, ja i wszyscy święci nie oglądaliśmy tego najdokładniej? Na co liczyłeś?

Odłożyła stertę dokumentów na bok. Sięgnęła do swojej torebki i wyciągnęła mentosy. Włożyła pastylkę do ust.

– Powiedz mi jeszcze raz, jak brzmi twoja teoria. Skoro nie mamy nic twardego, może udałoby się stworzyć łańcuch poszlak.

Kuba wrócił na łóżko i usiadł po turecku. Po namyśle zaczął mówić.

– Tego dnia rano Ryś i Róża ostro się pokłócili. Ryś zrozumiał w końcu, że przyjaciółka nie darzy go takim samym uczuciem, i uderzył w płaczliwy ton. Róża miała dosyć tych wyrzutów, więc powiedziała Rysiowi coś do słuchu. To wyprowadziło córkę Gajdów z równowagi. Scysję widzieli wszyscy na oddziale, w tym Tamara. Pielęgniarka podała Rysiowi silne środki uspokajające, żeby zapobiec ewentualnej próbie samobójczej. Różę odesłała do sali telewizyjnej, gdzie wtedy przebywała większość pacjentów. Wśród nich także typowany przez nas sprawca.

– Czyli kto dokładnie?

Kuba się zaciął.

– Gdybym wiedział, tobym używał jego imienia lub nazwiska – parsknął. – W każdym razie ktoś, kto wcześniej przebywał w placówce i z kim reszta się znała. Wszedł tajnym wejściem, używając klucza przekazywanego przez pensjonariuszy do swobodnego przemieszczania się po ośrodku. Pacjenci znali go, więc mógł wtopić się w tłum. Z obsługi na oddziałach było tylko kilka pielęgniarek. One też mogły się nie zorientować, że ta osoba nie powinna tam być.

Kiedy Jakub mówił, Brhel wywracała oczyma. Wreszcie nie wytrzymała.

– Niby dlaczego ten tajemniczy ktoś miałby pojawiać się w szpitalu? Musiałby mieć motyw. Dobry motyw – podkreśliła.

– Miłość albo interes – rzucił Jakub. – Nie widzę innego powodu, dla którego ten ktoś podejmowałby ryzyko.

– Twoi podejrzani to transwestyta i brat Róży – przypomniała Jakubowi Brhel. – Dlaczego każdy z nich miałby pojawiać się w szpitalu? Poza tym sugerujesz, że sprawca wszedł do szpitala w celu zabicia Róży. Po co tak się narażać, skoro ona wychodziła z Koćwina następnego dnia? Nasz człowiek był na wolności, a za chwilę i ona miała się tam znaleźć, mogli załatwić swoje sprawy bez tych wszystkich obostrzeń.

– Celna uwaga – zgodził się z nią Jakub. – To spotkanie musiało odbyć się w Koćwinie. Ale dlaczego? Obstawiam leki, które Róża chomikowała.

– Nie masz na to żadnych dowodów.

— Właśnie dlatego jestem przekonany, że mogę mieć rację. Zakładam, że Róża sama wezwała kogoś z zewnątrz, żeby przejął od niej medykamenty, które podbierała i z którymi nigdy by jej nie wypuścili. Ten ktoś zabrał lekarstwa i wyszedł ze szpitala tą samą drogą.

— Odważna hipoteza — mruknęła adwokatka, ale już tak szyderczo się nie uśmiechała. — A niby jak Róża miałaby zawiadomić tego kogoś, że są leki do odbioru?

Sobieski przeszukał plik papierów i pokazał jej jedno połączenie, które zaznaczył na żółto.

— W billingach jej ojca jest połączenie ze szpitala. Rozmowa trwała kilka minut.

— Prowadząca dochodzenie dokładnie rozpytała go o tę rozmowę — przypomniała Brhel.

— Jasne — zgodził się z nią detektyw. — Przeczytałem to przesłuchanie. Bernaś twierdzi, że dzwoniła Tamara, żeby ustalić szczegóły odebrania córki. Nie możemy jej o to zapytać, ale pacjentki ze szpitala twierdzą, że to nie jest zwyczajowa praktyka. Po prostu rodzice przyjeżdżają w umówionym terminie i zabierają dziecko do domu. Nikt się z nimi nie pieści, a trzy pielęgniarki na dyżurze mają tyle pracy, że nie dzwoniłyby do nikogo przed dwudziestą. To zresztą absurdalne. Takie połączenie byłoby uzasadnione, gdyby działo się coś niepokojącego. Bernaś nie powiedział, że Tamara go przed czymś ostrzegała. Nie wiemy, czy to była Tamara. Sądzę, że to Róża zadzwoniła do ojca.

— Po co? — Brhel zmarszczyła się brzydko. — Niby dlaczego chciałaby z nim rozmawiać?

– Żeby zorganizował kogoś do odbioru leków.
– Kuba wzruszył ramionami. – Ojciec miał tego dnia dyżur i jeździł do dwudziestej trzeciej po Krakowie, więc wysłał syna albo Giselle. Willie od dawna diluje prochami, a co do Giselle, to oboje jesteśmy zgodni, że zaryzykowałaby choćby za jedno opakowanie psychotropów. Bywała w Koćwinie, zna teren, plan dnia pacjentów i wie, jak się tam poruszać.

Adwokatka długo milczała, przetwarzając dane.

– Uważasz, że to głupie?
– Głupie nie – przyznała. – Bardzo trudne do udowodnienia. Gdybyś miał chociaż cień tej postaci, jakiś mały detal, który pozwoliłby mi zmusić prokuraturę, żeby przesłuchała pod tym kątem Bernasia, jego syna i wreszcie Natalię jako naocznego świadka, moglibyśmy to potwierdzić lub wykluczyć. Nie masz nic takiego. To tylko założenie.

– Jest przecież Natalia – zapalił się Jakub.
– Sam wiesz, że mogła tak powiedzieć, żeby zyskać uwagę. – Brhel starała się być delikatna. – A nawet jeśli w szpitalu dochodziło do handlu lekarstwami, chyba nie sądzisz, że ktokolwiek się do tego przyzna?

– Jestem przekonany, że dochodziło – odparł z naciskiem Jakub. – Werendarz wykorzystywała chorobę Miłki, żeby załatwiać recepty lub po prostu kraść leki. Moim zdaniem dlatego Tamara jej płaciła. Być może Artem i Tamara już wcześniej tak sobie dorabiali, a Werendarz była pośredniczką. Główny interes moim zdaniem prowadził Bernaś. Byli z Lindą Werendarz wspólnikami. Konflikt między Werendarz i Tamarą jedynie pogorszył sytuację Stolnikowów. Najpewniej Werendarz zmuszała ich do dostarczania coraz większej ilości prochów, a oni nie byli w stanie robić tego bez zwracania uwagi. Dlatego Tamara umówiła się ze mną na dworcu. Nie tyle chciała przekazać mi informacje o zabójstwie Róży, ile potrzebowała pomocy. Nie chciała i nie była w stanie płacić haraczu.

– Piękna teoria. – Brhel klasnęła w dłonie i rozparła się na krześle. – Zapominasz jednak, że nie pracujemy nad aferą czarnego rynku psychotropów, tylko nad sprawą zabójstwa Róży. Niby dlaczego ona zginęła i kto ją zabił, Holmesie?

Jakub przez długi czas milczał. Brhel triumfowała. Była zdegustowana i wyglądała, jakby całkiem straciła szacunek do detektywa. Zanim Kuba ponownie się odezwał, zamknęła swój laptop i powoli zaczęła składać dokumenty.

– Widzę, że marnujemy czas – oświadczyła ostatecznie. – Tobie chodzi tylko o uratowanie twarzy. Możesz, rzecz jasna, przedstawić Gajdom taką bajeczkę, ale to nie przysłuży się ratowaniu Rysia. Mój czas jest zbyt cenny. Nie chcę go tracić na jałowe hipotezy.

– Myślę, że Róża tak naprawdę nie trafiła do Koćwina przez omyłkę – wypalił nagle Jakub. – Bernaś potrzebował większej ilości prochów i dogadał córkę, żeby się tam zamknęła z własnej woli.

– Nie wierzę! Długo nad tym myślałeś? – sarknęła ubawiona adwokatka. – A niby na jakiej podstawie wysnułeś ten wniosek?

– Nie odwiedzał jej. Nie martwił się o nią. Był pewien, że nic jej nie dolega. Za to codziennie dzwonił i wydawał dyspozycje, co Róża ma ukraść, bo pewnie miał konkretne zamówienia. A ta rodzina najwyraźniej traktowała handel prochami jako dodatkowy zarobek. Nie wiemy, na jaką skalę, ale wiele im nie potrzeba. Byłem w tym domu. Bernaś wprowadził swojego syna do interesu i był tak pewny siebie, że chciał mnie wystraszyć, żebym przestał w tym grzebać. To dlatego mnie porwał. Żebym nie dokopał się do ich interesu. Nie chodziło o zabójstwo – zapalił się Jakub. – Od razu kiedy tam wszedłem, wiedziałem, że z nim jest coś nie tak. Nie zachowywał się jak ojciec w żałobie, chociaż płakał prawdziwymi łzami. To z poczucia winy. Sam w to wpakował córkę i jestem pewien, że szczerze tego żałuje!

– Masz paranoję – skwitowała krótko Brhel.

Jakub podbiegł do kartki z billingami Bernasia i potrząsnął nią przed oczyma prawniczki.

– Niby dlaczego wcześniej się nie kontaktowali? – zarzucił ją pytaniami. – Dlaczego Róża kolaborowała po przyjęciu na oddział ze wszystkimi pacjentkami?

– Bo była towarzyska?

– Dlaczego zaprzyjaźniła się z Artemem i Tamarą, chociaż pacjentki bojkotują obsługę i za honor uważają niegadanie z nią? Dlaczego nie podlizywała się profesor Kiryluk, tylko tym, którzy mieli dostęp do prochów i już wcześniej robili interesy z jej ojcem?

– Tego nie wiesz – przerwała mu.

– Masz rację – zgodził się. – Na razie to tylko założenie, ale musisz przyznać, że cała historia zaczyna nabierać sensu.

– Wręcz przeciwnie – oburzyła się Brhel. – Wciąż nie wyjaśniłeś, dlaczego Róża zginęła.

– Myślę, że ukradła Artemowi większą partię leków i wcale nie był z tego powodu zadowolony. Zadzwoniła z dyżurki do ojca, a ten wysłał kogoś po towar. Ten ktoś wiedział, jak wejść do szpitala i opuścić go bez zwracania na siebie uwagi. Ale coś poszło nie tak. Może kradzież została wykryta, a może po drodze wydarzyło się coś jeszcze.

– I tak dochodzimy do punktu wyjścia – podsumowała adwokatka. – Nic nie masz. To wszystko bzdury, subiektywne założenia niepoparte nawet zeznaniami świadków. Masz jedynie trop od chorej dziewczynki, kilka poszlak dotyczących handlu prochami i swoją wyobraźnię. Z tego, co mówisz, nie mogę nawet stworzyć zażalenia. Idę. Pracuj dalej. A może po prostu powiedz Gajdom, że rezygnujesz. Tak byłoby chyba uczciwiej.

Sięgnęła do klamki i wyszła na korytarz. Jakub wybiegł za nią.

– Mogłabyś chociaż pomóc w stworzeniu pytań dla sierżant Kozak, bo ona powinna o tym wiedzieć.

Brhel się odwróciła.

– Nie zamierzam jej zawracać głowy tymi wymysłami. Jak chcesz się zbłaźnić, sam to zrób.

– Zrobię – obiecał ze złością, chociaż nie był pewien, czy policjantka po ostatniej kompromitacji w ogóle odbierze jego telefon.

Odruchowo sięgnął po komórkę i z przerażeniem spostrzegł, że ma kilkanaście nieodebranych połączeń od Ady Kowalczyk i jedno od Urszuli Gajdy. Niewiele myśląc, wykręcił do zleceniodawczyni.

– Jednak żyjesz? – usłyszał w słuchawce głos Ady.
– Ula źle się czuje. Odbieram za nią, bo ona nie jest w stanie.

– Jesteś w Krakowie? – zdziwił się. – Od kiedy?

– Od dziś rana. Ulka poprosiła, żebym przyjechała. – Ada westchnęła ciężko. – Ty nic nie wiesz?

– Co się stało?

– Wywiedziałam się swoimi kanałami, że prokurator jutro oficjalnie przedłoży Gajdom akt oskarżenia Gabrysi. Paweł chce odwołać twoje zlecenie. Chyba wracasz do domu.

Kuba z trudem powstrzymał się przed wybuchem.

– Gdzie jesteś? – rzucił. – Natychmiast muszę z nimi pogadać.

– Na dole, w restauracji twojego hotelu. Czekamy na ciebie od kilku godzin – poinformowała grobowym tonem. – O, widzę, że miałeś w pokoju gościa. Nic dziwnego, że nie odbierałeś. Pani mecenas też poszukujemy.

Usłyszał trzaski, słowa powitania i pojął, że Brhel dołączyła do Urszuli i Ady. Chciał coś odpowiedzieć, wyjaśnić, żeby Ada nie wyciągała pochopnych wniosków, ale połączenie zerwano. A po chwili wpadł esemes z komórki Ady: „Mam nadzieję, że to był dobrze spędzony czas".

***

Kiedy Jakub zszedł do restauracji, przywitały go dwa gniewne spojrzenia: Ady i mecenas Brhel. Urszula wcale na niego nie patrzyła, a choćby nawet podniosła głowę, nie miałby szans spojrzeć jej w oczy, bo twarz przysłaniały wielkie kwadratowe okulary przeciwsłoneczne. Gdyby ostatnio nie widział jej wystrojonej jak na galę, nie uwierzyłby, że spotkał dziś tę samą kobietę. Miała na sobie szary dres, a włosy ściągnęła dziecinną frotką.

– Jaśnie pan wreszcie zszedł – mruknęła Ada i wydęła wargi. Skinęła na Urszulę, ale ta nie zamierzała się odzywać, więc Ada kontynuowała: – Możesz się zbierać, Reksiu. Twój pokój zaraz będą sprzątać.

Spojrzał na nią rozzłoszczony, ale nic nie powiedział. Zwrócił się za to do prawniczki.

– Powiedziałaś im, co ustaliliśmy?

Brhel w odpowiedzi wzruszyła ramionami. Kuba w kilku zdaniach powtórzył swoją teorię, a kiedy umilkł, nikt się nie odezwał. Bardzo długo panowała cisza.

– Za późno. Teraz to nie ma żadnego znaczenia. Twój czas minął. – Brhel podniosła telefon. – Dostałam potwierdzenie z prokuratury, że akt oskarżenia jest gotów. Pewnie jutro zabiorą Rysia ze szpitala do aresztu.

Na te słowa Urszula wybuchnęła głośnym łkaniem. Płakała tak rozpaczliwie, że aż zachrypła. Ludzie siedzący przy stolikach obok oglądali się na tę czwórkę i potępiająco wbijali spojrzenia w Sobieskiego, jakby to była jego wina, że kobieta cierpi.

– Bardzo mi przykro – oświadczył Jakub. – Ale nie wydaje mi się, żeby zwalnianie mnie w tej chwili było dobrym pomysłem. I to akurat dziś, kiedy wpadłem na trop.

– Chodzi ci o szmuglowanie prochów? – parsknęła Brhel. – Rozgrzebywanie tej sprawy Rysiowi nie pomoże, a nawet gdybyś miał dowody, których, przypominam, nie masz, śledztwa przeciwko tym osobom i tak będą prowadzone osobno. Nie wywiązałeś się ze swojego zadania.

– A więc jednak zdążyłaś streścić moją teorię koleżankom? – wyburczał Jakub, na co Ada aż zagwizdała z pogardą, a Brhel się roześmiała.

Kuba zareagował natychmiast.

– Adusiu, masz coś do mnie, to powiedz! Nie wiem, co tutaj jest grane, ale traktujecie mnie jak wroga.

– Jakubie! – Do rozmowy nagle włączyła się Urszula. – Nie bierz tego do siebie, bo ja i tak ledwie żyję. Rozmawiałam dziś z Pawełkiem i naprawdę uważamy, że dalsze śledztwo nie ma sensu. Teraz musimy się skupić na okolicznościach łagodzących i ewentualnym zmniejszeniu wyroku dla Rysia.

– Co ty mówisz! – żachnął się Jakub. – Twoje dziecko jest niewinne. Nie zabiło Róży! Jak możesz zgadzać się na taki obrót spraw?

– Wiesz, że się nie zgadzam – wyszeptała Urszula. – Ale ty nam nie pomogłeś. Nie mamy niczego, co moglibyśmy przedstawić prokuraturze. Ciesz się, że stanęłam w twojej obronie, bo Pawełek wcale nie chciał ci płacić. Mówił, że zajmujesz się jakimiś bzdetami. Inni ludzie bardziej cię obchodzą niż nasze dziecko. Po co kopałeś w życiorysie Werendarz? Dlaczego zadarłeś z ojcem ofiary? Teraz Bernaś może to wykorzystać przeciwko nam. Już wie, że wynajęliśmy prywatnego detektywa, i jego prawnicy z pewnością tego użyją, żeby mógł jak najszybciej opuścić areszt. A jeśli chodzi o sprawę kradzionych lekarstw... – Zawahała się. – Jestem przeciwna, żeby to wyciągać. Jeszcze się okaże, że Ryś brał w tym udział? Już widzę nagłówki w prasie. Takiej łatki nie da się pozbyć do końca życia!

Kuba starał się nie wybuchnąć złością, chociaż czuł, że jest na przegranej pozycji. Wyglądało na to, że decyzja zapadła za jego plecami i właściwie nikt nie jest zainteresowany jego wersją. Ta rozmowa przypominała bardziej sąd dyscyplinarny niż naradę zleceniodawców z detektywem.

– Chciałbym to jednak usłyszeć od twojego męża – odparł butnie. – Skoro uznał, że moje informacje są bezwartościowe, niech powie mi to w twarz.

– Wątpię, żeby Pawełek znalazł czas – szepnęła Urszula. – Ma dużo pracy, a w związku z oskarżeniem Rysia powinniśmy się skupić z Brhel na ustalaniu strategii, co mówić w sądzie. Niebawem czeka nas proces. To będzie trudne dla wszystkich, bo już teraz wiemy, że powołają na świadka kuratora, który wejdzie nam do domu. Naszym obowiązkiem jest chronić Henia. On przecież wszystko rozumie. Do tego Paweł chce jak najszybciej ubezwłasnowolnić Rysia. Myślę, że lepiej, żebyś na razie nie pokazywał się Pawełkowi na oczy. Jest trochę zły na ciebie. I na mnie – dorzuciła z wyrzutem. – Ma żal, że naciskałam, żeby akurat ciebie zatrudnić.

Sięgnęła do torebki i przesunęła po blacie cienką kopertę, która była tak wygnieciona, jakby nosiła ją ze sobą przez długi czas.

– To ostatnia transza – dokończyła. – Jak Adusia ci powiedziała, zwolniłam już hotel. Najlepiej będzie, jeśli od razu wyjedziesz.

Kubę zatkało. Zaciskał pod stołem pięści, na zmianę bladł i się czerwienił. Miał tylko nadzieję, że w subtelnym oświetleniu hotelowej restauracji żadna z kobiet tego nie zauważy, bo dawno nikt go tak nie upokorzył.

– Ty też uważasz, że to dobra decyzja? – zwrócił się do Ady.

– Nie mnie to oceniać – ucięła. – Zresztą nawet nie wiem, co zebrałeś. Rozmawialiśmy raptem raz. Ula streściła mi twoje raporty i faktycznie nie ma tam nic, co mogłoby uratować Rysia przed oskarżeniem.

Kuba przeniósł spojrzenie na Brhel, ale mecenaska strategicznie odwróciła głowę. Uznał, że niżej już upaść nie sposób. Wstał, zabrał tę garść pieniędzy niczym jałmużnę i kolejno skinął każdej z nich głową, a potem wyszedł bez słowa z restauracji.

Idąc do pokoju po swoją walizkę, uświadomił sobie, że nawet Ada się od niego odwróciła. Zupełnie nie rozumiał, co zaszło i dlaczego jest do niego wrogo nastawiona. Co powiedziała jej Urszula? Dlaczego tak naprawdę Adusia przyjechała do Krakowa, jakby pędziła na sygnale? Pracował już dla różnych zleceniodawców i wielu faktycznie miało swoje za uszami, ale żaden nie zwalniał go bez wysłuchania, co ma do powiedzenia w sprawie, która wciąż była na biegu.

Wrzucał do walizki ciuchy i dokumenty jak popadnie. Na samą górę przesypał kosmetyki, które zgarnął z półki w łazience, a potem usiadł i jeszcze chwilę wpatrywał się w otwarty plik nagrań ze szpitala. Nadal niczego nowego tam nie dostrzegał. Wgapiał się jednak w obraz, żeby odzyskać równowagę i choć trochę się uspokoić, ale prawda o jego sytuacji dopiero teraz do niego docierała w pełnej rozciągłości.

Zmarnował czas, poniżył się przed tyloma ludźmi, a honorarium, które Gajdowie mu zapłacili, właściwie przejadł i wyjeździł, krążąc bez celu po tym mieście. Nic na tej sprawie nie skorzystał. Niczego nowego się nie nauczył. Miał obitą twarz, poranioną rękę i tylko cudem nie stracił służbowej broni. Obwiniał się, że mu nie wyszło, bo jest beznadziejnym detektywem i podejmuje złe decyzje. A może oni mają rację? Błądzi po omacku, szukając w bocznych rejonach sprawy, podczas gdy prawda jest gdzieś na środku i tylko on jej nie dostrzega. Najbardziej żałował, że tak niefrasobliwie otworzył się przed Brhel i podzielił się z nią swoimi nieprzemyślanymi hipotezami. Powinien był zamknąć dziób i wrócić do klientów, kiedy będzie miał niepodważalne dowody. Był pewien, że ostatecznie to właśnie go pogrążyło. Brhel, Gajdowie, a teraz pewnie i Ada mają go za fantastę, jeśli nie mitomana.

Zamknął program do odtwarzania filmów i wyjął elegancki pen, który przekazała mu Brhel, kiedy spotkali się po raz pierwszy. Powinien zwrócić dysk, a pamięci na komputerze miał za mało, żeby wszystko skopiować. Zresztą sprawa z jego strony była już zamknięta. Na co mu te dane? Mimo to schował dysk głęboko do walizki i zajął się zamykaniem kolejnych stron. Zawahał się, kiedy natrafił na blog Miłki „Porcelanowe aniołki". Z tego wszystkiego nie zdążył rzetelnie go przejrzeć. Przeleciał szybko po ostatnich wpisach i dotarł do starych, jeszcze sprzed jej pierwszego pobytu w Koćwinie.

Miłka miała talent do pisania. Jej styl był jasny, klarowny – aż chciało się czytać dalej. Gdyby jeszcze chociaż raz miał okazję się z nią spotkać, z pewnością by jej to powiedział. Pomiędzy wpisami dziewczyna wrzucała zdjęcia. Jakub kliknął w jedną z galerii. Oglądał pobieżnie relacje z obozu, na którym nie miała więcej niż dwanaście lat. Nagle zatrzymał się i przyjrzał fotografii. Obok siebie stali Tomasz Bernaś z jakąś dziewczynką i Linda Werendarz z córką. Przybliżył obraz. Tych czworo wyraźnie się obejmowało, jakby byli rodziną. Dziewczynka zaś, która stała obok Bernasia, to musiała być dużo młodsza Róża. A więc miał dowód, że tych dwoje znało się już wtedy. Podobnie jak obie pacjentki. Za nimi, w niewielkiej odległości, spostrzegł chłopaka z koralikami na szyi. Choć nie był umalowany i w damskim ubraniu, Kuba bez trudu rozpoznał młodą Giselle.

Rozległ się dzwonek i do drzwi zastukała ekipa sprzątająca. Jakub zamknął klapkę laptopa, pozbierał swoje rzeczy, po czym sięgnął do koperty, którą dała mu Urszula. Do kieszeni sprzątaczki powędrowała jedna z setek, a Kuba zapytał:

– Poleci mi pani tani motel, gdzie nie proszą o dokumenty, a moje auto będzie bezpieczne?

Kraków, Nowa Huta, aleja Przyjaźni

Tym razem Kuba nie trudził się dzwonieniem domofonem. Zaczekał, aż któryś z lokatorów wyjdzie z klatki, i ruszył prosto na piętro, gdzie mieszkali Bernasiowie. Zastukał pewnie w drzwi, a potem zawołał:

– Przesyłka dla sąsiadów. Mogę u was zostawić?

Drzwi otworzył Willie, ale na widok Jakuba natychmiast próbował je zatrzasnąć. Nie zdążył, bo Sobieski mocno pchnął skrzydło, aż chłopak zatoczył się na ścianę.

– Matka w domu? – huknął na niego groźnie detektyw. – Wiesz już, kim jestem, więc nie ściemniaj.

– W kuchni – mruknął Willie, odsuwając się jeszcze o krok. – Usypia małego.

– Gdzie masz swój pokój?

Willie pokręcił przecząco głową.

– Prowadź, bo narobię hałasu – ostrzegł go szeptem Jakub. – Nic ci się nie stanie, jeśli ze mną pogadasz. Twój ojciec prędko nie wyjdzie. Chyba chcesz mu pomóc?

To ostatecznie przekonało chłopaka. Westchnął niezadowolony, ale pokazał pomieszczenie w głębi litery L. Kuba szedł za nim, starając się nie strącić żadnej z rzeczy zawieszonych po obu stronach na ścianach. Były tam półki z rupieciami, ubrania na wieszakach, jakieś garnki, książki i stare obuwie w koszykach. Ledwie się przedostali przez ciasny korytarzyk i oczom Jakuba ukazało się lokum Williego. O dziwo, kanciapa, bo trudno nazwać to dwunastometrowe pomieszczenie pokojem, była przytulna i niezagracona. Plakaty, kwiaty doniczkowe i manekiny z upiętymi tkaninami.

– Interesujesz się modą? – zagaił Jakub.

– Trochę – mruknął chłopak. – A co ci do tego?

– Pewnie myślisz, że będziesz polskim MacQueenem.

– To było tysiące lat temu. Na tym się zatrzymałeś? – Willie wydął wargi. – Czego chcesz?

Jakub przeglądał przedmioty stojące na półkach. Nożyczki, sznurki, jakieś tasiemki i pojemniki z koralikami.

– Wiem, że wystawiłeś mnie ojcu – zaczął. – I bądź pewien, że nie mam żalu, chociaż powinienem ci obić za to mordę, a twój stary pewnie by tak zrobił na moim miejscu. Bije cię?

Młody zaczerwienił się, ale zaprzeczył gwałtownie.

– O tym chcesz gadać? – zaatakował. – Teraz udajesz kuratora z opieki?

– Od kiedy sprzedajesz prochy transom?

– Nie wiem, o czym mówisz.

– Giselle zniknęła. Jak znajdą ją uszkodzoną, będziesz w poprawczaku. Zadbam o to.

– Możesz sobie gadać – zaczął się wymądrzać Willie. – Nic na mnie nie masz.

Kuba odstawił koraliki i wyciągnął sobie spod biurka designerskie krzesło, którego pokrowiec z pewnością uszył Willie. Przypominało motywem prace Warhola.

– Zdolny jesteś – zauważył Kuba. – Nie szkoda ci życia na takie pierdoły jak dilowanie prochami? Może czas zmądrzeć? Że nie wspomnę już o tym, co te leki robią twoim klientom na głowę.

– Żyć z czegoś trzeba – wymamrotał Willie. – A ja tam nie wiem, co noszę i komu. Pobieram forsę, przynoszę przesyłkę i wracam do chaty. Mam swój świat. Kto inny zbiera zlecenia.

– Twój stary?

– Nie wiem – skłamał chłopak.

Kuba wyszukał w telefonie screen zdjęcia, które znalazł na blogu „Porcelanowe aniołki".

– Ta kobieta była u was, kiedy pierwszy raz się widzieliśmy – zaczął. – Wiesz, że to zabójczyni?

Willie nawet nie patrzył w ekran.

– Nie musisz się bać. Ona raczej nie wyjdzie. Co najwyżej, żeby zmniejszyć sobie wyrok, wsypie twojego ojca, ciebie i wszystkich, kogo kojarzy z waszej paczki. Rozumiesz?

Chłopak zbladł. Nie ukrywał już strachu.

– Ja tylko nosiłem przesyłki – zaczął i urwał. – Czego ode mnie chcesz? Aresztujesz mnie?

– A mam za co? – Jakub się uśmiechnął i sam sobie odpowiedział: – Pewnie, że coś się znajdzie. Możemy sobie nawzajem pomóc.

Willie spoglądał na detektywa spod oka.

– Jak to było z Różą? Byłeś z jej towarzystwem na bulwarach tej nocy?

Chłopak wykonał nieokreślony ruch głową.

– A więc byłeś – odpowiedział za niego Kuba. – To była ustawiona akcja. Mam rację? Twoja siostra miała dać się zamknąć w psychiatryku, a potem obłaskawić Artema i Tamarę, żeby przed wyjściem ukraść partię leków ze szpitala. Po co ich potrzebowaliście?

– Nie wiem! – Chłopak podniósł głos. – W ogóle nie wiem, co do mnie rozmawiasz!

– Mówisz – skorygował Sobieski. – Co do mnie mówisz!

– Odpierdol się! Nie wiem, o co ci chodzi.

– Tak było? – Jakub nie odpuszczał. – Myśleliście, że zostawią ją na oddziale dzień czy dwa, a nie cały tydzień. Kto to wymyślił? Pewnie Linda Werendarz i jak znam życie, twój stary był przeciwny, ale ona go zmusiła.

– Ja nic nie wiem!

– To staje się nudne – mruknął Jakub. – Więc powiem ci, jak było. Róża piła i przypaliła co nieco na bulwarach, a jak ich zgarnęli, grzecznie dała się zamknąć w szpitalu. Tatuś obiecał, że szybko ją wyciągnie. Miała tylko dać znać, kiedy będzie odbiór towaru. I dobrze sobie radziła, chociaż twój staruszek bał się o nią i kombinował, jak dostarczyć jej broń do wariatkowa. Babci powiedział, że włożył nóż do ptasiego mleczka, ale tak naprawdę to były żyletki. Róża puściła je w obieg, a pacjenci zaczęli o nie walczyć. Zrobiło się zamieszanie. Jeden chłopak trafił na OIOM, reszta do izolatek i w pasy. To były świetne warunki do zrobienia skoku na szafkę pielęgniarek. Nie wiem, czy zamówienie było na konkretne prochy, czy miała zgarnąć, co się da, ale ten skok się udał. Wieczorem przed wyjściem zadzwoniła do ojca i powiadomiła, że można odebrać towar. Pytanie mam do ciebie jedno. Kto poszedł? Ty czy Giselle?

– Giselle?! – żachnął się Willie. – Sądzisz, że tato by jej zaufał? *No way*. Ona zwiałaby z towarem i pewnie skończyłaby w Wiśle. To narkomanka.

– Więc ty.

Willie stanowczo pokręcił głową.

– Miałem pokaz – oświadczył. – Możesz sobie sprawdzić w domu kultury, a w socjalach jest mnóstwo zdjęć z moją facjatą i fankami. Bo mam ich już trochę, chociaż ciebie to pewnie mało obchodzi.

Kuba milczał znacząco. Czyżby Willie właśnie potwierdził jego karkołomną hipotezę, którą storpedowały Brhel, Urszula Gajda, a nawet Ada?

– Więc kto poszedł po odbiór leków?

Willie sięgnął do swoich perełek i zaczął je miętosić. Trwało to już zbyt długo i Kuba rozważał: straszyć go mocniej czy lepiej obłaskawiać komplementami, bo działały skuteczniej. Nagle Willie wypalił:

– Franek, były Róży. On poszedł. Znał to miejsce. Wiele razy bywał w Koćwinie na terapii.

Sobieski nie mógł uwierzyć w swoje szczęście.

– Ten sam, który był z Różą na bulwarach, jak ich zgarniali?

– To on podsunął pomysł na całą akcję – podkreślił Willie. – Franek wiedział, że nieletnich muszą zabrać na SOR, a potem do psychiatryka. Mówił, że nic jej się tam nie stanie, a jak będzie miła i towarzyska, to może przeżyje fajną przygodę. Róża lubiła takie chore akcje. Nie bała się nic a nic. Nie to co tato. Ale nie mów, że ci wygadałem. Tęsknię za nią. Z całego rodzeństwa była najfajniejsza. Była moją ulubioną siostrą, chociaż nieprawdziwą. Wszyscy to przeżyliśmy. A ojciec najbardziej. Obwinia się, że to przez niego.

– I ma rację – wyburczał Jakub. – To dlatego tak dziwnie się zachowywał?

– No – potwierdził Willie. – Drze się, zrobił się drażliwy i znów pije. Ciebie wzięli na grilla, bo myśleli, że już wtedy wszystko wyczaiłeś. A potem się zjebało. Boję się, co zrobimy, jak tato nie wyjdzie.

– Willie był bliski płaczu. Nie przypominał już zblazowanego nastolatka, tylko dziecko, które wymaga opieki.

– Dzięki – wychrypiał Jakub. – I nie martw się. Wszystko się ułoży. Jeśli twój ojciec pójdzie na współpracę i wyda Werendarz, nie dostanie dużego wyroku. Co innego, jeśli z nią współpracował. Sprawa wypchnięcia pielęgniarki jest zakwalifikowana jako zabójstwo. To o wiele poważniejsze niż handlowanie prochami.

– Idź już – poprosił Willie. I dodał błagalnie: – Ale jakbyśmy się gdzieś spiknęli, udawaj, że mnie nie znasz. Chłopaki mnie zajebią, że się wysypałem.

– Nikt się nie dowie – zapewnił Kuba. – Chociaż kiedy sprawa wyjdzie, będziesz musiał złożyć oficjalne zeznanie.

– Ale ty nie jesteś gliną?

Kuba pokręcił głową.

– Na razie to zostanie między nami. Jak się dalej ułoży, zobaczymy.

– Słabo – mruknął Willie i zamknął się w sobie.

– Radzę ci, jeśli do ciebie przyjdą, nie kłam.

– Co nie znaczy, że muszę im ułatwiać. – Chłopak rozciągnął usta w uśmiechu i Jakub uświadomił sobie, że pierwszy raz widzi jego zęby, na których miał modny pastelowy aparat ortodontyczny.

Musiał być jednak niedopasowany, bo dziąsła chłopaka krwawiły i wyglądał groteskowo, z czego z pewnością nie zdawał sobie sprawy.

– Gdzie znajdę tego Franka i ekipę Róży? – Podsunął Williemu swój notesik do zapisania adresów, ale młody pierwszy raz pokręcił głową, a ten upiorny uśmiech zamarł mu na twarzy.

– Franek nie żyje – wyszeptał. – Całe miasto było zablokowane, bo jak wpadł pod tramwaj, to powstał megakorek. To chyba było dzień wcześniej, jak do nas przyszedłeś. Dlatego byłem taki nabuzowany.

***

Rodzice Franka mieszkali na Woli Justowskiej, a ich rezydencja była nie mniej imponująca niż dom mecenas Anity Brhel. Jakub przyjechał bez umawiania się i z miejsca zadzwonił wideodomofonem. Liczył się z tym, że rodzice młodzieńca przegonią go z kwitkiem, ale gdy tylko się przedstawił i lakonicznie wyjaśnił powód swojej wizyty, do furtki podeszła starszawa kobieta w czarnej ołówkowej spódnicy i jedwabnej bluzce w tym samym kolorze. Z daleka widać było, że jest w żałobie. Detektyw gorączkowo zaczął przepraszać za najście, ale ona weszła mu w słowo i nie dała dokończyć.

– Pani Sandra Kłopoczek czeka w gościnnym, a ja jestem tylko menedżerem tego domu – wyjaśniła. – Czego się pan napije i jak długo zamierza zabawić? Przepraszam, że jestem taka obcesowa, ale po południu karawan przywiezie ciało panicza. Wolałabym, żeby do tego czasu wasze spotkanie się skończyło. Sam pan chyba to rozumie... Zjedzie się rodzina. Trzeba wszystkich zakwaterować i nakarmić.

Jakub miał wrażenie, że się przesłyszał.

– Panicza Franka? – upewnił się.

– Naszego Franciszka. Jedyne dziecko państwa Kłopoczek i dziedzica. – Zarządczyni pokiwała głową, po czym podniosła chudą dłoń do twarzy. Dyskretnie potarła oko, ale zaraz odwróciła głowę, jakby łzy w towarzystwie obcego to był jakiś wstyd. Kiedy kontynuowała, znów była urzędowo uprzejma. – To wielka tragedia dla państwa Kłopoczek. Proszę być delikatnym, bo pani i tak ledwie się trzyma, a pogrzeb dopiero jutro. Boimy się, żeby dziennikarze nie zaburzyli ceremonii. Nikt nie chce, żeby się rozniosło, że Franio odszedł w taki sposób.

Jakub nic nie odpowiedział. Wiedział już, że wybrał jak najgorszy moment na wizytę, ale nie miał wyjścia. Być może innej okazji nie będzie.

– Pan Sobieski – zaanonsowała go po wejściu, po czym odwróciła się do Jakuba z wyciągniętą ręką, żeby wziąć jego okrycie.

Jakub wahał się przez chwilę, czy jego zniszczona kurtka godna jest takiego traktowania, ale pośpiesznie ściągnął ją z grzbietu i wręczył zarządczyni. Miał nadzieję, że ona wreszcie sobie pójdzie, ale stała wciąż w miejscu, wpatrując się w jakiś daleki punkt w tej ogromnej przestrzeni, i dopiero po chwili spostrzegł brunetkę, która spoczywała na monstrualnej czarnej kanapie. Ponieważ ona również odziana była w żałobny strój, niemal całkowicie zlewała się z meblem.

– Proszę do mnie! – Gospodyni zachęciła go gestem. Odłożyła na metalowy stolik woreczek z lodem, który przykładała do czoła. – Ja nie mam siły wstać. Przepraszam, ale nie podam panu ręki. Migrena...

– Nic nie szkodzi – mruknął Jakub i ruszył w jej kierunku.

Salon był wielkości małego boiska. Jasny, imponująco urządzony. Na każdej ścianie wisiało jakieś dzieło sztuki, a jedna z nich, składająca się wyłącznie z okien, ujawniała wspaniały widok na ogród, w którego samym środku majaczył basen.

– Wiem, że to nieodpowiednia pora – zaczął Jakub.

– Moje kondolencje. – Odchrząknął. – Prowadzę śledztwo w sprawie zabójstwa w szpitalu i mogę jedynie obiecać, że nie zajmę wiele czasu.

– Niech pan nie przeprasza – westchnęła Sandra. – Nasz Franio był tam kilka razy. Nie zdziwiło mnie, że doszło do czegoś takiego. To straszne miejsce.

– Wszyscy mówią to samo – bąknął.

– Powinien pan pójść i zobaczyć to na własne oczy. Warunki wołają o pomstę do nieba!

– Tak się składa, że byłem tam i widziałem – zgodził się z nią, po czym zdecydował się delikatnie naprowadzić ją na temat, z którym przyszedł. – Kiedy ostatni raz syn był hospitalizowany?

– Dokładnie nie potrafię powiedzieć. – Zawahała się. – Mąż to archiwizuje. Przypuszczam, że kilka tygodni przed swoimi osiemnastymi urodzinami. W sumie zabraliśmy go na własne życzenie. Profesor Kiryluk uprzedziła nas, że w przeciwnym razie będzie musiała go przenieść na oddział dla dorosłych, a pan wie, co tam się wydarzyło? Zgwałcono koleżankę Frania. Miła dziewczyna. Biedactwo miała dopiero piętnaście lat. To zostawi ślad na całe życie. Jeszcze przy jej problemach... Na szczęście udało się syna przenieść do prywatnej placówki. To była jego ostatnia wizyta w szpitalu tej rangi. Prawdę mówiąc, myśleliśmy, że będzie już lepiej. Nikt z nas nie spodziewał się kolejnej próby. Tym razem skutecznej...

Jakub szybko policzył w myślach.

– A więc Franek i Milena Jarosławiec się znali?

– Znali się, a nawet przyjaźnili – podkreśliła Sandra Kłopoczek. – Kiedyś praktycznie wszyscy znajomi syna to byli pensjonariusze szpitali psychiatrycznych. Jeśli pan jeszcze tego nie wie, to norma. Oni rozumieją się nawzajem, wspierają i te więzi są naprawdę trwałe. To są emocjonalne dzieciaki. Ich stan i pochodzenie bywa różne, ale jedno jest pewne. Przyjaźnie umieją pielęgnować. Franio korespondował z różnymi nastolatkami, nawet z odległych miast. To rodzaj ciasnej społeczności. Jak trzeba było iść do ośrodka, wiedział o tym miejscu więcej niż my, bo mają swoje fora, grupy w internecie...

– Jak „Porcelanowe aniołki"?

– Och, zna pan blog Miłki? – ucieszyła się Sandra. – Myślałam, że po tragedii, jaka ją dotknęła, strona przestała istnieć.

– Nowych wpisów faktycznie nie ma od dawna – przyznał Jakub. – Ale blog żyje własnym życiem. Na forach cały czas są nowe dyskusje. Nie wszystkie są jawne.

Wyjął komórkę. Pokazał matce Franka.

– Te na przykład utajnił administrator. Data z wczoraj. – Przerwał. – Miłka nie mogła tego zrobić, bo przebywa w Koćwinie.

Kobieta zerknęła na ekran bez zaangażowania.

– Pewnie jakiś wolontariusz – wyjaśniła, oddając mu telefon. – Żadna tajemnica, że istnieje grupa rodziców, która mocno się angażuje. No i jest jeszcze Dobry Anioł.

– Znam księdza Żmudzińskiego – podchwycił Jakub. – Prawdę mówiąc, tylko dzięki niemu miałem szansę pomówić z młodzieżą. Ze strony pracowników szpitala nie dostałem żadnego wsparcia, a okazało się, że młodzi ludzie chcą mówić. W każdym razie Dobry Anioł wymyślił fortel – wyznał Jakub i umilkł.

– Najważniejsze, że udało się zebrać dane.

– Cały ksiądz Janek. – Kobieta uśmiechnęła się smutno. – Wszyscy wiele mu zawdzięczamy. Skąd on ma siłę, żeby tyle lat prowadzić swoją misję? To chyba kwestia wiary. Trochę mu jej zazdroszczę, bo we mnie jest tak dużo gniewu, że nie jestem pewna, czy mam prawo mienić się chrześcijanką. Nie umiem nadstawiać drugiego policzka. Bliżej mi do maksymy „oko za oko, ząb za ząb". Ile to razy kłóciliśmy się o to z Frankiem... Mówił mi, że interesują mnie tylko pieniądze, zyski, a ja przecież też jestem lekarzem. To, że prowadzę sieć klinik i nie noszę kitla, niczego nie zmienia. Składałam przysięgę Hipokratesa i znam jej wagę. Ale to pana nie interesuje. – Umilkła, ale zaraz dokończyła. – Dobry Anioł monitoruje forum „Porcelanowych aniołków" i kiedy nastolatki piszą coś o samobójstwie, stara się ich od tego odwieść. Może pan wierzyć lub nie, ale te działania są nielegalne. Nie wolno nikomu, kto nie ma certyfikatu, doradzać młodzieży i każdy, kto to zauważy, powinien natychmiast informować o tym policję. Wie pan, co oni wtedy robią? Nic, dosłownie – zaperzyła się. – Dopóki nie ma próby samobójczej, nie mogą nic zrobić. Nawet odwieźć dziecka do szpitala. To już rozmowa na tematy polityczne. Nie ma w tym kraju przychodni, do której można się udać w środku nocy, w święta, takiej psychologicznej izby przyjęć, gdzie dziecko może pogadać z fachowcem. Gdyby coś takiego było, cała psychiatria dziecięca wyglądałaby inaczej. Więc wspólnie uznaliśmy, że będziemy utajniać te posty, bo dzieciaki czasami mają słabszy moment i chcą się po prostu wygadać. A jeśli nie mają komu, kończy się jak u mojego syna...

– Czy to znaczy, że pod tymi wszystkimi ukrytymi postami toczą się dyskusje? – upewnił się Jakub.

– Toczą się lub toczyły – padło w odpowiedzi.

Kuba szybko przewinął do daty zabójstwa Róży.

– Kto ma do nich dostęp?

– Ci, którzy znają hasło.

– Poda mi je pani? – poprosił, zanim to przemyślał.

Kobieta wstała. Podeszła do blatu i nacisnęła guzik. Usłyszał głos zarządczyni domu.

– Co z tą herbatą? – rzuciła opryskliwie gospodyni.

– Gość wyjdzie, zanim dostaniemy coś ciepłego do picia.

– Przepraszam, pani Sandro – zaskrzeczało z urządzenia. – Kierowca dzwonił, że odebrał już wszystkich z lotniska. Zajęłam się ścieleniem łóżek i na śmierć zapomniałam.

– Nie mów do mnie takich rzeczy – fuknęła Sandra. – I przynieś zaraz tę herbatę dla gościa. A dla mnie jeszcze jeden środek przeciwbólowy. Czaszka mi pęka.

Rozłączyła się i wróciła na swoje miejsce, ale tym razem już została w pozycji siedzącej. Jakub wpatrywał się w wodę kapiącą z woreczka z lodem.

– Zabierze to, jak przyjdzie z herbatą – wyjaśniła gospodyni, gdy dostrzegła jego spojrzenie.

– Nie chcę robić kłopotu – rzucił cicho. – Naprawdę niczego nie potrzebuję.

– Ależ prosi mnie pan o ujawnienie sekretu – zdenerwowała się nagle pani Kłopoczek. – Zatrudnili pana rodzice Gabrysi. Nie rozumiem, dlaczego sami nie podali panu tych danych!

– Znają je? – zdziwił się Jakub.

– Oczywiście! Ryś wiele razy pisał na forum, a ja mu odpisywałam. Nie wierzę, że Gajdowie nie znają hasła!

– Prawdę mówiąc, nie wspominali nic o tej stronie – przyznał Sobieski. – O „Porcelanowych aniołkach" dowiedziałem się z innego źródła. Nie wiedziałem też, że Ryś znał się z Frankiem i Miłką.

– To już pan wie – parsknęła kobieta. – Gajdowie to specyficzna rodzina. Pewnie, że każda jest wypaczona na swój własny sposób, ale ojciec Rysia nie potrafi się zmusić, żeby zaakceptować jego ksywę, a co dopiero orientację. Tak między nami mówiąc, zależało mu wyłącznie na tym, żeby ubezwłasnowolnić córkę i zabezpieczyć swój majątek. Jakby było co zabezpieczać, bo przecież wiadomo, że jadą na kredytach!

– Znacie się, widzę, dość dobrze – rzucił Jakub.

– O tyle, o ile. Jak się ma dziecko w kryzysie, wcześniej czy później w jakiejś placówce człowiek się przetnie z innym rodzicem. Nie powiem, że jestem ich dobrą znajomą. Nie pochwalałam nigdy homofobicznego podejścia Gajdy. Dziwię się, że po tej całej sytuacji w szpitalu zdecydował się na prywatnego detektywa. Miałam wrażenie, że każdy scenariusz odizolowania Rysia od społeczeństwa jest mu na rękę. Co innego Urszula. Kłębek emocji, zero rozsądku. To pewnie ona wymogła na mężu pana usługi. – Skrzywiła się znacząco. – Chociaż muszę powiedzieć, że i z nią nie jest najlepiej, ale proszę zachować to dla siebie.

– To są całkowicie nowe informacje – przyznał Sobieski. – Sprawę przedstawiono mi inaczej.

– Nie wątpię.
– Paweł Gajda musiał zaleźć pani za skórę.
– On i jego żona są totalnie toksyczni – fuknęła Sandra ze złością. – Nie mnie to oceniać, bo sami nie wiemy z mężem, dlaczego nasz Franek zachorował, ale nie dziwię się, że Ryś się samookaleczał i podejmował próby. Już na pierwszy rzut oka widać, że Gajda to tyran. Nie da się sprostać jego oczekiwaniom. A ta jego żoneczka! Ona to jest dopiero cyrkówka!
– Co pani ma na myśli?
– Wie pan, wcześniej siedziałam cicho i się nie wtrącałam, ale teraz mam już tego dosyć. Mój syn nie żyje, zostaliśmy sami, a wraz z jego śmiercią nasza przygoda z tym towarzystwem dobiegła końca. – Zniżyła głos do szeptu. – Jak ostatni raz Franek był w Koćwinie, były tam też Miłka i Ryś. Wiem na pewno, że matka Miłki dostarczała im prochy, po których było z nimi bardzo, bardzo źle. Powiedziałam o tym ojcu Rysia, a on obiecał, że coś z tym zrobi. Chwalił się, że jest byłym gliniarzem i tak tego nie zostawi. Nie wiemy, bo nikt tego nie badał, ale może ten pacjent, który zgwałcił Miłkę, też dostał leki od Werendarz? Bardzo liczyłam, że Gajda już wtedy zrobi z nią porządek. Bo ona wykorzystywała słabość i kryzysy swojej córki, żeby handlować nielegalnymi lekami. I co z tego wyszło? Całe nic. Nabrał wody w usta i od tamtej pory nie odbiera moich telefonów. A jednak wiem, że mój Franek coś brał. Ile razy widziałam u niego puste opakowania po lekach. Kiedy wskoczył pod ten tramwaj, był naszprycowany jak narkoman. – Podniosła dłoń do ust. – Tylko pan tego nie zdradzi mediom. Cały mój zespół marketingu walczył, żeby

to zatuszować. Też działam w służbie zdrowia. Ujawnienie stanu mojego syna w momencie śmierci mogłoby doprowadzić nas do bankructwa.

– Czym zajmują się pani kliniki?

– Stomatologia i medycyna estetyczna. Mąż pracuje dla mnie. Ma kilka spółek z obszaru marketingu internetowego, nowych technologii i platform e-commerce. Gdyby nie jego wsparcie, nie mielibyśmy klientów, bo konkurencja w branży jest wyjątkowo ostra. I co z tego? – Zamyśliła się. – Pracujemy od rana do świtu, a teraz nie będzie komu zostawić majątku. Jeśli pan chce zapytać, co poszło nie tak z wychowaniem dziecka, to powiem wprost: nie wiem. Franio miał wszystko, czegokolwiek chciał. Dałabym mu gwiazdkę z nieba. Pieniędzy nigdy mu nie żałowaliśmy. Ale może właśnie dlatego uciekał w swój świat i został narkomanem. Niech pan mi wierzy, ten nałóg niczym się nie różni od kokainy czy innych twardych używek. Zresztą bardzo wiele dzieciaków z problemami psychicznymi po prostu ćpa.

Jakub wysłuchał jej żalów i odważył się przejść do właściwego tematu.

– Muszę panią o coś spytać. Proszę się zastanowić i powiedzieć szczerze. To naprawdę ważne – zaczął.

– Ostrzegam, że mogę sprawić pani ból.

– Niech pan po prostu pyta – odparła zniechęcona.

– Nie potrzebuję litości. Wszystko, co przeżyliśmy za sprawą Franka, zakończyło się wraz z jego śmiercią. Jesteśmy zrozpaczeni, ale – choć trudno to wyjaśnić – czujemy pewnego rodzaju ulgę. Tak, chcę wierzyć, że tam jest mu lepiej. Tylko dlatego zgodziłam się mówić z panem w takiej chwili. Więc?

– Czy w wieczór zabójstwa Róży pani syn był w domu?

Nawet jeśli kobieta spodziewała się najgorszego, to chyba nie podobnego pytania, bo otworzyła szerzej oczy i nabrała więcej powietrza, jakby zamierzała się głęboko zanurzyć.

– Wiem, że to z nim, jego kolegami i jeszcze jedną dziewczyną siedzieli wieczorem na bulwarach tydzień wcześniej. Franek trafił do izby wytrzeźwień, jak pozostali, a Różę zawieziono na SOR.

– Pamiętam to oczywiście – potwierdziła ledwie słyszalnie. – Mąż zaraz wydzwonił adwokata i syn jeszcze tej samej nocy wrócił do domu. Nie do końca rozumiem, co pan chce powiedzieć, pytając mnie o wieczór zbrodni na tej dziewczynie.

– Więc potwierdza pani, że syn znał się z Różą? Byli parą?

– O nie – zaprzeczyła Sandra. – Spotykali się kiedyś, jakiś rok wcześniej, ale nic z tego nie wyszło. Róża go nie chciała. Syn trochę popłakał, zrobił kilka dram i tyle. Odetchnęłam z ulgą, bo to nie była partia dla niego. Prawdę mówiąc, wcale mi się nie podobało, że są w kontakcie. A jeśli już pan pyta, to syn był zakochany w kimś zupełnie innym. W dziewczynie, którą poznał w szpitalu. Oczywiście – parsknęła – praktycznie się nie widywali. Pisali do siebie listy, gadali na forach i wysyłali sobie zdjęcia. Widzieli się może kilka razy w życiu, nie licząc tego czasu, który spędzili razem w szpitalu.

– W Koćwinie?

– Nie. – Pokręciła głową. – To była prywatna klinika w Bolesławcu. Droga, ale renomowana placówka.

Mówiłam panu, że po tej terapii Franio już nigdy nie był hospitalizowany. Sądziliśmy, że wyszedł na prostą. Musi pan wiedzieć, że Franio był kiedyś zupełnie innym chłopcem. Kapitan drużyny koszykówki, najlepszy uczeń w klasie. A ta dziewczyna dobrze na niego działała. Na początku był jak odmieniony. Znów się uczył, myślał o studiach. Martwił się tylko, że ona jest dla niego za młoda.

– Co to za dziewczyna? – Jakub nie wytrzymał. – Zna pani jej nazwisko?

Sandra Kłopoczek podniosła głowę i zmarszczyła czoło.

– Jakaś Anastazja. Gdyby pan chciał, mogę sprawdzić w jego mediach. To jest istotne?

Jakub długo nie odpowiadał. Myślał szybko. Układał dane.

– Może być bardzo istotne – zapewnił wreszcie. – Ale ważniejsze dla mnie jest teraz to drugie pytanie, na które pani wciąż nie odpowiedziała.

– Gdzie Franio był w wieczór zabójstwa Róży Bernaś? – Znów podniosła dłoń do ust i Kuba miał wrażenie, że kobieta zaraz zemdleje. – Nie wiem – szepnęła. – Ale nie było go w domu. Nawet się martwiłam, czy nie miał z tym nic wspólnego, kiedy powiedzieli w Wiadomościach, że w Koćwinie doszło do zbrodni.

– Dlaczego pani się martwiła?

– Bo, bo… – Sandra Kłopoczek nagle zaczęła się jąkać. – Bo z synem było coraz gorzej. Przestał z nami rozmawiać, a potem podjął kolejną próbę… Co zażył, nie wiem, ale na szczęście udało nam się zmusić go do wymiotów.

– Wezwała pani karetkę?

– Nie, nie. Po prostu położyłam go spać. Zaraz przyjechałaby policja. Nie chciałam nikogo w to mieszać. Po tylu razach wiemy już, co robić w takich sytuacjach – zapewniła. – Pan myśli, że... – Przerwała.

– Mam powody przypuszczać, że Franek dostał się jakoś do szpitala. Ponoć istnieje klucz do starych drzwi kotłowni, którymi można wejść na zamknięty oddział dla dorosłych, a potem tajnym przejściem, które dzieciaki zrobiły, żeby chodzić tam palić, przesiadywać, uciekać przed personelem, można przedostać się na oddział dziecięcy.

– To niemożliwe! Mój syn nie jest mordercą! – Podniosła głos. – Był, o Boże, przecież on nie żyje! Niech pan natychmiast stąd idzie! Nie chcę już tego wszystkiego słuchać.

– Pani Sandro! – Jakub chwycił kobietę za rękę. – Proszę się uspokoić. Dlaczego martwiła się pani, czy syn nie miał nic wspólnego ze zbrodnią na Róży? Proszę odpowiedzieć – powtórzył. – Wrócił zakrwawiony? Widziała pani jakieś obrażenia?

Sandra gwałtownie pokręciła głową, zacisnęła usta i starała się oddychać nosem.

– Podam panu to hasło – wypaliła nagle. – Sam musi pan przeczytać, co Franek napisał, i wtedy pan zrozumie. Mój syn na „Porcelanowych aniołkach" używał nicku Zoloft. Teraz, kiedy już to wszystko wiem, a Franio nie żyje, jestem przerażona. Pyta pan, czy on naprawdę mógł tam pójść? Tak, to możliwe. Ale nie chciał nikogo zabić, chciał tylko odzyskać ukochaną. Jestem tego pewna.

***

Porcelanowe aniołki, 11.02, godz. 13:32

Zoloft:
Myszka, dostałem twój list i jestem rozjebany
 nawet nie mogę ci odpisać, bo niby jak (qrw); nie, nie, jeszcze raz nie! nie zgadzam się! nie wierzę ci!!!!!!
to, co między nami było, co nas łączy, wszystkie te rzeczy, sekrety, tajemnice i nasza miłość... to było prawdziwe
 nie słucham tych bzdur, że ty teraz kochasz inaczej, że to przemyślałaś, chociaż wierzę ci, że jestem twoim jedynym przyjacielem... jestem, to na pewno!
 ktoś kazał ci to napisać (wiem kto!!!!), to nawet nie są twoje słowa, wiem, że ty myślisz inaczej; jesteś moja na zawsze, tylko ty mnie rozumiesz, baw się, dam ci czas, ale nie odtrącaj mnie, daj mi szansę, to nie może się tak skończyć
 przecież ja żyję i czekam, aż ty wrócisz i będziemy razem
 matce powiedziałem, że pójdę na studia, z ojcem też jest lepiej, gnój z niego jak zawsze, ale twój nie lepszy, nic już nie mam, chcę się zabić i zapomnieć, żeby nie bolało; może powiesz, że jestem mięczak, ale nie wierzę, że ty mnie rzucasz; i to jeszcze dla kogo!!!!
 znam ją, ona nie jest tego warta, to wszystko zaraz się skończy, ze mną też się tak bawiła, nie słuchaj, to tylko obietnice i pogadanki, żeby cię wkręcić, a tak naprawdę ona myśli tylko o sobie
 napisz do mnie, niech ktoś powie mojej Myszce, że zostawiam jej wiadomość na Aniołkach
 wiem, że wchodzicie, wiem, że to czytacie

jak nikt nic nie zrobi, zabiję się; moje życie nie ma sensu bez Niej; jesteś jedyną dobrą rzeczą, którą miałem, nie odbieraj mi tego

JanAleksander:
Zoloft wiem, że ci trudno, ale w życiu są takie chwile, kiedy człowiek musi zmierzyć się sam ze sobą. I „sam" tutaj jest bardzo ważne. Cierpienie pokazuje nam, czego tak naprawdę pragniemy. Patrz na to nie jak na porażkę, tylko na nowe otwarcie. Świat do ciebie mówi. Miłość, którą otrzymałeś, jest w tobie. Ty ją wyprodukowałeś. Nie trać wiary, bo wszystko, dosłownie wszystko, można odwrócić.

Zoloft
Śmierć jest nieodwracalna

Zoloft
Idę w tamtym kierunku. Myszka, jak się nie odezwiesz, to idę tam
rozumiesz?
przekażcie jej!

Zoloft
JanAleksander, ja słyszałem to już tyle razy i tyle razy ci uwierzyłem, ale teraz widzę, że to nie ma sensu bez niej jestem niczym, ona dla mnie jest wszystkim boli mnie jej zdrada, ale jestem gotów wybaczyć; jednego nie wybaczę: tego, że mnie oszukiwała, bo skoro napisała ten list (nie wierzę, że to ona!!! jeszcze daję ci szansę!!!)

JanAleksander, skoro mówiłeś, że Dżizus zmartwychwstał, to ja też dam radę :) może tam, na górze, jak Myszka umrze, będziemy mogli być razem (pamiętasz, kiedyś to planowaliśmy); a tamta to diabeł w czystej postaci (na pewno nie chciałbym, żeby i tam była z nami, uuu:) spierdolimy ci oboje i też wszystko stracisz, ale ty nawet nie wiesz, co to miłość, skąd?
ty nigdy nikogo nie kochałaś naprawdę

JanAleksander
Zoloft, gdzie jesteś? Chcesz pogadać z kimś normalnie? Nie tutaj? Widzę, że sprawa jest poważna. Mogę dojechać w każde miejsce. Coś uradzimy.

Admin876098*76<
Jak chcesz zobaczyć się ze swoją dziewczyną, to mogę pomóc.

Admin876098*76<
Zoloft mogę załatwić klucz, chcesz?

CharlesKing08
Elo, ja chcę, ile? Przejdź na priva

MarieAnton
Ktoś ma klucz!!! Yeeeeaaa!! A ja myślałam, że to bajka

Zoloft
Admin876098*76< każda cena/rezerwuję

Ten wątek został zakończony/ liczba usuniętych komentarzy 24

Część 4
SPRAWCA

22 lutego,
komenda policji, Kraków

– Na razie nadal to tylko hipoteza.

Sierżant Marta Kozak odłożyła na bok plik dokumentów, które Jakub ułożył w odpowiedniej kolejności. Dołączył też spis treści, żeby policjantka się nie pogubiła. Musiało mu wystarczyć maksymalnie pół godziny na przekonanie jej do swojej teorii. Na czternastą wybierała się do Koćwina po Gabrysię, żeby zabrać ją do sądu, który miał zadecydować o jej aresztowaniu na trzy miesiące. Dziewczynkę czekały przesłuchania i prawdopodobnie zatrzymanie. Na nic zdały się zabiegi mecenas Brhel, żeby nastolatka zaczekała na swój proces w szpitalu.

– Nie masz dowodów, że ten chłopak w krytycznym dniu był w Koćwinie – ciągnęła policjantka. – Obrazy z kamer na to nie wskazują. Jak Franek dostałby się tam bez samochodu? Dlaczego nikt z personelu go nie widział? Dlaczego żadna z dziewczyn, poza najbardziej zaburzoną Natalią, nie wspomniała o obcym na oddziale? A może jest tak, że na siłę próbujesz storpedować oskarżenie Gabrysi Gajdy? Starczy, że mecenas Brhel przedłoży to w sądzie, a wersja prokuratury zachwieje się niebezpiecznie – tak to sobie wykombinowałeś?

Spojrzała na niego z dezaprobatą, ale jej głos nie brzmiał zbyt przekonująco. Kuba wiedział, że ziarno niepewności zostało zasiane.

– Nie pracuję już dla Gajdów – oświadczył. – Wczoraj mnie zwolnili.

Policjantka była zszokowana i nie umiała tego ukryć.

– Więc co tu jeszcze robisz? – warknęła. – Nie masz prawa angażować się w sprawę. Wracaj do domu i zapomnij, że podjąłeś się tego śledztwa. Tracisz swój czas i mój – dorzuciła z wyrzutem. – Powiem ci, że to słabe. Jakim małym jesteś człowiekiem, żeby wykorzystywać martwego chłopaka do uniewinnienia sprawczyni zbrodni. Nie wstydzisz się?

– Gabrysia jest niewinna – powtórzył kolejny już raz. – Sama wiesz, że to inscenizacja. Nóż w ręku i jej odciski na narzędziu zbrodni to wszystko, co macie. A motyw? Dlaczego miałaby mordować swoją jedyną przyjaciółkę?

– Bo jest niezrównoważona? – wypaliła Kozak. – Nie możesz oceniać jej stanu psychicznego własną miarą. Oni myślą emocjami.

– To samo ci powtarzałem, kiedy tłumaczyłem, że to Franek Kłopoczek zaatakował Różę. Wtedy mi nie wierzyłaś!

– A on jaki miałby motyw?

– Odrzucenie, złamane serce, zazdrość. Mało ci? Motyw stary jak świat.

– Róża nie była obiektem jego westchnień. – Policjantka weszła mu w słowo. – Kochał się w tej szesnastolatce.

– Której nie przesłuchałaś – dorzucił Jakub.

– Z którą nie ma kontaktu od momentu, gdy znalazła ciało koleżanki.

– Zastanawiałaś się, dlaczego nie ma z nią kontaktu? Dlaczego Anastazja zapadła się w sobie? Czego nie chce wyznać? Czego się boi i co tak naprawdę nią wstrząsnęło? – zarzucił ją oskarżeniami. – Gdybyś prawidłowo wykonywała swoją pracę, prawnicy nie szarpaliby córki Gajdów, a Franek nie popełniłby samobójstwa.

– Gdyby babcia miała wąsy, byłaby dziadkiem! – burknęła Marta. – I nie mieszaj się do mojej roboty. Zajmij się lepiej swoją. Myślisz, że nie wiem o twoich oszustwach z księdzem Żmudzińskim? Uważasz, że jestem głupia i niedowidząca, ale mam swoje uszy i oczy w tym szpitalu. Donoszą mi o wszystkim.

– Więc może zapytaj tych swoich ucholi, kto wchodził tylnym wyjściem do szpitala, bo okazuje się, że ten klucz można kupić i pewnie niejeden Franek się tam dostawał. A jeszcze lepiej pogadaj z Anastazją. Ona musi złożyć zeznania! No, chyba że ciśniesz do umorzenia sprawy, ale bądź pewna, że Brhel nie odpuści. Znam ją krótko, ale to będzie jej główne paliwo, żeby storpedować akt oskarżenia.

– Niech próbuje – parsknęła Kozak. – Nic nie wskóra. Prokurator jest pewny swego. A z Anastazją nie da się gadać. Myślisz, że to olałam? Codziennie dzwonię do profesor Kiryluk i słyszę wciąż to samo: stan pacjentki się nie poprawia.

– Są tam inni pensjonariusze.

– Mam się przebrać za księdza i udawać ich koleżankę? Chyba na głowę upadłeś! Nic nie powiedzą. A te twoje rewelacje nie mają wartości procesowej. Skąd zresztą mam wiedzieć, czy sobie tego nie wymyśliłeś – zakończyła z satysfakcją.

Kuba położył komórkę na stole i włączył dyktafon. Z głośników popłynął głos Williego, a potem Karoliny.

– Mam też zeznanie matki Franka i Giselle, chociaż to raczej odprysk do sprawy Werendarz.

– Gratuluję. Metody iście szpiegowskie. – Kozak zaśmiała się gromko. – A niby w jakim charakterze miałabym to włączyć do akt? Chyba że chcesz mi to sprzedać i mam kłamać przed sądem, że sama zdobyłam te materiały operacyjnie?

– Starczy, że dogadasz się z prokuratorem i powołacie mnie na świadka. Zgodzę się – zapewnił. – A forsy nie chcę. Zależy mi tylko na tym, żeby niewinny dzieciak nie poszedł do pierdla. Jego matka ma rację. On tam nie wytrzyma. Nie uważasz, że wystarczy już tych śmierci?

Sierżant Kozak zacisnęła usta. Jakub mógł sobie pogratulować. Łamała się. Nie chciała jednak tak łatwo przyznać mu racji. To też wiedział.

– Motyw jest grubo zszywany – mruknęła. – Nawet jeśli chłopak tam był, niekoniecznie jest mordercą. Mógł spotkać się z Anastazją i powiedzmy, że się dogadali. Pytanie brzmi: skąd się wzięli w pokoju Róży i Rysia? Dlaczego miałby mordować swoją dobrą znajomą? Z zemsty? Bo odbiła mu dziewczynę? Skąd wziął nóż? Sorry, ale to bez sensu.

- Wręcz przeciwnie – bronił swoich racji Sobieski.
- Był zawiedziony, że Anastazja go rzuciła. Dowiedział się dla kogo. Męska zazdrość to motyw klasyk. Być może ona wcale go nie przyjęła z powrotem, co tym bardziej go rozjuszyło. Spotkali się w pokoju Róży i Rysia, bo było to jedyne miejsce w szpitalu, gdzie mogli spokojnie pogadać. Nic dziwnego, że wściekł się na widok Róży, która nagle się tam pojawiła. Może wyśmiała go, poczuł się upokorzony. Dalej poszło. Emocje wzięły górę. Cios jest jeden, więc mamy do czynienia z rozmyślnym działaniem. A nóż miała Róża, bo wykradła go ze skrzynki robotników, którzy naprawiali wentylację.
- Po co miałaby to robić? – Marta się wykrzywiła.
- Wychodziła następnego dnia. Prędzej sprzedałaby go komuś, żeby mógł się samookaleczać. Ona nie miała zaburzeń.
- Tego nie wiemy – przerwał jej. – Masz tam wydruki starych wpisów na blogu Miłki. Wydrukowałem ci też zdjęcie Bernasia i Werendarz. Róża jest na obozie dla dzieciaków z problemami.
- Bo jej ojciec był zaangażowany w pomoc takim dzieciom, durniu! Zabrał ją na doczepkę, żeby miała darmowe wakacje. Jak moja matka organizowała wyjazdy dla seniorów, nieustannie jeździłam na pikniki, wycieczki i plażowanie. Malbork, Licheń i Częstochowę zwiedziłam z antykami.
- Pewnie dlatego jesteś taka niepostępowa – mruknął, ale zaraz dodał łagodniej: – Odchodzimy od meritum. Przynoszę ci tropy, bo dalej nie mogę pójść sam. Nie rozumiesz, że to moja dobra wola? Masz na talerzu ludzi, pomysły i powiązania. Starczy teraz

pójść do każdego z nich i porządnie go przesłuchać. Jestem poza systemem. Gdybym był w służbie, sam bym to zrobił.

– Nie mamy już czasu – ucięła.

– Na co? – Wściekł się nie na żarty. – Na co nie masz czasu? Na dokładne zbadanie okoliczności? Na przesłuchanie świadków? A dokąd ty się śpieszysz? Po jakiś cholerny medal?

– Człowieku, to są bujdy! Nie masz ani jednego twardego dowodu! Stworzyłeś sobie własny obraz tej sprawy, bo od początku prowadzisz ją z tezą. Zakładasz, że Gabrysia jest niewinna! Niby dlaczego? Najbardziej oczywiste rozwiązania są zwykle prawdziwe! Nawet jeśli ten chłopak się tam wdarł, używając klucza, znajomości albo bilokacji, wcale nie jest powiedziane, że zabił. Ile razy mam ci to powtarzać?

– Jest prosty sposób, żeby moją hipotezę wykluczyć. I ty wiesz, co mam na myśli.

– Sperma?

Pokiwał głową.

– Jeśli to byłoby jego DNA, musiałabyś podjąć kroki.

– To prawda – zgodziła się. – Wtedy bym musiała.

– Więc przedstaw to prokuratorowi i wstrzymaj aresztowanie.

– Ja? – Marta była przerażona. – Ja mam zatrzymać tę machinę? Czym?

Chwyciła plik dostarczonych przez Jakuba dokumentów i zamachała mu przed oczyma.

– Tym lichym orężem? Razem z twoimi tajnymi nagrywkami to raczej scenariusz przeciwko komuś niż realna hipoteza! Czy ty wiesz, kim są rodzice Franka

Kłopoczka w Krakowie? Co oni mogą? I ja miałabym stanąć przeciwko nim? Bić się o honor innego dzieciaka po przejściach, który miał pięćdziesiąt procent szans, żeby to zrobić? Po co?

Sobieski wpatrywał się w nią i wreszcie pojął. Ona się bała. Chciała już dawno zakończyć śledztwo i mieć spokój. To właśnie miał na myśli ojciec Gabrysi, kiedy źle o niej mówił. Była tchórzem. Nie, nie była złym człowiekiem. Po prostu nie miała odwagi przeciwstawić się zwierzchnikowi i zadrzeć z wpływowymi ludźmi w mieście. Ciekawe, o ilu rzeczach, które jej tutaj przyniósł, wiedziała wcześniej. Ile przemilczała? Co jeszcze mogłaby zrobić na swoim stanowisku, ale to zaniedbała? Byleby jak najszybciej odbębnić służbę i wrócić do domu. Współczuł jej, bo wyobrażał sobie, jak jest jej ciężko, ale los niewinnej nastolatki był ważniejszy niż strachy policyjnej konformistki.

– Dasz radę. – Zmusił się do łagodnego tonu, chociaż najchętniej wygarnąłby jak najwulgarniej, co sądzi o ludziach jej pokroju. – Więcej pewności siebie. Inaczej nie awansujesz ani cię nie docenią. Wiesz, że w mojej teorii coś jest. Może nie mam racji co do całego przebiegu wydarzeń, ale coś w tym jest – powtórzył. – Motyw się trzyma.

– Równie dobrze mogłaby to zrobić Gabriela Gajda – odparła Kozak ośmielona jego nieoczekiwanym wsparciem. – W końcu w tym czworokącie jest główną zdradzoną.

– Zgadzam się. Ale kiedy doszło do tragicznego zdarzenia, Gabrysia leżała bez czucia na lekach. To, że twój doktor wykluczył zwiotczenie mięśni, jest uznaniowe. Nikt nigdy nie wskazał, żeby udawała nieprzytomną. I doskonale wiesz, że to najsłabsze ogniwo waszej teorii.

– Nie znasz wyników toksykologicznych tej pacjentki – zaczęła Kozak, ale Jakub jej przerwał.

– Brhel mi wszystko wydrukowała – podkreślił. – Czytałem każdy akapit i konsultowałem się z ekspertem w Warszawie. Zeznanie lekarza jest do obalenia w sądzie i możecie się spodziewać, że mecenas Brhel nie omieszka tego spróbować. Powiem więcej: to, że stan Gabrysi był taki, a nie inny, przemawia za moją koncepcją.

– Niby w jaki sposób?

– Gabrysia spała, kiedy sprawca zaatakował Różę. Obudziła się, dopiero kiedy w pokoju zaroiło się od pielęgniarzy.

– Czyżby? – Sierżant Kozak uniosła brew. – Więc dlaczego się przyznała?

– Nie mam pojęcia. – Kuba spojrzał na nią wyzywająco. – To ty z nią rozmawiałaś. Z tego, co wiem, zaraz potem odwołała wyjaśnienia. Mówiła, że miała coś innego na myśli. Obwinia siebie, ale to nie znaczy, że zadała cios.

Marta zacisnęła usta, aż zbielały.

– Sugerujesz, że to śledztwo ślimaczy się z mojej winy? – zaatakowała. – Jakbym słyszała byłego. Nigdy we mnie nie wierzył. Wy, faceci, wszyscy jesteście tacy sami! Mizogini i szowiniści.

– Rzekłbym, że jest wręcz przeciwnie – odparł spokojnie Jakub. – Jak na sprawę zabójstwa, idzie ci błyskawicznie.

Zarumieniła się i zaraz spojrzała znacząco na zegarek.

– Musisz iść. Wiem – powiedział za nią. – Przemyśl to, Marto, i podejmij właściwą decyzję. Jeśli sperma wyjdzie negatywnie, wyjadę i nigdy mnie już nie zobaczysz.

– Obiecujesz? – Uśmiechnęła się lekko.

Odpowiedział niemrawym uśmiechem i uderzył się w pierś.

– Ale jakbyś potrzebowała pomocy, jestem do dyspozycji. Zostało tylko kilka elementów do ułożenia.

Wstał, ruszył do wyjścia.

***

Z komendy wyszedł na miękkich nogach. Miał wrażenie, że nie powiedział Marcie o wszystkich sprawach, które kłębiły mu się w głowie. Wciąż było wiele pytań, na które powinni sobie odpowiedzieć. Tak bardzo zazdrościł sierżant Kozak, że ona wciąż jest w strukturze i tyle jeszcze może zrobić. Ma wszystkie narzędzia w ręku i ich nie używa. Ze strachu czy z czystego lenistwa? To było nieważne. Po prostu zbyt wiele zaniedbała. Nie znał dokładnie jej sytuacji rodzinnej i domyślał się, że nie ma łatwo, ale opór, jaki stawiała, kiedy przedstawiał jej przełomowy wątek śledztwa, bardzo go niepokoił. To było dziwne. Chciałby teraz zadzwonić do Ady i zwierzyć się jej, skonsultować tropy, bo jej jedynej bezgranicznie ufał, ale po nieporozumieniu w hotelu nie mógł się na to zdobyć. Nie rozumiał, dlaczego się obraziła. Co zrobił, co powiedział nie tak, jak oczekiwała, a może przeciwnie – czego nie zrobił, co zbagatelizował, co poskutkowało tym dziwnym rozłamem między nimi? W kółko zadawał sobie te pytania. Był przekonany, że przyjaciółka nadal jest w Krakowie. Pewnie zamieszkała u Gajdów i pociesza rodziców Rysia przed rozprawą. Nie była to dobra okoliczność do rozmów na ich prywatne tematy. Powstrzymał się ostatkiem sił i chociaż palce same wstukiwały na klawiaturze niezobowiązującą wiadomość, która dałaby im szansę na wyprostowanie relacji, skasował każde słowo. Pośpiesznie schował telefon do kieszeni i zapiął zamek, żeby go nie kusiło zrobić coś, czego by później żałował.

Wsiadł do hiluxa i ruszył przed siebie. Nie wiedział za bardzo, co ma ze sobą zrobić. Najchętniej pojechałby od razu na wylotówkę do Warszawy, ale z czystej przyzwoitości chciał zaczekać te kilka godzin. Sprawdzić, czy Marta Kozak nie otworzyła oczu na nowe dane. Skoro obiecał jej pomoc, zamierzał dotrzymać słowa, chociaż po prawdzie wcale mu się to nie opłacało ani nie zapowiadało się miło czy ekscytująco.

Mijał właśnie skrzyżowanie, na którym kilka dni temu stał w korku, nie mając świadomości, że Franek Kłopoczek kona na tych torach. Sandra wyznała, że syn nie miał lekkiej śmierci. Tramwaj ciągnął go kilka metrów, a jego kończyny pociął na kawałki. Ból musiał być straszliwy, bo człowiek długo zachowuje świadomość, gdy głowa umiera ostatnia. A czaszka Franka była w całości, nawet kiedy pakowano go do czarnego worka. Tanatopraktor, który zajmował się jego ciałem przed pogrzebem, nie miał z twarzą młodego mężczyzny zbyt wiele pracy.

Sygnał przychodzącego połączenia wybił Jakuba z rozmyślań. Na wyświetlaczu pojawiło się imię Nika

Romockiego, wuja Jakuba i emerytowanego technika kryminalistyki.

– Hej, Reksiu, smok cię zjadł czy unikasz staruszka?

– Gdzieżby! Sprawa mnie pochłonęła. Nie wiem, kiedy spać.

– Myślałem, że to badanie potrzebujesz na wczoraj?

Kuba odchrząknął. Nie chciał mówić Nikowi, że faktycznie wczoraj miałoby dla niego niebagatelne znaczenie, ale teraz jest mu po nic.

– Pędzel dostałem – gadał tymczasem dalej Niko. – Potrzebuję teraz próbki do porównania. Wyślesz do mnie Adusię czy nadasz bezpośrednio?

Kuba znacząco odchrząknął.

– Jakby się pokłóciliśmy.

– Ty z Adą czy ona z tobą? To ma znaczenie, synu.

– Jeśli mam być szczery, to sam nie wiem, co zaszło.

– Nie nawywijałeś w tym Krakowie czego? Pijesz? – zaniepokoił się Niko.

– Chciałbym się porządnie urżnąć, uwierz – uspokoił go Jakub. – I nie bój się. W ślady majora Sobieskiego nie pójdę.

– Ojczulek ma nową dziewczynę, wiesz?

– Co? – Kuba ledwie przyhamował. O mały włos wjechałby komuś w kufer. – Co ty gadasz?

– No – potwierdził Niko. – Omdlał w domu i sam wezwał karetkę. Podejrzewali udar, więc zatrzymali go w szpitalu na dobę. Tam ją poznał. Jest pielęgniarką i od miesiąca u niego mieszka. Jest młodsza od ciebie o pięć lat. Myślałem, że to jakaś twoja koleżanka... Ty nic nie wiesz?

– Wiesz, że my nie rozmawiamy – wyburczał Kuba, starając się nie okazywać złości. – Prędzej pochwalił się Nocnej Furii, bo są w kontakcie.

– Mówisz jak prorok – skwitował Niko. – Ona bywa u nich na obiadach.

– Z Jankiem?

– Nie wiem – przyznał Niko. – Nas jeszcze nie zaprosili.

– Ojciec z tą siksą?

– Atena ostrzegała mnie, żebym ci nie mówił – wychrypiał Niko i w słuchawce Kuba usłyszał trzaski, a potem kroki, otwieranie drzwi, jakby wuj przechodził w inne miejsce. Po chwili dobiegło go pstryknięcie zapalniczki. Jakub oczyma wyobraźni widział, że Niko wyszedł na taras zapalić. – Słuchaj, chłopcze, kończ tę delegację i wracaj do domu. Trzeba kuć żelazo, póki gorące. Skoro twój ojciec jest rozanielony, pomoże ci się dogadać z byłą żoną i jakoś ustalicie terminy widzeń z małym. To ważniejsze niż praca. Mówię ci to ja, staruch z bagażem doświadczeń.

– Przecież wy z ciotką nie macie dzieci! – obruszył się Jakub.

– Mamy ciebie, Reksiu – wszedł mu w słowo wuj. – A do Ady zadzwoń, przeproś, kup kwiaty, czekoladki czy cokolwiek ją udobrucha, i załatw to. Dobra z niej dziewczyna, a mały potrzebuje spokojnego, zrównoważonego ojca, nie furiata.

– Nie jestem furiatem! Co ty pierdolisz, Niko?

– Po obojgu z nich odziedziczyłeś najlepsze geny. – Wuj nie przestawał mówić. – Matka dała ci wrażliwość i błyskotliwy umysł, ale po ojcu jesteś narwany

i uparty jak osioł. Ale też ambitny – podkreślił.
– Wiem, że to śledztwo jest dla ciebie ważne, jednak rodzina jest priorytetem. W ostatecznym rozrachunku nie liczy się nic innego.
– Niko – przerwał mu Jakub. – Co się stało? Mów wprost, bo nie mogę słuchać tych wstępów. Zniosę wszystko. Nie jestem baba.

Na dłuższą chwilę po drugiej stronie zapanowała cisza. Kuba słyszał oddech wuja, wręcz czuł dym wydychany ustami, jakby Niko zbierał się na odwagę, żeby przekazać mu złe wieści.

– Nocna Furia wykombinowała, że poda cię o alimenty – wypalił wreszcie. – Już wie, że dobrze ci się powodzi, a ranga waszej agencji nieustannie rośnie. No i widziała cię w telewizorze, jak ratowałeś tę kobietę. Mówię ci, wracaj uporządkować rodzinne sprawy. Inaczej Nocna Furia puści cię z torbami, a twój tatuś jej w tym pomoże. Ponoć wzięła adwokata i już odwraca kota ogonem, że ty niby się na nią wypiąłeś. Będziesz bulił nie tylko na Jasia, ale przede wszystkim na nią!

– Wracam do domu – oznajmił Jakub i rozłączył się bez pożegnania.

Chciał kląć, wykrzyczeć gniew, ale zamiast tego zacisnął dłonie na kierownicy i mocniej przycisnął pedał gazu. Wjechał na szosę i pruł, byle nie myśleć, skupić się na drodze, pracy silnika i manewrach. Był pewien, że zapłaci za to słonym mandatem, a może nawet i prawkiem, ale musiał się wyładować.

Przeszło mu przez myśl, że znajdzie jakąś siłownię albo zwykłą kanciapę, gdzie mają worek treningowy, i rozbije emocje, waląc w niego na oślep, kiedy nagle na poboczu, przed knajpą wyglądającą na niezłą mordownię, zobaczył Urszulę Gajdę w czerwonym kombinezonie i kusej kurteczce. Szła na swoich przerażająco wysokich szpilkach, stawiając nogi, jakby była na wybiegu. W dłoni trzymała zapalonego papierosa, a drugą ręką obejmowała młodego mężczyznę, który mógłby być jej synem. Kuba zwolnił, przyjrzał się tej dwójce jak nadzwyczajnemu zjawisku. Patrzył, jak para wchodzi do baru, z którego dobiegała hałaśliwa muzyka i bliżej jej było do disco polo niż popu. Namyślał się jeszcze kilka sekund, ale decyzję podjął już w momencie, kiedy zobaczył byłą zleceniodawczynię.

Zaparkował na jednym z wolnych miejsc, z dala od pozostałych samochodów, i podążył ich śladem.

Klub Generacja X, obrzeża Krakowa

Rytmiczny bit niszczył bębenki, a durny tekst pieśni wypalał resztki mózgu uczestnikom tego tandetnego dansingu. Średnia wieku kobiet wynosiła pięćdziesiąt plus, za to mężczyzn o połowę mniej. Wszyscy jak jeden wyglądali na żigolaków. Jakub nigdy nie widział tylu lowelasów w jednym miejscu, więc już po pierwszym rzucie oka pojął, że to impreza dedykowana paniom, które chcą się zabawić w młodych ramionach. Co tutaj robi matka Rysia, skoro w tej chwili waży się życie jej dziecka: pójdzie siedzieć czy spędzi resztę dni w zakładzie zamkniętym dla osób z zaburzeniami psychicznymi? Takie pytania Kuba zadawał sobie kilkanaście razy na minutę. Zapłacił za bilet, bo facet na bramce bez forsy nie chciał go wpuścić, i wojskowym krokiem skierował się do baru.

– Woda z cytryną – złożył zamówienie.
– Może kapkę czegoś mocniejszego na obroty?

Barmanka uśmiechnęła się do niego zawadiacko. Miała na sobie wydekoltowany strój boleśnie demaskujący jej wiek, ale najwyraźniej nic sobie z tego nie robiła. Kuba pocieszał się, że menedżer polecił jej odsłonić więcej ciała, żeby był ruch w interesie, bo spojrzenie miała bystre. Niejedno widziała, ale była na tyle rozsądna, żeby w razie draki wyjść z tego cało.

Rzucił jej banknot znacznie przekraczający cenę wody i odmówił reszty. Nigdy nie wiadomo, kiedy taki tip się zwróci. Rozejrzał się po sali.

Urszula Gajda była już na parkiecie ze swoim playboyem. Sobieski wpatrywał się w podrygującą kobietę i nie mieściło mu się w głowie, że patrzy na zbolałą matkę, która jeszcze wczoraj nie była w stanie odbierać telefonów. Coś tu nie grało.

Przyglądał się jej najpierw dyskretnie, starając się nie ściągać jej wzrokiem, ale w pewnym momencie Urszula spojrzała wprost na niego. Uśmiechnęła się lubieżnie, odepchnęła młodzika i ruszyła do baru, gdzie wciąż stacjonował Sobieski.

– Śledzisz mnie? – rzuciła, unosząc wyzywająco podbródek. – A może chcesz powiedzieć mi coś do słuchu?

Zaśmiała się perliście, a Jakubowi przyszło na myśl, że jest naćpana. Wzrok miała rozbiegany, ciało napięte jak sprężyna. Kipiała seksualnością i zachowywała się prowokująco. Miał ochotę jej to wygarnąć i dorzucić, że jest tym zniesmaczony, ale jakoś się powstrzymał. Ciekawość była silniejsza.

– Jak będziesz miły, pomogę ci naprawić relacje z Adą – zaoferowała i pewna swego zajęła miejsce obok Kuby. Skinęła na barmankę i podniosła głos, starając się przekrzyczeć jazgot: – To samo co ten przystojniak.

A potem mrugnęła do Kuby i przygryzła wargę wystawiając lekko język, a jemu aż przewróciło się w żołądku.

– Co z tobą? – nie wytrzymał. – Zachowujesz się jak dziwka.

– Znalazł się świętoszek – roześmiała się. – A kto ostatnim razem nie mógł się skupić? Zaglądałeś mi w dekolt i ledwie usiedziałeś w miejscu. Myślałam, że ślina zacznie kapać na obrus.

Barmanka postawiła przed nią szklankę. Urszula upiła łyk i parsknęła oburzona.

– Co mi dałaś? Żarty sobie robisz?

Barmanka wymieniła spojrzenie z Sobieskim, jakby mieli rodzaj unii.

– Chciałaś to samo co on. Woda z cytryną. Nie pasuje?

Urszula westchnęła rozbawiona i przesunęła szklankę po barze.

– Dolej mi tutaj podwójnego rumu, kochaniutka. Wodę piją tylko zwierzęta.

Sobieski wpatrywał się w Urszulę i szukał jakiegoś wytłumaczenia dla jej zachowania. Zdawało mu się wręcz, że ma do czynienia z inną osobą.

– Pamiętasz jeszcze, że twoje dziecko może pójść do więzienia? – zaczął. – Wczoraj ledwie trzymałaś się na nogach z rozpaczy. Udawałaś?

Urszula zachichotała.

– Ryś jest już stracony. Cokolwiek nastąpi, będzie musiał jakoś z tym żyć. A ja nie idę do więzienia i powiem ci, że dzisiejszej nocy nie zamierzam płakać, tylko się bawić. Nie słucham twoich pogadanek. Nie jesteś moim ojcem. Na co dzień mam swojego nudziarza. Starczy mi tych jego tyrad.

– Mówisz o Pawle, swoim mężu?

– A o kim, kretynie!? – oburzyła się teatralnie. – Każdego chciałby kontrolować. Myśli, że jest mistrzem świata, a prostego interesu nie jest w stanie prowadzić bez mojej pomocy. To ja wszystko stworzyłam. Sam nie zarobiłby ani złotówki. Tyrałby w jakimś komisariacie, pił z kumplami i ruchał prostytutki. To wszystko, na co go stać. Gdyby nie był takim słabeuszem, jego córka nie trafiłaby do szpitala! To jego wina, że Ryś się tnie, samookalecza i marzy o śmierci. Mam ich, kurwa, wszystkich dosyć. Pierdolę, wysiadam!

Jednym haustem wychyliła swój rum z wodą, zeskoczyła z hokera i skinęła na czekającego po drugiej stronie parkietu młodziaka, z którym przyszła.

– Ale jak chcesz, możesz do nas dołączyć. – Zaśmiała się. – Mój kolega nie jest zazdrosny.

Jakub już tego nie zdzierżył. Chwycił kobietę za ramię i pociągnął do wyjścia.

– Zostaw mnie, debilu! – krzyczała. – Policja, ochrona! Zróbcie coś! Ten świr chce mnie porwać!

Kuba spojrzał ponad ramieniem Urszuli na barmankę, a ta bez słowa skinęła głową, po czym rozłożyła ręce.

– Żona trochę przesadziła z trunkami – powiedział głośniej niż trzeba. – Już wychodzimy. Przepraszam.

– Na pana miejscu lepiej bym pilnowała małżonki – odparła barmanka z lekkim uśmiechem, jakby mu współczuła. – Dzisiaj Becia była wyjątkowo grzeczna. Ostatnim razem trzeba było ją odprowadzić do taksówki, a rzucała się tak, że ochroniarz wyszedł z tej akcji podrapany i pogryziony. Może przydałaby się terapia antyalkoholowa? Jak Becia sobie popije, dostaje głupawki i nie zawsze jest wesoło. – Spojrzała odważnie w oczy Urszuli. – Nie miej żalu, kochana. Sama to przerabiałam i nie raz o tym gadałyśmy. Trafiłaś na dobrego męża, to go szanuj. Nie każda ma tyle szczęścia.

– Często tu przychodzisz? – Jakub zwrócił się do Urszuli.

Przemilczał fakt, że w tej mordowni posługuje się pseudonimem.

– A chuj cię to obchodzi! – Splunęła mu w twarz i się wyrwała.

Pobiegła w kierunku toalet.

Kuba starł plwocinę z policzka, po czym spojrzał na barmankę.

– Jak często ona u was bywa?

– To zależy – stwierdziła, spokojnie wycierając szklanki. – Czasami nie ma jej tygodniami, a innym razem baluje codziennie. Zastanawiałam się nawet, czy jest samotna. Jak to możliwe, że tego nie zauwa-

żyłeś? Musi wracać do domu napruta i śmierdzieć fajkami, że o innych sprawach już nie wspomnę.
- Faceci?
- No, Becia kobietami się raczej nie interesuje.

Kuba podziękował barmance skinieniem i ruszył do damskiej toalety. Ledwie sięgnął za klamkę, a Urszula wypadła z umywalni jak pocisk. Próbowała go wyminąć i uciec z powrotem na zatłoczony parkiet, ale ją unieruchomił i siłą poprowadził do wyjścia. Ulokował ją w aucie, zablokował drzwi i zawrócił do knajpy.

Barmanka obsługiwała właśnie grupę pijanych w sztok Anglików, którzy najwyraźniej spędzali tutaj wieczór kawalerski, bo wystrojeni byli w komiczne przebrania. Hałasowali i szarpali się między sobą, jednocześnie domagając się piwa. Kuba odczekał, aż rezolutna kobieta sobie z nimi poradzi, a potem przesunął w jej kierunku jeszcze jeden banknot.

- Od kiedy przychodzi i z kim?
- Zawsze sama – padło w odpowiedzi. – Bardziej powinno cię interesować, z kim wychodzi. Za każdym razem z innym. Nie znam tych chłopaków. Czasami to wojskowi na przepustce, innym razem turyści albo tacy jak tamten. – Pokazała playboya, który obracał już na parkiecie inną pięćdziesięciolatkę. – Cały Kraków wie, że na takich paniach można tutaj zarobić. Dziwię się, że twoja ślubna nigdy nie została okradziona albo co gorsza zgwałcona. Chociaż może ona przychodzi tutaj właśnie po seks? – Zawahała się. – Współczuję ci. Masz z nią pewnie huk problemów.

Kuba poszukał w telefonie zdjęcia Bernasia i jego kiboli, a po namyśle podsunął jej jeszcze fotografię Artema Stolnikowa.

– Nie znam ich. To nie bar dla takich łobuzów – skwitowała. – A jeśli chodzi o preferencje twojej Beci, to dla niej są za starzy. Wiesz, na początku ją podziwiałam. Myślałam, że jest taka otwarta, postępowa i nie ma zahamowań. Robi ze swoim życiem, co chce. Ale od tamtej pory minęły ze dwa lata i już tak nie uważam. Nie wiem, co ją nakręca i co ona bierze, ale czasami zachowuje się jak psychiczna. Nie obraź się. Mówię tylko, co myślę.

– Dzięki za szczerość – odparł i wyszedł z klubu.

Kiedy był już przy samochodzie, przestraszył się, że Urszula uciekła. Nie widział jej na fotelu pasażera. Gorączkowo otwierał hiluxa i dopiero kiedy zajrzał do środka, spostrzegł, że przedostała się na tylną kanapę i na niej zaległa. Głośno chrapała. Wsiadł za kółko i ruszył w kierunku jej domu. Po drodze wydzwonił Pawła Gajdę, ale włączała się skrzynka. Po namyśle wykręcił do Ady.

– Halo? – Głos miała zachrypnięty, jakby wybudził ją ze snu. Musiała odebrać odruchowo, bo dopiero się zorientowała, że to Kuba, i zaraz się nastroszyła:
– Nie myśl, że będę z tobą teraz gadać.

– Zgarnąłem Urszulę z Generacji X i chcę dostarczyć ją wam do domu. Jest pijana, bawiła się z przygodnymi facetami, a co jeszcze brała, to nie wiem, ale musiałem interweniować. Zostałaś u nich, prawda?

– Tak – potwierdziła Ada i dalej słyszał szumy, odgłosy trzaskania drzwiami. Wyobraził sobie, że Ada wbiega na piętro tego pastelowego idealnego domku z lukru i szuka swojej przyjaciółki w sypialni Gajdów.

– Nie ma jej! – zameldowała.

– No pewnie, że jej nie ma, bo leży rozwalona na tylnej kanapie i chrapie jak stary szewc – odparował Jakub. – Widziałaś, jak się ubrała?

– Położyłam ją spać kilka godzin temu i sama przysnęłam. – Ada nie ukrywała zaskoczenia. – Ulka dostała leki na uspokojenie i padła. Paweł jest w komendzie. Prokurator wznowił przesłuchania. – Zawahała się, a potem dodała: – I wiesz, jeszcze nie aresztowali Rysia. Sprawa wciąż jest w toku. Ponoć prokuratura wstrzymała się z oskarżeniem. Mecenas Brhel stara się dowiedzieć dlaczego, ale sierżant Kozak powiedziała, że to twoja zasługa. Dziękuję, cokolwiek zrobiłeś.

– Będę za dwadzieścia minut. Pogadamy – rzucił.

– To ja dziękuję, że odebrałaś.

Rozłączył się.

– Co się dzieje? – usłyszał zza pleców. – Jakubie, dokąd jedziemy?

Spojrzał we wsteczne lusterko i spotkał się wzrokiem z zaspaną Urszulą. Miała zaskoczoną minę świętoszki, jakby to, co wygadywała wcześniej, nie miało miejsca. Tak świetnie grała swoją rolę, że gdyby nie rozmazana szminka i odgniecenia od jego kurtki na twarzy, którą włożył jej pod głowę zamiast poduszki, być może sam dałby się nabrać na jej niewinne minki.

– Nie odpowiesz mi, dokąd mnie zabierasz i co się tu dzieje? – powtórzyła urażonym tonem, po czym pociągnęła za klamkę, jakby zamierzała w biegu wyskoczyć z auta.

Jakub w ostatnim momencie zablokował drzwi.

– Oczekuję raczej, że ty mi wszystko wyjaśnisz – powiedział. – Na przeprosiny nie liczę, skoro wolisz udawać, że to normalka.

– Przeprosiny?! – powtórzyła jak echo i zaraz zwiesiła głowę. – Znów się to stało?

– Co, Urszulo? Co się stało? – pastwił się nad nią i czuł głęboką satysfakcję, ale chciał, żeby to ona zaczęła się tłumaczyć. Nie zamierzał jej niczego ułatwiać.

Nie odpowiedziała. Ukryła twarz w dłoniach i zaczęła głośno chlipać. Kuba miał już dość tych cyrków. Najchętniej wykrzyczałby, że jest wredną oszustką, manipulantką, nieczułą matką i beznadziejną żoną, która wcześniej czy później wpakuje się w kłopoty, ale wiedział, że to nic nie da. Ta kobieta wyraźnie ma problem z alkoholem, a najpewniej i z innymi używkami, więc będzie szła w zaparte, zaprzeczała i wykorzysta pierwszą lepszą okazję do tego, żeby zrobić sobie z niego wroga. Zdeprecjonuje go przed mężem i Adą, posunie się do największych podłości, żeby tylko sama się wybielić, zachować twarz. Po zaczepkach w klubie był już pewien, że nagadała Adzie o nim jakichś okropności i dlatego przyjaciółka po przyjeździe potraktowała go tak chłodno. Po co Urszula to zrobiła? Dlaczego czasem się tak zachowuje? Wcześniej myślał, że to incydentalne sytuacje, ale ze słów barmanki wywnioskował, że jej wyskoki na picie i tańce to standard. Nie miał pojęcia, o co tutaj chodzi, i nie zamierzał się teraz nad tym zastanawiać, ratować jej, edukować ani tym bardziej pouczać. Niech zajmie się tym jej mąż albo ktoś z rodziny. Jego zadaniem było dostarczyć ją do domu i pojednać się z Adą.

Nie mógł się doczekać, aż się spotkają i będzie miał szansę wszystko odwrócić.

– Nic nie pamiętam, przysięgam. – Urszula pacnęła go po ramieniu, aż się wzdrygnął. – Powiedz mi, proszę, bo zwariuję! Albo nie, jeśli to coś okropnego, nie chcę wiedzieć! Wstydzę się, że musiałeś oglądać mnie w takim stanie... Cokolwiek to było.

Znów zaczęła zawodzić.

– Może zapytaj Becię – mruknął pod nosem, ale na tyle głośno, by Urszula słyszała. – Ona zdaje się nie znać uczucia wstydu. Powiem ci, że dotąd tylko jedna kobieta potrafiła doprowadzić mnie do stanu, w którym mam ochotę bić na oślep. Ale nawet Nocna Furia nie jest tak wulgarna.

Z tylnego siedzenia odpowiedziała mu głucha cisza. Urszula już nie chlipała. Intensywnie wycierała twarz rąbkiem swojego powłóczystego kombinezonu. A potem zasłoniła nim usta i dobiegł go zgłuszony szept, jakby mówiła ostatkiem sił.

– Zatrzymaj się, proszę.

– Gdzie? Na trasie szybkiego ruchu? – warknął.

– Tutaj nie ma żadnej zatoczki. Zaraz dojedziemy.

– Chyba będę wymiotować.

– Co jej zrobiłeś!? – krzyknęła Ada do Jakuba, kiedy przyjechali do domu Gajdów, a Urszula z płaczem pobiegła do swojego pokoju na górze.

Nie przywitała się nawet z przyjaciółką.

Kuba wzruszył bezradnie ramionami. Chociaż Ada miotała gromy z oczu, stał w progu, licząc, że zostanie zaproszony do środka.

– Widziałaś jej twarz? – odpowiedział, siląc się na spokój. – Była wymalowana jak prostytutka i tak też zachowywała się w klubie. Mam nadzieję, że czujesz ten smród? Rum piła szklankami! Mam zarzygane auto, a twoja kumpela udaje, że nie wie, co się stało. Bezczelnie utrzymuje, że nic nie pamięta!

Ada chwilę milczała, jakby szukała wystarczającego uzasadnienia dla zachowania koleżanki.

– Nie wierzysz mi? – zdenerwował się Jakub.
– Ona jest niezrównoważona! To widać gołym okiem! – wypalił i urwał, widząc oburzone spojrzenie Ady.

– Jak śmiesz tak się mścić! – prychnęła Ada. – Świat jej się wali, dziecko jest w kłopotach... Może faktycznie pojechała gdzieś odreagować i trochę się wstawiła, ale to dobra kobieta. Po prostu nie radzi sobie z sytuacją. Trzeba jej tylko współczuć!

– Odreagować?! – Kuba już się nie hamował. – I niby ja się mszczę?! A za co?! Barmanka wyśpiewała mi, że dobrze zna Becię, bo tak Urszula przedstawia się w tej spelunie. I bywa tam kilka razy w tygodniu! – podkreślił. – Nie chciałbym wyjść na donosiciela, ale chyba powinnaś o tym wiedzieć, skoro się przyjaźnicie. Musi ci na niej zależeć, bo dla mnie przyjechać nie chciałaś, ale dla niej wzięłaś urlop i grzałaś pendolino jak na sygnale... To nie pierwszy raz, kiedy Urszula zachowywała się dziwnie. I nie chodzi mi tylko o ten klub pełen żigolaków i podstarzałych damulek. – Zawahał się i dokończył: – Słuchaj, kilka dni temu normalnie ciągnęła mnie do łóżka. Przyszła do restauracji hotelowej, w samotności wypiła całego szampana i czekała na mnie. Cycki miała na wierzchu i proponowała tańce. Dobrze wiem, na co liczyła!

Ada zacisnęła usta i odwróciła głowę, ale nie wyglądała na zaskoczoną wyznaniem Jakuba.

– Wiem o tym incydencie – wychrypiała ze złością. – Urszula o wszystkim mi opowiedziała. Chciała być wobec mnie fair. Z tym że według jej słów ten wieczór miał zupełnie inny przebieg. – Umilkła.

– Niby jaki? – wściekł się Jakub. – Bezczelna pizda.

Ada aż się zapowietrzyła z wrażenia. Podniosła dłoń do ust i wpatrywała się w Jakuba z obawą. On jednak stał spokojnie w miejscu, wyzywał ją spojrzeniem i w milczeniu czekał na dalsze wyjaśnienia.

– No cóż, raczej przewidywalny. – Ada odwróciła się i spojrzała na schody. Z góry dochodził brzdęk tłuczonego szkła i rumor spadających przedmiotów. – Nie powiem, żeby mi się podobało to, co usłyszałam.

– Co usłyszałaś? – ryknął. – Niby co ci nagadała? Chyba nie sądzisz…? – Przerwał.

– Wiem, że do niczego nie doszło. – Ada założyła ręce na ramiona. – Ale gdyby Ula cię nie powstrzymała, mogło być różnie.

– To kłamstwo, wierutne bzdury! Jak mogłaś jej uwierzyć!? I nawet nie zapytałaś mnie, czy choć jeden fragment tej opowieści jest prawdziwy? – Sobieski klął i parskał. – To wszystko nieprawda! Sam nie rozumiem, dlaczego o tym gadamy. Do niczego nie doszło. A gdyby nawet, to ja byłbym ofiarą. Teraz już rozumiem, dlaczego byłaś taka chłodna… Parszywa intrygantka!

Podszedł do Ady i próbował ją przytulić, ale odepchnęła go ze wstrętem.

- Nie dotykaj mnie!
- Adusiu, wierzysz jej czy mnie? Po co miałbym to robić? Znasz mnie. Nie jestem łowcą przygód, a jedyną kobietą, na której mi zależy, jesteś ty.
- Tak? - Przekrzywiła głowę jak chytry kocur.
- A co robiliście cały dzień w pokoju z mecenas Brhel? Urszula opowiadała, że spędzacie ze sobą mnóstwo czasu. To dlatego nie odbierałeś moich telefonów?
- Przecież ona jest facetem! - Jakub się roześmiał.
- Daj spokój! A co robiliśmy? Pracowaliśmy. Ja przeglądałem nagrania z kamer, a ona pisała pisma. Myślałem, że znajdę coś, co pozwoli jej wyciągnąć Rysia z tej sprawy. To ja powinienem mieć do ciebie żal, że wierzysz wszystkim swoim koleżankom i starczy ci byle pretekst, żeby naszą przyjaźń zdeptać i wyrzucić do śmieci.

Ada wciąż stała naburmuszona i wywracała oczyma, kiedy się żołądkował.

- Chyba powinieneś już iść - oświadczyła wreszcie. Uniosła podbródek, wskazując górę domu Gajdów. - Muszę sprawdzić, co z nią. Czy sobie czegoś nie zrobiła. Paweł ma wystarczająco kłopotów. Obiecałam, że będę miała Ulkę na oku.

Kuba dopiero w tym momencie zrozumiał, że Ada nie chce mu wierzyć. Nie pojmował, co zaszło, dlaczego mu nie ufa, i trochę żałował, że nie pojechał po kwiaty, jak radził Niko. Może gdyby zaprosił ją na randkę, podczas której mogliby swobodnie porozmawiać, wszystko udałoby się wyjaśnić. Ale teraz było już za późno. Czuł się upokorzony, zmiażdżony i najchętniej schowałby się w jakiś ciemny kąt i nie wychodził. Chciałby jej jeszcze tyle powiedzieć, przytulić ją, ale w piersi czuł żywy ogień, aż nie mógł oddychać. Wiedział, że to wstyd i jedyne, co może teraz zrobić, żeby uratować resztkę swojego honoru, to odejść. Czuł, że to koniec i że to cholernie niesprawiedliwe, bo w tak głupi sposób ją straci, ale nie miał wyjścia. Bez słowa odwrócił się i ruszył do auta.

W tym momencie rozległ się pisk opon i na podjazd wjechała biała tesla. Wysiadł z niej Paweł Gajda, a z siedzenia pasażera wynurzyła się mecenas Brhel. Kuba westchnął zniechęcony, bo zablokowali mu wyjazd. Co gorsza, będzie musiał powtórzyć wszystko od nowa, bo przecież Gajda nie odpuści mu, że wciąż zajmuje się sprawą. Kuba zupełnie nie miał ochoty relacjonować przygód Urszuli ani tym bardziej szkalować jej przed mężem. Chciał jak najszybciej zabrać się stąd i od razu jechać do Warszawy, a od jutra nie pamiętać o tej sprawie i wszystkich bohaterach dramatu. Zatrzymał się więc w pół drogi do swojego samochodu i z boku obserwował przebieg sytuacji.

– Sukces! – krzyknął Gajda do Ady i z otwartymi ramionami wbiegł na schody, a potem ją gorąco uściskał, podniósł do góry i obrócił kilka razy wokół własnej osi. – Przyniosłaś nam szczęście! Mój Boże, nie wierzyłem, że to się kiedykolwiek skończy...

– Pawełku, ale co się stało? – spytała Ada, kiedy Gajda postawił ją już na ziemi i mogła złapać dech.

– Jak to co? – Roześmiał się rubasznie. – Zwyciężyliśmy!

Ada spojrzała na mecenas Brhel, chociaż ta wyszła na schody i wytężała wzrok, poszukując w cieniu Sobieskiego, który stał za swoim samochodem i najchętniej użyłby jakiejś magicznej peleryny, żeby stać się niewidzialny.

– Pani mecenas, dowiem się wreszcie, co się udało? – powtórzyła zniecierpliwiona Ada.

Brhel wolno odwróciła ku niej twarz.

– Na razie nie wolno nam o niczym mówić. – Przybrała oficjalny ton. – Ale jest powód do radości, bo wygląda na to, że prokuratura w końcu bierze pod uwagę opcję, że Ryś jest niewinny.

– Mają sprawcę? – upewniła się Ada.

– Podejrzanego – ucięła Brhel. – Prawdopodobnie zbrodni dokonał kolega Róży, z którym zresztą spędzała krytyczny wieczór na bulwarach, kiedy ją zatrzymali. Niestety Franciszek Kłopoczek nie poradził sobie z traumą i popełnił samobójstwo kilka dni po zdarzeniu.

– To chyba nie jest dla nas dobra wiadomość – zauważyła Ada. – Skoro podejrzany nie żyje, nie można go przesłuchać.

– Owszem, ale są dowody, które dobitnie wskazują, że ten młody mężczyzna był w szpitalu w krytycznym dniu i co ważniejsze – miał motyw.

Podniosła dłoń do czoła i znów zawiesiła spojrzenie w przestrzeni.

– Dziękujcie Sobieskiemu. To on dostarczył kluczowe dowody sierżant Kozak. – Zawahała się. – Jakubie, odszczekuję, co mówiłam. Należą ci się gratulacje. I premia za szczególnie trudne warunki pracy – zaśmiała się.

Kubie to wystarczyło. Nie wypowiedział ani słowa. Otworzył drzwi hiluxa i wsiadł do niego, znacząco wpatrując się w zaskoczone towarzystwo.

— Przestawię twój samochód. — Ada zwróciła się do Pawła, a potem zniżyła głos do szeptu. — Ulka jest na górze. Myślę, że powinieneś z nią pogadać.

Nie czekając na odpowiedź, zeszła schodami na podjazd i zbliżyła się do samochodu Jakuba.

— Należą ci się przeprosiny. — Pochyliła się i postukała w szybę.

Kuba nie odpowiedział. Odwrócił głowę i uparcie udawał, że nie dostrzega jej obecności. Ada mówiła jednak dalej, a z każdym słowem jej twarz rozciągała się w coraz większy uśmiech.

— Dziękuję za to, co zrobiłeś. Cokolwiek to było.

— To jeszcze nic pewnego — mruknął. — Ale jest przyczółek. Liczę, że Brhel dobrze to wykorzysta.

— Gniewasz się? Jesteś zły?

— Jestem dobry — parsknął. — I nie, nie gniewam się. Po prostu mnie rozczarowałaś. Nie rozumiem, jak mogłaś we mnie zwątpić.

Pochyliła głowę. Długo milczała.

— Przepraszam. Wiem, że jest ci przykro…

— Przykro? — zezłościł się. — Może być mi przykro, że w aucie mam przykry zapach, bo twoja przyjaciółka rzygała całą drogę! Albo że Gajdowie mnie zwolnili i nikt ze śledczych nie chciał mnie słuchać. Przykro mi, że chłopak, którego wzięli teraz na warsztat, postanowił się zabić. Ale na ciebie, Adusia, jestem wkurwiony! Mam ochotę rozpierdolić komuś ryj! Bo we mnie nie wierzysz! Nie ufasz mi i mnie nie szanujesz!

— Co mogę zrobić, żeby to naprawić? — zapytała cicho.

— Nie wiem, Ado, naprawdę nie mam pojęcia. Rób, co uważasz, i daj mi spokój — wyburczał. — Na początek zabierz tę cholerną teslę, żebym mógł wrócić do Warszawy. Nie zamierzam spędzać w tym mieście ani sekundy dłużej.

Pokiwała głową i wsiadła do auta Gajdy. Wyjechała nim na ulicę i zaczekała, aż Jakub wycofa hiluxa, żeby móc z powrotem wjechać za bramę. Ustawiła się tak, że kiedy się mijali, siedzieli szyba w szybę, więc pośpiesznie otworzyła okno.

– Naprawdę chcesz od razu wracać? – Zrobiła przepraszającą minę, a potem lekko się uśmiechnęła. – Jak cię znam, cały czas pracowałeś i nie byłeś na Wawelu. Zjadłeś chociaż jednego bajgla?

– Byłem na Wawelu na wycieczce szkolnej i to w zupełności mi wystarczy – oświadczył, spoglądając na nią z politowaniem. – A co? Chcesz mi pokazać smoka?

Wzruszyła ramionami.

– Pomyślałam, że skoro wracasz, załatwię sobie podwózkę. – Skrzywiła się, bo ryzykowała, że Jakub znów się wścieknie i już nigdy więcej się do niej nie odezwie, więc dodała: – Może dasz się zaprosić na lody? Poszlibyśmy jutro na spacer, a po południu wrócimy do domu?

***

23 lutego, Kraków

Wpatrywali się w gołębie podrywające się do lotu niczym helikoptery, kiedy dorożki ciągnięte przez ustrojone konie przecinały rynek Starego Miasta. Kuba kończył swoje pistacjowe lody, a Ada pochłaniała już chyba czwartego bajgla.

– Wychodzi na to, że to najsmutniejsza historia na świecie – podjęła przerwany wątek. – Szkoda mi tych dzieciaków. Nie tylko Rysia, ale ich wszystkich. Róża, dla której pobyt w tym szpitalu miał być jedynie adrenalinową przygodą. Rysia, bo zakochał się bez wzajemności. Podobnie jak Franek. No i zostaje jeszcze Anastazja... Dostali słoną lekcję życia.

– O ile tamte dzieciaki miały swoje przejścia i problemy, o tyle Róża nie musiała trafić do placówki. Mam nadzieję, że prokurator udowodni jej ojcu handel prochami, bo że oskarżą Bernasia o współudział w zbrodni na Tamarze, możemy zapomnieć. W głowie się nie mieści, jakim trzeba być skurwysynem, żeby wysłać własne dziecko do psychiatryka po garść tabletek do sprzedania.

– Brhel mówi, że najprawdopodobniej on sam był uzależniony od środków przeciwbólowych. Jego żona tak samo.

– Już na pierwszym spotkaniu ten facet przyznał, że Bernasiowa nie jest w stanie zasnąć bez tabletki. Niby dlatego nie odebrali telefonu. To ćpuny. Jak to możliwe, że ktoś powierzył im cudze dzieci?

– Teraz wszystkie trafią do bidula – zgodziła się z nim Ada. – Koszmar.

Zawahała się, a potem wskazała kafejkę. Weszli do środka i zajęli ostatnie wolne miejsca. Kuba zamówił po kawie i przez chwilę studiowali kartę dań.

– Dla mnie jest jeszcze za wcześnie na obiad. – Sobieski odłożył menu. – Ale jak jesteś głodna, zapraszam.

– Nie – zaprotestowała. – Dzisiejszy dzień hedonisty ja funduję. Nie wiem już, jak mam cię udobruchać, więc może przynajmniej nakarmię.

Roześmiał się w głos, a potem wyciągnął dłoń i pogładził ją po policzku.

– Nie jestem w stanie się na ciebie gniewać – wyszeptał. – Prawdę mówiąc, nawet wczoraj chciałem tylko, żebyśmy się pogodzili. Jak wypaliłaś z tym smokiem, czułem się, jakbym wygrał w totka. Wiedziałem już, że będzie między nami dobrze.

Odpowiedziała mu szerokim uśmiechem, a potem nagle zmarkotniała.

– Wiesz, chyba miałeś rację co do Urszuli – przyznała. – Kiedy wróciłam do domu i powiedziałam o wszystkim Pawłowi, zaczął mówić o jej ekscesach. Skarżył się, że już sobie z nią nie radzi i obawia się, że dłużej nie da się tego ukrywać. Ona pije, baluje i prowadza się z różnymi mężczyznami. Potem znów go przeprasza, zapewnia, że kocha, a przychodzi taki wieczór jak wczorajszy i idzie w melanż.

– Jak wyjaśniła swoją wizytę w Generacji X?

– Wcale. – Ada wzruszyła ramionami. – Stwierdziła, że nic nie pamięta. Paweł uważa, że ona kłamie.

– Też tak myślę – potwierdził Jakub. – Widziałem ją kilka razy w życiu i zdawało mi się, że to są różne osoby. Nie wiem, co jej jest, ale powinna zgłosić się na jakąś konsultację.

– Paweł podejrzewa, że Ulka jest nimfomanką albo po prostu osobą uzależnioną od seksu. Niestety, nie chce się leczyć. Zresztą, kiedyś była u psychiatry i nic nie stwierdził. Wydał opinię, że ma stany depresyjne, i zapisał jej jakieś leki.

– Bierze je?

– Podobno tak. Co z tego, skoro nie działają...

– Więc ten facet ma poważny problem. Może dlatego córka Urszuli zachorowała?

– Paweł uważa, że to jeden z głównych powodów – zgodziła się z nim. – Wiesz, w domu przez te wybryki Ulki nie jest kolorowo. On się wścieka, bywa porywczy, czasami dochodzi do rękoczynów.

– Wczoraj sam miałem ochotę jej przyłożyć – przyznał Jakub. – Przysięgam, ona zachowywała się jak w transie. Nie wiem, czy faktycznie alkohol tak na nią działa, czy cierpi na jakieś zaburzenia, ale to nie jest normalne.

– Zauważyłam też coś dziwnego. – Ada zniżyła głos do szeptu. – Wczoraj, jak pojechałeś, nie od razu się z nią widziałam. Najpierw słyszałam, jak krzyczeli na siebie i on obrzucał ją obelgami, ale ona nie była mu dłużna. Nawet nie chcę myśleć, co myślał sobie wtedy Henio. Przecież to się musi dziać cały czas.

– No i? – Jakub nie wytrzymał. – Co takiego dziwnego się stało?

– Ulka była wulgarna, wręcz obsceniczna. Wrzeszczała i chyba rzuciła czymś w Pawła, a potem nagle wszystko ucichło. On zszedł, gadaliśmy i jakieś pół godziny później ona też przyszła na dół. Była jakby inną osobą. Taką normalną, jaką znam od lat... Zamartwiała się o Henia, o mnie i pytała też o ciebie – jak sobie radzisz ze zwolnieniem i czy wróciłeś szczęśliwie do Warszawy. Jakby rzeczywiście nie pamiętała, że przywiozłeś ją z tego baru.

– O tym właśnie mówiłem! – zapalił się Jakub. – Tak jakby mieszkały w niej dwie różne kobiety.

Ada pokiwała głową i nic więcej nie dodała.

– Idziemy? – Wskazała drzwi. – Chyba czas już wracać do stolicy. Mam dosyć arrasów, kościoła Mariackiego i mdli mnie od tych bajgli.

– Jak zgłodniejesz, zatrzymamy się na burgera – zaproponował Jakub.

Ruszyli do samochodu.

Kuba odpalił silnik, a z głośników wybrzmiała końcówka Type O Negative i rozległ się przesterowany głos spikera Antyradia. Kuba wyciszył go na tyle, żeby mogli z Adą dalej rozmawiać. Włączył się do ruchu, ale ledwie wyjechali ze starówki, zaraz stanęli w korku.

– Jak myślisz, zamkną dziś sprawę Rysia? – zapytała Ada, wgapiając się w maszerujących z plecakami turystów.

– Nie wiem – mruknął zniechęcony i zaczął szukać iqosa. – Ja więcej się do tego śledztwa nie mieszam. Moim zdaniem Franek był zdruzgotany, że Anastazja rzuca go dla Róży. Ktoś na „Porcelanowych aniołkach" sprzedał mu klucz wejściowy do Koćwina i on tam poszedł. Skoro Brhel nie chce mówić, dlaczego mieli wczoraj powód do radości, to ja ci powiem. Prokurator nie odwlekałby oskarżenia Rysia i dziewczyna już teraz byłaby w areszcie, gdyby ślady DNA się nie zgadzały. Sperma na łóżku Róży musi należeć do Franciszka Kłopoczka. Co tam się wydarzyło, nie jestem w stanie stwierdzić, bo nie jestem policjantem zaangażowanym w tę sprawę, ale myślę, że sierżant Kozak już to ustaliła. I raczej jest zgodne z tym, co założyłem. Inaczej Brhel tak by się wczoraj nie łasiła. Ostatnio zrugała mnie jak burą sukę, że nie mam dowodów i szyję na siłę intrygę.

– Coś jednak dałeś sierżant Kozak, skoro ją przekonałeś – pochlebiła mu Ada, żeby zachęcić go do dalszych wyjaśnień. – Więc jak według ciebie było?

– Franek przychodzi na spotkanie z Anastazją, uprawia z nią seks – zaczął relacjonować. – Spali ze sobą dobrowolnie lub pod przymusem, ale po wszystkim nakrywa ich Róża, która staje w obronie dziewczyny. Być może wyśmiewa go i upokarza, co w efekcie oznacza, że młody czuje się podwójnie zdradzony. Wpada w gniew, dochodzi między nimi do szarpaniny. Róża wyciąga nóż i grozi, że doniesie na niego służbom, więc Franek atakuje ją, wkłada narzędzie zbrodni w ręce śpiącego Rysia i ucieka.

– Wychodzi na to, że byłoby dwóch świadków: Anastazja i Ryś. Dlaczego nie zeznawali? Jakim sposobem udało się to zataić?

– Ryś śpi po silnych środkach i nawet jeśli się obudził, to może tego nie pamiętać, a najbardziej prawdopodobne jest, że zepchnął to w głąb pamięci. Anastazja wcale nie musiała widzieć kłótni Franka i Róży. Być może wyszła z pokoju i tych dwoje kłóciło się w obecności nieprzytomnego Rysia. Pamiętajmy też, że ten, kto sprzedał Frankowi klucz na blogu Miłki, miał w tym swój interes.

– Wiemy, kto to zrobił? – zdziwiła się. – Myślałam, że nick jest anonimowy?

– Moim zdaniem to Bernaś, ojciec Róży. Potrzebował, żeby ktoś zabrał od córki partię skradzionych medykamentów i recept. Róża wychodziła ze szpitala następnego dnia, więc możliwe, że to była ostatnia okazja, żeby ten towar bezpiecznie przejąć.

Franek z Różą znali się bardzo dobrze. Ojciec mógł nie wiedzieć o ich rywalizacji. Był pewien za to, że Franek wykona misję, bo chłopak kupował od niego duże ilości psychotropów. Szprycował się nimi od ponad roku. Sandra Kłopoczek zapewniała, że nie chodził w tym czasie do żadnych lekarzy. Rodzice myśleli, że mu się po prostu poprawiło.

– Więc Bernaś wykorzystuje Franka, żeby odebrał prochy – podsumowała Ada. – Twoim zdaniem wraca do ojca zamordowanej dziewczyny i oddaje mu przesyłkę? Po zatrzymaniu Werendarz zrobiono u Bernasiów ostry kipisz. Niczego nie znaleziono. Ani tableteczki...

– Nie sądzę, żeby Franek oddał leki. – Kuba pokręcił głową. – To tak, jakby wysłać ćpuna po grubą partię śniegu. Prędzej przećpa wszystko i w tydzień się zawinie z przedawkowania, niż zwróci dilerowi. W sumie tak się stało. Matka Franka nie chce tego rozgłaszać, ale w chwili śmierci syn był odurzony ogromną ilością pseudoefedryny. Mógł sobie nie radzić z traumą po zabójstwie albo po prostu mieć makabryczny odjazd. Ćpuny i lekomani często z tego powodu kończą w jakiś spektakularny sposób, który de facto jest samobójstwem. Skok z wieżowca, rzucanie się na tory albo wieszanie się pod okiem rodziców... Przypominam ci, że nie zostawił listu pożegnalnego, nie oddawał swoich rzeczy znajomym, a rodzice byli zszokowani tym, co stało się na tym skrzyżowaniu.

Rozległ się dżingiel, muzyka ucichła i zaczęły się wiadomości. Trwały jakiś czas, aż nagle Ada sięgnęła do radia i pogłośniła.

– Podejrzana o zabójstwo pielęgniarki ze szpitala psychiatrycznego w Koćwinie Linda W. dziś w nocy powiesiła się w celi – relacjonował reporter. – Sprawę bada prokuratura. Niewykluczony jest udział osób trzecich.

Ada spojrzała znacząco na Jakuba, a ten bez słowa nawrócił i pojechali prosto do komendy policji.

***

Sierżant Marta Kozak czekała na nich przy dyżurce. Jakub nie mógł uwierzyć: przyjmowała ich jak szczególnych gości. Przegoniła nawet młodego funkcjonariusza, żeby nie zawracał jej głowy, i nakazała sekretarce szefa jednostki, żeby zrobiła im kawę z ekspresu.

– Już mieliśmy wyjeżdżać – wytłumaczyła Ada.
– Ale ciekawość wzięła górę.

Policjantka sięgnęła po dwa tomy akt i rzuciła je na stół.

– Dobrze, że wpadliście. Inaczej nie miałabym okazji ci podziękować. – Spojrzała na Sobieskiego z obawą.

Skinął tylko lekko głową i zajął miejsce, które mu wskazała. Jeszcze bardziej się zdziwił, kiedy podsunęła mu dokumenty.

– Zamykamy to – oświadczyła. – Miałeś nosa z tym młodym od Bernasiów. Muszę ci oddać, że gdyby nie twoja robota, miałabym tę dziewczynkę Gajdów na sumieniu.

– Teraz będziesz miała na sumieniu rodzinę Kłopoczków. – Kuba nie zdołał się powstrzymać od kpiny. – Nie sądzę, żeby ci krezusi odpuścili ci taki dyshonor.

– Tak się składa, że oni chcą współpracować. Zależy im tylko, żeby nie dawać zdjęć Franka do mediów.
– Przecież dziennikarze i tak się dowiedzą – skwitował Jakub.
– Nie dowiedzą się – oświadczyła z naciskiem Kozak. – Ze względu na śmierć sprawcy śledztwo będzie umorzone, a personalia zabójcy Róży możemy utajnić. Chodzi w końcu o chore dzieciaki, które przebywały w szpitalu psychiatrycznym. W sumie wszystkie są ofiarami. Nie trzeba nikomu dokładać traum. Rozmawiałam też z Bernasiem i on się zgadza. Sam będzie miał sprawę o handel prochami i współudział z Werendarz. Zależy mu na dyskrecji.
– Wiadomo już, czy ktoś pomógł Lindzie? – zapytał Kuba. – Trochę dziwne, że akurat teraz, kiedy wszystko się wyjaśnia, postanowiła zejść z tego świata.

Sierżant Kozak wzruszyła ramionami.

– W tej chwili trwa rutynowe dochodzenie. Z prokuratorem skłaniamy się do tego, że ona jednak sama zadecydowała. Nie wiedzieliście o tym, bo trzymaliśmy to w tajemnicy, ale z boku tej sprawy wyszła jeszcze inna afera. Stręczycielstwo.

Ada z Jakubem wlepili w policjantkę pytające spojrzenia. Marta sięgnęła do dokumentów i wyszukała zdjęcie klucza, który był oznaczony tabliczką z numerem pięć. Był to zwykły yeti, jaki za parę złotych można dorobić w każdym warsztacie ślusarskim.

– Kiedyś ten klucz był w obiegu w sama nie wiem ilu wersjach – zaczęła. – Kiedy Franek napisał na „Porcelanowych aniołkach", że chce spotkać się z Anastazją, przekazano mu go razem z misją.

– To był ojciec Róży? – upewnił się Kuba, a Marta potwierdziła stanowczym skinieniem.

– Bernaś nie trudził się zachowywaniem ostrożności – podkreśliła. – Od razu ustaliliśmy jego IP. Pisał ze swojego laptopa, który zabezpieczyliśmy po aresztowaniu Werendarz. Jest w nim więcej ciekawych rzeczy. – Urwała. – Wcześniej przeszukaliśmy jego media, ale nic tam nie znaleźliśmy. Skłaniałam się nawet do tego, żeby go wypuścić. Dopiero kiedy wskazałeś tajne fora na „Porcelanowych aniołkach", dałam to informatykom do analizy i odzyskali większość danych. Jest grubo. – Wyjęła z pliku kilka wydruków. Przesunęła je w kierunku Jakuba. – Mamy pewność, że Róża Bernaś nie trafiła do szpitala omyłkowo. To była zaplanowana akcja. Dziewczyna musiała się postarać, żeby znaleźć się w szpitalu, i nie chodziło tylko o alkohol i trochę trawy, ale o awanturowanie się i obelgi wobec policjantów. Pomagali jej w tym kumple Bernasia, kibole notowani za bójki na ustawkach. Jako dorosłych odwieziono ich do izby wytrzeźwień. Podsumowując, ojciec Róży wymyślił, że w ten sposób zdobędzie więcej towaru, którego Artem z Tamarą nie chcieli mu już dostarczać. Ważne jest, że Artem Stolnikow nie miał pojęcia, że przyjęta na oddział dziewczyna to córka jego zleceniodawcy. W całym handlu prochami pośredniczyła zawsze Linda Werendarz.

– Mówiłaś coś o stręczycielstwie? – Ada weszła jej w słowo. – Może nie jestem w kursie, ale jak to się łączy?

Sierżant Kozak postukała palcem w jeden z dokumentów.

– Róża tylko raz zadzwoniła do ojca. – Podkreśliła zaznaczony neonowo numer w billingach Bernasia. – Ale cały czas była z nim w kontakcie wirtualnym. Tutaj macie raporty z jej pobytu w placówce. Wiemy, że zaprzyjaźniła się z dziewczynami. Pisała o konfiguracjach towarzyskich, o dysforii płciowej niektórych i wyśmiewała się z nich. Udawała przyjaciółkę Karoliny, Anastazji i wreszcie Rysia, bo na początku nie wiedziała, kto jej się przyda. W szpitalu przebywała tydzień i była tak dobrą aktorką, że udało jej się zdobyć zaufanie Tamary, a potem też Artema. Była czujna, miła, pomocna i naprawdę znalazła skrzynkę narzędziową, w której był nóż do cięcia tapet. Zabrała go i schowała do ptasiego mleczka, które przysłał jej ojciec. On sam próbował przekazać jej kilka żyletek do obrony, ale ta zmyła nie przeszła. Ptasie mleczko otrzymała rozpakowane i miała żal, że ojciec zostawił ją w tym miejscu bez oręża. Jej największym problemem nie było obrabowanie szafki z lekami w pokoju pielęgniarek, tylko jak przekazać skradziony towar na zewnątrz.

– Wtedy Bernaś zaproponował klucz do kotłowni?

– Nie – zaprzeczyła Marta. – To Róża wywiedziała się, że taki klucz istnieje. Sprawdziła, że jest przejście na górę do starego oddziału dla dorosłych, którym można przedostać się do kotłowni i wyjść ze szpitala od strony lasu.

– Ale w Koćwinie nikt go nie miał?

– Teoretycznie. – Policjantka pokiwała głową. – Bo Róża wiedziała, że dziewczyny wychodzą na randki.

– Jak to? – wyrwało się Adzie. – Przecież Gajdowie zapewniali mnie, że Ryś nie może opuścić szpitala, żeby choćby sobie pospacerować! Nawet w wyznaczonych godzinach i pod nadzorem opuszczanie ośrodka było nie tylko zakazane, ale wręcz niemożliwe!

– Róża była dobrym szpiegiem i cały czas prowadziła obserwację na swoje potrzeby – ciągnęła sumiennie Marta Kozak. – Zauważyła, że niektóre dziewczyny wychodzą i wracają. Z papierosami, dodatkowymi prochami, drobnymi kwotami pieniędzy, a pod koniec na oddziale pojawiło się dziewięć słynnych żyletek.

– A więc ktoś miał klucz i go używał – podsumował Jakub. Głos mu drżał, kiedy zadawał kluczowe pytanie: – Wychodziły tylko dziewczyny?

– I chłopcy, którzy nie mieli problemów z tożsamością płciową – odpowiedziała Marta. – Jest ich zdecydowanie mniej w tej placówce, ale tak, dwa przypadki Róża opisywała. Mamy prawo podejrzewać, że ktoś ich stręczył. Trzymamy to w tajemnicy, bo sprawa jest trudna i tylko kilkoro z tych dzieciaków miało skończone siedemnaście lat. Reszta ewidentnie podlega pod molestowanie seksualne, a co gorsza, one robiły to dobrowolnie. Tak w każdym razie opisuje to zbulwersowana Róża. Nie wiemy, nie mamy pewności, czy i ona sama nie była ofiarą. – Głos Marty się załamał. – Tak w każdym razie zrozumiał to ojciec. I tak tłumaczy swoją próbę przekazania córce żyletek.

W pomieszczeniu zapadła cisza.

– W każdym razie prokurator wyłączył ten wątek do oddzielnego rozpatrzenia. Dowodów jest niewiele. Dopiero będziemy przy tym chodzić.

– Wiadomo, kto bawił się w alfonsa? – zapytał Jakub.
– Odpowiedź jest prosta – odrzekła Kozak. – Ten, kto miał klucz.

Wskazała wyboldowany nick na wydruku korespondencji ojca z Różą Bernaś. Wszyscy wpatrywali się w rząd liter i cyfr: Admin876098*76<

– On w przeciwieństwie do Bernasia dobrze się maskował. Korzystał z zakodowanego serwera. To prawie profeska.

– Możesz mi przekazać te dane? – zapytał Jakub.
– Mam dobrego fachowca od takich rzeczy.
– Niestety. – Marta wzruszyła ramionami. – To już wypłynęło i jest ogromne poruszenie nie tylko w komendzie, ale i w prokuraturze. Nie wiemy, czy dziennikarze tego nie zwąchają. Nie mogę ci niczego udostępnić, ale zapewniam, że pracują nad tym nasi najlepsi ludzie. Jak na razie jednak efektów zero. Muszę dojść do tego operacyjnie. Jak będę miała poszlaki, sięgniemy po cięższą amunicję.

– A jednak udało się wam zabezpieczyć ten cholerny klucz! – zauważył Jakub. – Skąd wiecie, że Franek Kłopoczek za jego pomocą dostał się do szpitala?

– To pewne – podkreśliła Marta. – Znaleźliśmy go w pokoju Franka. Był przyklejony do dna szuflady. Tylko dlatego córka Gajdów została oczyszczona, a Kłopoczkowie obiecali pełną współpracę. Nakreśliłam im, że afera jest większa, i obawiają się, że syn miałby dodatkowo zarzut stręczycielstwa. To duża różnica: mieć dziecko w kryzysie, które popełnia samobójstwo, i takie, które zanim odebrało sobie życie, było zabójcą, dilerem prochów i jeszcze alfonsem.

– Odchrząknęła. – Ja osobiście jestem za tym, żeby do stręczycielstwa Franka nie mieszać, ale prokurator jest innego zdania. Klucz, który Franek posiadał, to zupełnie nowa kopia. Ten, kto mu go przekazał, wyrobił całkiem nowy wkład. Nie mamy żadnej przesłanki wskazującej na to, że chłopak wcześniej, przynajmniej przez rok, pojawiał się w placówce. Nie pisałby zresztą rozpaczliwych listów do dziewczyny i nie prosił o pomoc pacjentów, żeby mu je przekazali. Nie miał tego klucza wcześniej. To musiał być ktoś inny.

– Więc jak zamierzasz to rozwiązać? – spytał Jakub.

– Nie wiem. Liczyłam, że ty na coś wpadniesz. – Marta zwiesiła ramiona i usiadła naprzeciwko. Wpatrywała się w Jakuba błagalnym spojrzeniem.

– Prosisz mnie o pomoc? – upewnił się. – Bo chyba nie dosłyszałem.

Kozak uśmiechnęła się półgębkiem.

– A myślisz, że dlaczego opowiadałabym wam to wszystko?

– Żeby zaspokoić moją ciekawość? – włączyła się Ada. – A już myślałam, że jesteśmy kumpele.

Obie się roześmiały.

– Tak źle mówiłeś o swojej żonie, a równa z niej babka – skwitowała sierżant Kozak.

– Uwierz mi, Nocna Furia to kawał cholery. – Ada przejęła inicjatywę. – Ja jestem tylko jego koleżanką. – Podsunęła Marcie swoją wizytówkę. – Czasami razem pracujemy z Jakubem. Jestem prokuratorem w Warszawie, ale nie licz na mocne plecy. Na moim biurku są same kradzieże rowerów i oszustwa internetowe.

Nuda. Muszę odsłużyć swoje, żeby awansować do okręgówki. Znasz to, prawda?

Marta wzruszyła ramionami.

– Więc nie masz żadnego pomysłu? – naciskała, nie spuszczając z Jakuba wzroku.

– Tak z miejsca miałbym coś wymyślić? – Skrzywił się. – Wcześniej nie chciałaś nawet pobierać próbek DNA od pracowników szpitala.

– Do końca świata będziesz mi to wypominał? – parsknęła policjantka. – Słuchaj, znasz tę sprawę równie dobrze jak ja. Wymyśl coś. Może to być akcja w twoim stylu. Jakoś przerobię prokuratora proceduralnie, bo ma ciśnienie, żeby to skończyć. Sprawa na pewno odbije się szerokim echem, a jeśli udowodnimy większą aferę z prochami i sutenerstwem w szpitalu psychiatrycznym – to będzie bomba. Skorzystasz na tym i ty. Moi szefowie takich rzeczy nie zapominają. A kiedy będzie konferencja prasowa, są gotowi podać dziennikarzom nazwę twojej agencji. Nie opędzicie się od klientów.

– A więc to taka oferta – mruknął Kuba i zaraz umilkł.

Namyślał się chwilę, czy jest coś, czego jeszcze nie wykorzystała, a obie kobiety wpatrywały się w niego w napięciu.

– Róża nie została zgwałcona – oświadczył i czekał, aż policjantka potwierdzi. Kiedy tak się stało, kontynuował: – Sprawdziliście próbki pod kątem spermy czy obecności plemników? To drugie trwa dłużej i wykonuje się w sytuacji, kiedy sprawca może być bezpłodny albo jest po zabiegu wazektomii.

Sierżant Kozak otworzyła szerzej oczy.

– Robiliśmy tylko badanie podstawowe spermy. Nie było przesłanek do dalszych analiz.

– A jeśli Franek Kłopoczek nie zabił Róży? – rzucił sceptycznie Jakub. – Motyw młodzieńczej zazdrości trzymał się mocno, zanim na jaw wyszła cała gama innych przestępstw, które zresztą są ze sobą powiązane. Skoro tak wiele zła działo się w tej placówce, zbrodnia na rywalce wydaje się zbyt błaha.

– Błaha? Co ty opowiadasz? – zezłościła się Marta. – Nie prosiłam cię, żebyś podważał wszystko, co dotąd zebraliśmy. Potrzebuję tylko znaleźć winnego tych innych przestępstw. Handlu prochami i stręczenia dziewczyn w kryzysie... Nazwisko mordercy już mamy. Sam przecież podsunąłeś mi Franka!

– Tak, ale nie podałaś mi wtedy tych wszystkich faktów, które całkowicie zmieniają sytuację – podkreślił Sobieski. – Róża przyjaźniła się z Artemem. W szpitalu podejrzewano nawet, że mieli romans. Czy tak było, nie wiem. Na twoim miejscu bym się temu bliżej przyjrzał. Ale nawet jeśli tylko byli blisko, być może jego żona też to widziała. Czy była z tego zadowolona? A jeśli to on jest głównym złym w tej historii? Róża mogła być zszokowana, że jej przyjaciel wysyła dziewczyny na płatne spotkania dla seksu. Wiesz co, w obliczu nowych danych nie jest pewne, że Franek dokonał zabójstwa i kilka dni zwlekał z zabiciem samego siebie. Zrobił to, dopiero kiedy ujawniliście, że Róża nie żyje. Mógł wyjść ze szpitala nieświadomy tragicznego finału.

– Nieświadomy?! Musiałby mieć ograniczoną poczytalność, żeby czegoś takiego nie wspominać! – oburzyła się. – Wszedł tajnym wejściem, przespał się z Anastazją i zabrał prochy, którymi się szprycował przez następne dni, aż wreszcie wskoczył pod tramwaj. Smutna, tragiczna historia młodego człowieka.

– Będzie jeszcze smutniejsza, jeśli oskarżysz go o zabójstwo niesłusznie. Tego chcesz?

Sierżant Kozak zacisnęła usta ze złości, ale oboje wiedzieli, że przyznaje mu rację.

– Więc co mam zrobić?

– Potrzebujesz stuprocentowej pewności. Musisz znaleźć człowieka, który pomógł mu wejść do Koćwina. To może być zabójca. Kiedy jest pogrzeb Róży?

– Jutro o trzynastej.

– Skoro nie pobraliście próbek do badań pod kątem plemników, nie dowiemy się, kto stręczył dziewczyny i kto sprzedał Frankowi klucz. Ta osoba wciąż jest na wolności.

– No to już za późno. – Kozak rozłożyła ręce. – Musimy poradzić sobie inaczej.

– Dzwoń do prokuratora i powiedz, żeby przesunęli ceremonię – rozkazał. – Skoro tak mu zależy, pójdzie na to.

– Chyba żartujesz! Ciało z pewnością umyto i przygotowano do trumny. Nic nie znajdziemy. To kula w płot – żachnęła się. – Zresztą zwrócimy tym samym uwagę wszystkich.

– I świetnie – podkreślił Jakub. – Może to będzie doskonały pretekst, żeby przyjrzeć się tym, którzy od początku powinni być w gronie podejrzanych.

– Czyli komu? Masz kogoś konkretnie na myśli, to gadaj!

***

24 lutego, obrzeża Krakowa

Cmentarz, na którym miało spocząć ciało Róży Bernaś, obstawiony był ze wszystkich stron radiowozami. Godzinę wcześniej odbył się czarny marsz. Mieszkańcy Krakowa i okolic przeszli w milczeniu głównymi ulicami miasta i chociaż lokalne władze obawiały się zamieszek, bo do manifestacji dołączyła grupa karanych wcześniej za nielegalne bójki pseudokibiców, wszystko przebiegło pokojowo. Funkcjonariusze byli jednak w pełnej gotowości, ponieważ spora grupa umięśnionych mężczyzn wtopiła się w tłum i mogło być różnie. Ludzie nieśli powiększone zdjęcia zmarłej w Koćwinie nastolatki, a przed bramą składano wieńce, kwiaty i palono znicze. Młodzież zwolniono ze szkół, by mogła dołączyć do ceremonii pogrzebowych.

Kiedy Jakub z Adą przyjechali pod cmentarz, tłum był taki, że nie dałoby się włożyć szpilki. Telewizje przysłały swoich sprawozdawców, którzy przepytywali młodzież, a część wysłanników redakcji koczowała pod szpitalem w Koćwinie, o czym donosiły lokalne rozgłośnie.

– Jak się dowiedzą, że pogrzeb jest odwołany, będzie gorąco – skwitowała Ada i odsłoniła lusterko przy podsufitce, żeby sprawdzić, czy makijaż jej się nie rozmazał. – Szkoda, że ci wszyscy ludzie nie znają kuluarów całej sprawy. Dla nich Tomasz Bernaś to bohater. Wiesz, że w sieci pojawiły się teksty, że Werendarz słusznie wymierzyła sprawiedliwość Tamarze?

– Nie zamierzam tego czytać – mruknął Kuba. – Ludzie nie chcą prawdy. Chcą prostych wyjaśnień. To się nigdy nie zmieni.

Wysiadł z auta i z bagażnika wyjął swój sprzęt do podglądania.

– Co to ma znaczyć? – Ada spojrzała na niego groźnie. – Nie zamierzasz chyba używać tej lunety podczas pogrzebu?

– A czemu nie? – zdziwił się. – Przecież po to wszczęliśmy tę akcję, żeby znaleźć tajemniczego admina od klucza. Chcesz się teraz wycofać?

– Róży należy się szacunek – zaczęła. – Myślałam, że chodzi o pobranie dodatkowych próbek, zanim ciało zostanie zakopane.

– Też – przyznał. – Ale nie zaszkodzi przyjrzeć się niektórym żałobnikom. Sama wiesz, jak często sprawcy bywają na pogrzebach swoich ofiar. To dla nich rodzaj nobilitacji, emocjonalne trofeum. I zachowanie misterium śmierci.

Ada rozejrzała się i wydmuchała powietrze nosem.

– Jak zamierzasz ustawić swój punkt obserwacyjny? – parsknęła niezadowolona. – Z teleobiektywem będziesz zwracał uwagę.

– Niekoniecznie. Już raz udawałem dziennikarza.

– I ktoś się nabrał?

– Przez chwilę – mruknął Kuba i się skrzywił. – Ale faktycznie nie przyniosło to niczego dobrego.

Nagle Sobieski spostrzegł Roberta Jarosławca, który szedł pochylony z papierosem w kąciku ust i torbą fotograficzną wypakowaną sprzętem.

– Hej, masz pozwolenie? – krzyknął Sobieski, a Jarosławiec na jego widok znacznie przyśpieszył.

Jeszcze chwila, a fotograf zniknąłby za bramą, ale Kuba dopadł go w ostatnim momencie i szarpnął za ramię. Torba obsunęła się niebezpiecznie, lecz nie spadła. Sprzęt był cały.

– Dlaczego mnie prześladujesz? – warknął Jarosławiec, spoglądając na detektywa spod oka. – Z tego, co wiem, twoje śledztwo jest zamknięte. Nic tu po tobie. Pozwól dziewczynę odpowiednio pożegnać.

– Tylko dlatego zostałem – odrzekł spokojnie Jakub. – Gdzie masz stanowisko?

– Jakie stanowisko?

– Będziesz fotografował. – Wskazał aparaty Jarosławca, a potem otworzył swój sakwojaż. – Chcę dołączyć. Przynajmniej na początku.

– Kawał pieniądza tutaj widzę. – Fotograf oglądał obiektywy Jakuba i cmokał z uznaniem. – Nie wiedziałem, że posiadasz i takie talenty.

– Potrzebuję wejść z tobą i trochę się pokręcę. Pomożesz?

– Ty jakoś nie kwapiłeś się, żeby mnie wspierać – żachnął się ojciec Miłki.

– Sytuacja była inna.

Fotograf wzmógł czujność.

– To śledztwo nie jest zamknięte?

– Powiem ci po pogrzebie.

– Obiecujesz? Pogadasz z nami?

Kuba westchnął zniechęcony.

– Nie mam kwita i wolałbym mieć alibi w postaci twojej facjaty. Mogę zapłacić. To jak będzie?

Jarosławiec myślał chwilę, a potem wolno pokręcił głową.

– Nie potrzebuję twojej forsy – rzekł stanowczo, a Kuba już myślał, że będzie musiał szukać innego słupa, ale Jarosławiec go zaskoczył. – Uruchomisz kontakty i pomożesz mi spotkać się z córką. Ona teraz nikogo nie ma. Nie chcę zostawić Miłki w tym bagnie. Zresztą ty wiesz pewnie, co tam się działo... Do redakcji dochodzą różne słuchy. W prokuraturze nie chcą niczego potwierdzić, ale nie bez powodu na cmentarz przyszła cała brać kiboli. Może być gorąco. Jesteś przygotowany?

– Do Koćwina mogę pojechać z tobą choćby i po pogrzebie – zapewnił Kuba. – Ale to będzie raczej późno i profesor Kiryluk nie będzie na oddziale. Wieczorem wracam do siebie. Bądź jednak pewien, że jest kilka osób, które się za tobą wstawią. Nie sądzę zresztą, żeby dyrektorka miała coś przeciw, jeśli wykażesz inicjatywę.

– Ja chcę Miłkę stamtąd zabrać – oświadczył twardo Jarosławiec. – To mój warunek.

– Najpierw pokaż mi swoje stanowisko – zażądał Jakub.

– Kogo chcesz upolować tym sprzętem? – Fotograf się skrzywił. – Bo nie oszukasz nikogo, że ta luneta służy do robienia zdjęć reporterskich. To urządzenie snajperskie. Moi koledzy używali czegoś takiego na frontach.

– Ja też – mruknął Kuba. – Na zmianę z karabinkiem.

Te dwa zdania zaskarbiły Jakubowi szacunek ojca Miłki. Kiwnął na niego i ruszyli do wejścia na cmentarz. Sobieski zdążył się tylko odwrócić i dać znać Adzie, żeby zamknęła hiluxa. Była skupiona i lekko naburmuszona. Wiedział, że za jakiś czas napisze mu kilka wściekłych esemesów, bo niczego jej nie wyjaśnił, ale więcej o tym nie rozmyślał. Maszerował za Jarosławcem do kościoła, a po chwili wspinali się już obaj na wieżyczkę.

– Stąd masz najlepszy widok – pouczył go fotograf. – A jeśli będziesz potrzebował zdjęć tłumu w kościele, wejdź na taras dla chóru. Tam masz schodki przeciwpożarowe. Nimi szybko zejdziesz, zanim ludzie zatarasują wyjście na cmentarz. Jeśli chodzi o sam pochówek, to ci nie pomogę. Dalej musisz radzić sobie sam.

– Dzięki – powiedział Jakub i zaczął instalować się we wskazanym miejscu. – Tak do twojej wiadomości. Pogrzeb najpewniej opóźni się o kilka godzin. Jak jesteś głodny, radzę teraz coś zjeść, bo to potrwa. Ale warto zaczekać. Tylko uważaj, może być gorąco.

Jarosławiec zawahał się i chciał zadać kolejne pytanie, ale Sobieski powstrzymał go gestem.

– Idź już. Przeszkadzasz mi. Zdradziłem ci i tak więcej niż komukolwiek – rzucił. – Zrób użytek z tych danych. Dzięki za miejscówkę. Wiem, że oddałeś mi własną.

Kolejną godzinę Kuba przesiedział na wieżyczce kościoła i obserwował przez teleobiektyw twarze ludzi, niemal słyszał ich rozmowy – zdawało się, że byli tak blisko. Wśród żałobników dostrzegł Urszulę Gajdę z mężem. Stali przy samym ogrodzeniu, z dala od bliskich Bernasiów. Przez teleobiektyw Jakub dokładnie widział mimikę kobiety i był przekonany, że jest w swojej tradycyjnej roli zbolałej matki, która współczuje innej cierpiącej rodzicielce. Wciąż nie mógł się nadziwić jej różnym odsłonom, bo żal i łzy Urszuli wydawały się dzisiaj szczere.

Obserwował też dokładnie mężczyzn, o których Jarosławiec mówił, że są fanatycznymi kibicami. Miał wrażenie, że rozpoznaje przynajmniej dwóch, którzy byli z Bernasiem tego dnia, kiedy go uprowadzono, ale dzisiaj żaden nie miał na sobie dresu, a wielu włożyło odświętne płaszcze. Tuż za płotem, w niewielkiej zatoczce dla śmietników, Kuba spostrzegł Artema Stolnikowa. Sanitariusz krył się za drzewem i wypełnionymi kontenerami. Gdyby Kuba nie siedział na wieżyczce kościoła, z dołu nigdy by go nie zobaczył. Zrobił zbliżenie i na wszelki wypadek wykonał kilka ujęć. Chociaż aparat był cyfrowy, musiał oszczędnie administrować baterią i kartą pamięci, bo nie wziął do Krakowa zamienników. Biorąc ze sobą sprzęt do podglądania, nie przypuszczał, że w ogóle go użyje. Większość czasu obserwował więc zachowanie Artema jakby przez lornetkę i z każdą chwilą był coraz bardziej przekonany, że on jest powiązany ze sprawą.

Po głowie krążyły mu dziesiątki myśli. Po co Artem przyszedł na pogrzeb, jeśli się ukrywa? Ryzyko ujawnienia było kolosalne. Wręcz nieuniknione. Skoro zdecydował się uczestniczyć w ostatnim pożegnaniu Róży, czy nie lepiej byłoby wmieszać się w tłum i udawać obojętność? Tymczasem na twarzy Artema malował się szczery zawód, gniew i podejrzana zaciętość.

– Czego tutaj szukasz, Artemie? – powiedział do siebie Kuba. – Co knujesz?

Ksiądz odprawił mszę i kondukt żałobny kierował się na cmentarz, a wtedy do kościoła weszli umundurowani policjanci. Tłum zaczął się rozstępować. Jakub widział z góry sierżant Kozak, która wydawała rozkazy i kazała ludziom opuścić budynek. Zebrani zaczęli protestować, ale policjantka podeszła do księdza, szepnęła mu coś na ucho i potem duchowny kolejno przekonywał żałobników, żeby nie robili problemów.

Nie minął kwadrans, a kościół był pusty. Wtedy wejściem od zakrystii do kościoła wkroczyła ekipa w fizelinowych płaszczach. Technik, który dowodził zespołem, przyniósł ze sobą małą walizkę. Kuba był już pewien, że ich plan się powiedzie. Odwrócił teleobiektyw i zajął się obserwacją ludzi zebranych na placu.

Tak jak się spodziewał, większość była zbulwersowana, oburzona, a niektórzy głośno wygrażali policji. Prawdziwa zadyma zaczęła się jednak, dopiero kiedy policjanci wyprowadzili z radiowozu ojca zamordowanej dziewczyny. Tomasz Bernaś szedł zakuty w kajdanki. Na sobie miał wygnieciony garnitur, który był na niego za mały. Szyję ściskał mu przedpotopowy krawat. Rozejrzał się czujnie i lekko wyprostował na widok swoich kompanów.

– Psiarnia kombinuje coś przy trumnie – krzyczeli do niego i dawali mu znaki. – Mamy rozwalić drzwi i odbić małą?

Bernaś podniósł dłoń, żeby się nie zbliżali. Nie odezwał się słowem. Stał wciąż lekko przygarbiony i łypał oczyma na boki. Asekurujący go policjant zaprowadził go na miejsce pochówku, posadził na małej koślawej ławeczce, gdzie czekała już jego żona z małym dzieckiem na ręku.

Kobieta zdziwiła się na widok męża, jakby nie dowierzała, że wypuścili go z aresztu na pogrzeb córki. Wtuliła się w jego muskularne ramiona i zaczęła tak głośno płakać, że Jakub słyszał ją na wieżyczce. Nie minęła chwila, a maluch na jej rękach wybudził się z drzemki. Kuba więcej nie był w stanie zobaczyć, bo tych dwoje otoczyła zgraja kiboli.

Ktoś podniósł dziecko, starając się je zabawić, a kiedy policjanci podbiegli, by rozgonić gromadę, Bernasia nie było już w pobliżu. Jego żona, zapłakana, cicha i nieruchoma, siedziała w tym samym miejscu. W dłoni miała butelkę z mlekiem, które skapywało na jej czarną spódnicę. Otwarte kajdanki leżały tuż obok.

Z radiowozów zaczęli wyskakiwać funkcjonariusze. Kuba rozpaczliwie skanował teleobiektywem otoczenie. Zrobił zbliżenie miejsca, gdzie wcześniej ukrywał się Artem, i zobaczył, że jeden z pojemników na śmieci jest przewrócony, a stare wiązanki i reklamówki z wypalonymi zniczami walają się pod drzewem. Zrobił zdjęcie tego miejsca. Powiększył. Dopiero wtedy dostrzegł dziurę w ogrodzeniu, którą przysłaniał wcześniej kontener. Pojął, że Stolnikow wybrał to miejsce, żeby pilnować drogi ucieczki.

Przesłał fotografię sierżant Kozak i żałował, że nie zaopatrzyła go w krótkofalówkę. Wybrał jej numer, ale oczywiście nie odbierała. Wyobrażał sobie, że policjantka stara się zapanować nad spanikowanym tłumem. Nie zastanawiał się dłużej. Zostawił swój sprzęt i rzucił się w pogoń.

Parł naprzód, przeciskając się w przeciwnym kierunku, skąd ewakuowano ludzi. Bałagan był taki, że istniała groźba stratowania dzieciaków, które na tę okazję zwolniono z pobliskich szkół. Zmienił więc plan i ruszył dookoła, za kościół.

Przeskoczył ogrodzenie, od strony ulicy dobiegł do dziury, którą widział z wieżyczki, i rozejrzał się, stawiając się w roli zbiegów. W myślach obstawiał, którą drogę ucieczki wspólnicy mogli wybrać. Wtedy zauważył starego mercedesa, z którego rury wydechowej wydobywał się czarny dym. Skojarzył to auto z samochodem, który widział tej nocy, kiedy próbował włamać się do szpitala; przestawiał je właśnie pomocnik Artema.

– A więc jesteście w zmowie – wychrypiał na głos do siebie.

Już miał biec do hiluxa, żeby ruszyć w pogoń, kiedy za kierownicą dostrzegł Mikołaja, drugiego sanitariusza z Koćwina. Pozostałe siedzenia były puste. Czyżby Artem i Bernaś położyli się na tylnej kanapie? Mercedes minął go niemal na wyciągnięcie ręki i Kuba już miał pewność, że poza Kolą nikogo wewnątrz nie było. A więc to nie tym samochodem uprowadzono Bernasia, domyślił się. No, chyba że Mikołaj wywiózł zbiega w bagażniku, ale Kuba wątpił, czy byłby na to czas. Rozglądał się jeszcze chwilę po okolicy. Wszędzie byli ludzie. Mundurowi starali się zaprowadzić jako taki porządek. Nagle po drugiej stronie jezdni, na skraju lasu, Kuba zauważył siatkę z suchą wiązanką. Wiedziony instynktem pobiegł w tamtym kierunku.

Jakiś czas podążał wzdłuż traktu, ale po namyśle zszedł ze ścieżki i ruszył w głąb lasu. Ledwie dyszał, w końcu musiał zwolnić. Wiedział, że takie poszukiwania nie mają właściwie żadnego sensu. Znów wykręcił do sierżant Kozak. Tym razem odebrała po pierwszym dzwonku.

– Co się z tobą dzieje? – Głos miała zasapany, jakby gdzieś biegła. – Wspinałam się na tę cholerną wieżę i cię nie zastałam! Co to za fotografia, którą mi przysłałeś? – Zarzuciła go pytaniami.

– Bernasiowi pomógł uciec Artem – wydyszał Kuba. – Tam gdzie jest zwalony kontener, była przerwa w ogrodzeniu. Musieli tamtędy wyjść. To było od początku zaplanowane.

– Artem jest tutaj. Dostał nożem w brzuch. Czekamy na karetkę.

Kuba zatrzymał się i za wszelką cenę starał się uspokoić oddech.

– A Bernaś? – wychrypiał.

– Poszukujemy go – padło w odpowiedzi. – Zgarnęliśmy większość jego ekipy. Nie ma opcji, żeby któryś z jego kumpli mu pomógł. Gdzie ty jesteś?

Kuba obrócił się wokół własnej osi.

– W lesie – odpowiedział. – Jak wyjdziesz przez tę dziurę, to kieruj się na ósmą. Zobaczysz rozsypane wiązanki i śmieci cmentarne. Myślę, że wbiegł do lasu.

– Dam znać naszym ludziom, a ty wracaj – poleciła. – Zadyma jest taka, że głowę mi urwą, jeśli próbki okażą się niezgodne. Módl się, bo jak stracę tę robotę, pożałujesz.

– Będą zgodne – zapewnił Kuba. – Skoro Bernaś dźgnął Artema, musiał wiedzieć o jego romansie z córką i pewnie siedział cicho tylko dlatego, że planował zemstę.

– Niby dlaczego akurat teraz?

– Teraz nie ma już nic do stracenia. Na stówę będzie siedział za współpracę z Lindą Werendarz.

– Słuchaj, nie mam czasu teraz tego rozkminiać. Widziałam Adę w twoim samochodzie. Przekażę jej sprzęt. Masz coś przeciwko? – Zawahała się i dorzuciła jakby na przeprosiny. – Wracaj do siebie. Nie chcę, żeby ktokolwiek widział nas razem. Tak będzie lepiej.

– Pewnie – zgodził się. – Tylko się tu pokręcę. Ale wyślij szybko kogoś z psami, to jest szansa, że go dopadniecie. To jedyne miejsce, gdzie można się ukryć. Gdybym był zbiegiem, ruszyłbym w las i przeczekał pogoń.

Ostatnich jego słów sierżant Kozak nie usłyszała, bo kiedy Jakub odsunął słuchawkę od ucha, zobaczył całkiem ciemny wyświetlacz. Nie był pewien, od kiedy mówił sam do siebie.

– Kurwa! – przeklął. – Musiał teraz zdechnąć!

Schował komórkę do kieszeni i ruszył naprzód miarowym krokiem. Nie zrobił nawet kilkuset metrów, kiedy w krzakach coś się poruszyło. Odbezpieczył broń i skierował ją w tamtym kierunku.

– Wyłaź! – krzyknął. – Trzymam cię na muszce.

Odpowiedziała mu cisza.

– Nie zmuszaj mnie, żebym użył tego gnata. – Skulił się, ale powoli szedł do przodu.

Gałęzie pozostały nieruchome. Sobieski wpatrywał się w to miejsce jak zaczarowany, a potem dostrzegł ruch kilka metrów dalej. Widział wyraźnie masywną sylwetkę. Uciekający mężczyzna utykał. Kuba rzucił się za nim biegiem i skoczył mu na plecy.

– Ręce za siebie. Nie ruszaj się i nie rób głupot – ostrzegł go.

**

Tomasz Bernaś nawet nie syknął. Kiedy Kuba zapiął mu plastikowe stalki na przegubach i odwrócił go do siebie twarzą, mężczyzna zmrużył oczy.

– Trzeba było cię wtedy unieszkodliwić, mendo – wysyczał, prawie nie otwierając ust. – Wiedziałem, że będą z tobą kłopoty.

– Miałeś swoją szansę, a teraz zamknij jadaczkę.

– Nic nie powiem, gnoju. Nawet na to nie licz.

– Ktoś cię o coś pytał? – zniecierpliwił się Jakub, bo gorączkowo zastanawiał się, jak doprowadzić tego człowieka do kordonu policji.

Byli w samym środku lasu. Na ziemi breja rozpuszczonego śniegu i błota, a wokół żywego ducha. Poza plastikowymi kajdankami, które sam nie wiedział kiedy zostawił omyłkowo w kieszeniach bojówek, Jakub nie miał niczego, czym mógłby skrępować zbiega. Ściągnął z szyi szalik i wyciągnął ze spodni pasek. Kiedy zaczął nimi mocować Bernasia do drzewa, mężczyzna wybuchnął gromkim śmiechem.

– Tym chcesz mnie tutaj przywiązać? – kpił.

Jakub nie zwracał na niego uwagi. Wyjął scyzoryk i posiłkując się nim, przeciął szalik, a potem rozdarł go na dwie części wzdłuż. Skrupulatnie przewiązał nim tors mężczyzny, a następnie owinął nim drzewo. Pasek oplótł wokół jednej z kostek więźnia i przypiął go nim do pnia. Kiedy Bernaś zaczął mu przeszkadzać i przesadził z szyderą, Kuba strzelił go na odlew w twarz i wyciągnął pistolet.

– Spokój! – ryknął rozzłoszczony. – Gdybyś nie miał takiego bebzona, może nie musielibyśmy tyle kombinować.

Spojrzał z satysfakcją na Bernasia, który na widok lufy glocka natychmiast umilkł i przestał wierzgać.

– Zamierzasz mnie tu zostawić? – odezwał się po dłuższej pauzie. Był już wyraźnie zaniepokojony. – Dlaczego nie wołasz psów? Masz coś z głową? A może chcesz mnie zajebać? Za ten numer w starej zajezdni? Daj spokój, to były tylko żarty...

– Żarty? – Jakub powtórzył jak echo i oddalał się tyłem, wciąż trzymając Bernasia na muszce.

Teraz już mężczyzna nie odważył się szydzić. Pojął wreszcie, że kroi się coś grubszego niż kolejne zatrzymanie.

– Jesteś pierdolnięty! – wyszeptał tylko pod nosem.

Wgapiał się w lufę pistoletu i nawet nie mrugał.

– Wysłałeś córkę do szpitala po partię towaru, którego Artem nie chciał ci wydać dobrowolnie? – zapytał Jakub, choć brzmiało to raczej jak stwierdzenie faktu.

– O swoich prywatnych sprawach nie będę z tobą gadał, synku – oświadczył Bernaś hardym tonem, udając, że znów odzyskał rezon. – Ale bądź pewien, że jak się z tego wyplączę, moi chłopcy cię dojadą. Na pułapce w maszynowni się nie skończy. Naprawdę potrzebowałeś aż tylu godzin, żeby się stamtąd wydostać? Ten dziadzio, który cieciuje na zajezdni, jest ślepy i głuchy. Starczyłaby stówa i wyszedłbyś bez kropli potu. Widzieliśmy, jak gnasz po ulicy zesrany w gacie. – Zaśmiał się okrutnie, a potem zrobił ruch i szalik, który tak pieczołowicie Kuba wiązał, spadł na ziemię.

- Ups. Chyba nie masz doświadczenia w porywaniu frajerów.

Kuba westchnął ciężko i zacisnął dłoń na pistolecie. Czuł, że kolba jest już śliska od potu. Wiedział, że tym sposobem nie utrzyma Bernasia w ryzach. Ten człowiek był nawykły do agresji. Niełatwo będzie go zastraszyć. Opuścił lufę i schował glocka do kabury, ale jej nie zapiął. Zamiast tego wyjął iqosa i zapatrzył się w dal. Nie było tam niczego poza gąszczem drzew i krzaków pozbawionych liści.

Jak zacznie się ściemniać, będzie tu upiornie, pomyślał. Nie wiedział, ile czasu wytrzyma jeszcze jego pasek. Stalki, którymi skrępował Bernasia, były jakąś tanią chińszczyzną. Nie miał pewności, że ten siłacz w którymś momencie się nie uwolni. Krew by się polała i mógłby rozerwać sobie ścięgno, ale Kuba kiedyś tego próbował i wiedział, że nie jest to niemożliwe. Miał nadzieję, że Bernaś nie okaże się takim spryciarzem. Gdyby miał ze sobą chociaż swój plecak z powerbankiem, mógłby podładować baterię telefonu i wezwać sierżant Kozak, a tak będzie musiał grać na zwłokę, póki czegoś nie wymyśli.

- Róża romansowała z Artemem przed pobytem w szpitalu czy dopiero tam się poznali? - zadał pytanie, udając, że nie patrzy na swojego więźnia. A ponieważ Bernaś milczał, dorzucił: - Wiesz, dlaczego policja opóźniła pogrzeb?

- Nie wiem, ale mnie to wkurwiło. - Bernaś dał się w końcu wciągnąć w dialog. - Gdybym nie był w bransoletkach, rozpirzyłbym ten zlot psiarni w drobny mak. W dupie mam klechę i resztę grabarzy. Od początku współpracowali z policją. To było ustawione.

– Owszem. Byli uprzedzeni. – Kuba wszedł mu w słowo. – A zamknęliśmy kościół i wyprosiliśmy ludzi, żeby pobrać dodatkowe próbki. Na okoliczność stosunku płciowego twojej córki z podejrzanym – dodał z satysfakcją, bo twarz ojca dziewczyny natychmiast stężała.

– My? – ryknął wkurzony Bernaś. – Od kiedy to jesteś w ich brygadzie? Z tego, co wiem, kundel z ciebie, i to na dodatek skompromitowany. Potajemnie marzysz pewnie o mundurku smerfa?

– Czasami. – Sobieski pokiwał głową. – To jak to było z Artemem? Dlaczego go dziabnąłeś? Wiesz, że on przeżyje? Uzyskałeś tylko tyle, że posiedzisz kilka lat dłużej. To było głupie. Nawet bardzo, bo wcześniej prawie nic na ciebie nie mieli i gdybyś poszedł na współpracę, urwałbyś dobrych kilka zimowisk w paczce.

– Pierdolę! Nie pójdę na żadne układy z mendami! – warknął Bernaś. – A głupie to jest sypianie z dziewczynkami, które i tak mają kisiel w głowie! Róża o wszystkim mi napisała. Miałem plan, że jak wyjdzie, naślę tam swoich chłopaków i ten gnój nie usiadłby bez bólu w dupie do końca życia.

– A więc wiedziałeś, że córka ma romans z facetem w twoim wieku, i to akceptowałeś? – Jakub był prawdziwie wstrząśnięty. – Co z ciebie za ojciec?! Jak możesz brać pod swój dach jeszcze inne dzieci?

– Mam swój honor i nie wpierdalaj się do moich spraw. Już ci mówiłem, że moje stado jest prowadzone prawidłowo. Dopóki się nie wmieszałeś, nikomu nie przeszkadzało, co robię w wolnym czasie i jakiej drużynie kibicuję.

- A więc wiedziałeś - skwitował Jakub. - Mimo to dopiero na pogrzebie zaatakowałeś Artema Stolnikowa. Lżej ci teraz? Uważasz, że to załatwia sprawę?
- Nagrywasz to? - Bernaś zmrużył podejrzliwie oczy. - Gadasz, jakbyś wypuszczał mnie na jakieś pierdolone przyznanie się do winy.

Kuba uśmiechnął się lekko i wyciągnął z kieszeni swój martwy telefon, a potem znów sięgnął po glocka. Obejrzał go i wyjął magazynek, policzył kule. Włożył z powrotem, odbezpieczył.

- Jesteśmy tutaj tylko ja i ty - oświadczył. - To, co się stanie, będzie naszą tajemnicą. Odpalę cię albo zostawię na pastwę wilków. Mnie wszystko jedno, bo oficjalnie wracam już do siebie, więc jakby mnie tutaj nie ma. W sumie nawet lepiej, żebyś zgnił w tym zagajniku. Społeczeństwo oszczędzi na puszkowaniu takiego gnoja jak ty. Mogę cię też odstawić na psiarnię, ale mówiłeś, że nie zamierzasz z nimi gadać. Chcesz, to uwolnię cię z tego kłopotliwego wyboru.

Strzelił raz w sąsiednie drzewo. Bernaś odruchowo zacisnął powieki i próbował wygiąć ciało w paragraf, ale zaraz się wyprostował, bo unieruchomiona noga nie pozwalała na przyjęcie innej pozycji. Był prawdziwie zaskoczony i pierwszy raz Jakub zobaczył w jego oczach strach.

- Co ty?! Odjebało ci?
- Ja tylko zadaję pytania. Proste, nieskomplikowane. Na żadne z nich nie udzieliłeś odpowiedzi.
- Bo są bez sensu, idioto! - warknął Bernaś. - Artem Stolnikow pracował dla mnie praktycznie od początku swojego zatrudnienia.

– Czyli od roku? – doprecyzował Jakub.

– Wprawdzie to Linda go znalazła i przez cały czas się z nim kontaktowała, więc miał prawo uważać, że to ona jest szefową. Wszystkie transakcje robiła z nim i tą jego grubaśną żoneczką do czasu, aż jakiś świr zgwałcił jej córkę. Po aferze, jaką rozpętała, Artem odmówił dalszej współpracy i nie chciał dostarczać prochów, a ja miałem już zbudowaną siatkę odbiorców i potrzebowałem jeszcze więcej towaru niż dotychczas. Nasyłałem na Stolnikowów moich chłopców, ale nie skutkowało. Poszli po rozum do głowy i przywieźli jakiegoś tłuka z Ukrainy, który zdezerterował z wojny. Trzymali go u siebie jak ochroniarza.

– Chodzi ci o Mikołaja? – Kuba zmarszczył brwi.

– Tego drugiego sanitariusza, który zawsze jest na zmianie z Artemem?

– Przedstawiał się jako Kola, więc może i tak. Jeden pies. – Bernaś machnął ręką. – Jak któregoś razu kilku moich bohaterów próbowało dojechać tego Kolę, pokazał im swój arsenał broni. Amunicji miał tyle, że lokalne smerfy by się zesrały na ten widok. Moje chłopaki spieprzały z tego bloku, aż się kurzyło, a uwierz, że to nie są cieniasy. Przy okazji dowiedziałem się, że Werendarz na boku kręci swoje lody. Pobierała od Tamary regularny haracz. Sam nie wiem, dlaczego Artem na to poszedł. Płacili praktycznie od początku. Pewnie Werendarz go oszukała, że to niby dla mnie. Nie znałeś Lindy, umiała człowiekiem odpowiednio zakręcić.

– Wręcz przeciwnie. – Sobieski zgodził się z Bernasiem. – Była z niej niezła aktorka. Naprawdę ci wierzę.

– Ten haracz to były w sumie drobne kwoty, ale Lindzie opłacało się co miesiąc spotykać z Tamarą, bo przecież i tak odbierała mój towar – wyjaśnił Bernaś. – Nie było nigdy tak, że przestaliśmy im płacić. Myślę, że jakoś to sobie budżetowali. Artem mówił mi, że zbierają na chatę i wysyłają rodzinie, która została w Ukrainie. Liczyli każdy grosz. Kiedy Werendarz zrobiła aferę o gwałt na córce, Artem uniósł się honorem i nie wypuścił na rynek ani jednej tableteczki. Myślałem, że znaleźli innego odbiorcę, ale nie, on bał się szukać kogoś nowego. Można powiedzieć, że czekał na propozycje i gromadził towar. Skontaktował się ze mną jakiś miesiąc temu i zażądał, żebym anulował haracz Werendarz, a ją samą wyeliminował z interesu. Po prostu dał mi do zrozumienia, że biznes między nami może dalej się kręcić, ale ona ma wypaść z układu.

– I co zadecydowałeś?

– Ściemniłem jej, że zamykamy interes, bo nie mamy dostawcy. – Bernaś wzruszył ramionami. – Niedługo dawała się nabierać. Przyjechała i od razu zaczęła dymić. Pomieszkała to tu, to tam. Nockę u starych, dwie w jakimś schronisku dla samotnych matek. Odgrywała ofiarę i ostatecznie załatwiła sobie pokój w Horusie. Ale ja wiedziałem, że tylko po to, żeby przesłuchać wszystkich naszych klientów. Chciała mieć pewność, czy nadal działam na rynku z Artemem.

– A działaliście?

– Nie zdążyliśmy. Artem znów powiedział „stop", bo Werendarz groziła im policją. Szantażowała Tamarę, bo ta się jej najbardziej bała i była podatna na manipulacje, a Stolnikowowie właśnie dostali przydział na mieszkanie z miasta. Artem powiedział mi, że musimy się wstrzymać na jakiś czas. Zapewnił, że ma sporą ilość towaru i jak tylko przejmą lokal, ruszamy z biznesem.

– Wtedy wymyśliłeś, że wyślesz po te prochy córkę?

– Róża sama to zaproponowała. – Bernaś pochylił głowę. – Ona wierzyła, że my pomagamy młodym ludziom, którzy nie mają szansy dostać się do psychiatry. A czasem lepiej wziąć leki niż się pociąć... Róża od dziecka obracała się w gronie takich, którzy regularnie lądują na SOR-ze po próbach samobójczych. Kiedyś prowadziłem taką fundację...

– „Porcelanowe aniołki"? – podsunął Kuba.

– Miłka, córka Werendarz, to wymyśliła. Że te wszystkie dzieciaki są kruche jak z porcelany. Niewinne i bezgrzeszne jak aniołki, ale starczy jeden nieprzemyślany ruch, a mogą się stłuc, rozpaść na wiele małych kawałków. Nawet gdy czasem da się je posklejać, nigdy już nie będą takie jak na początku.
– Zawahał się i kontynuował: – W sumie poznaliśmy się z Werendarz przez bloga Miłki, bo Róża z nią pisała i dziewczynki się zaprzyjaźniły. A potem okazało się, że ojcem Miłki jest mój kumpel ze szkoły, który mieszka dwa bloki dalej.

– Robert Jarosławiec – wszedł mu w słowo Kuba.

– Świat jest mały – potwierdził Bernaś. – Ludzie dziwili się, że Róża jest taka stabilna. A ona po prostu była twarda, cwana i miała charakter. Lubiłem ją. Ciężko było ją zagiąć. – Ojciec na wspomnienie córki lekko się uśmiechnął. – Tylko dlatego pozwoliłem jej, żeby dała się tam zamknąć i zdobyła nasz towar.

– Zdobyła, czyli ukradła? – Jakub nazwał rzecz po imieniu. – Bo po prostu nie chciałeś za niego płacić.

– Ukrainiec za długo mnie zwodził. Musiałem zachować twarz przed chłopakami. – Bernaś butnie podniósł podbródek. – Byłem pewien, że moja Różyczka przechytrzy Artema i zagramy mu na nosie. W najgorszych snach nie spodziewałem się takiego finału.

Tym razem Bernaś umilkł na dobre.

Jakub przyglądał się ojcu Róży i zastanawiał się, ile w jego słowach jest wybielania się, a ile prawdy.

– Dlaczego zaatakowałeś dzisiaj Artema? Uważasz, że to on zabił Różę?

– Nie! – zaprzeczył gwałtownie Bernaś. – Zrobiłem to ze złości, bo jej nie obronił.

– Przed kim?

– Tak naprawdę to nie wiem – żachnął się Bernaś. – Mogę tylko podejrzewać.

– Franek, którego wysłałeś do szpitala po prochy? – naciskał Jakub. – Kolejny porcelanowy anioł, który przez twoją niby-pomoc stracił życie?

– Franek prędzej zabiłby siebie, niż skrzywdził moją Różę – wyburczał Bernaś. – To był chłopak o miękkim sercu i rozbuchanej fantazji. Żył w marzeniach. Miłość, nienawiść, rozpacz, smutek, ekstaza... Wszystko musiało być na najwyższych obrotach.

– Brzmi jak recepta na zbrodnię.

– Wiem, że to nie on – powtórzył stanowczo Bernaś.

– Skąd ta pewność?

– Bo nie przyniósł mi tych tabletek, a kiedy wrócił, gadał tylko o tym, że Anastazja go rzuciła. Nawet nie wiedziałem, że spotyka się z jakąś inną laską niż moja córka. Dotąd myślałem, że są z Różą parą.

– To, że nie dostarczył ci towaru, o niczym nie świadczy – zauważył Jakub. – A o zbrodni rzadko który sprawca mówi postronnym.

– To nie on – upierał się Bernaś. – Moją córkę zabił ktoś inny. Jeszcze tej samej nocy prochy z partii Artema weszły na rynek. – Bernaś zawahał się, a potem dodał ciszej: – A zresztą, zanim dzisiaj sprzedałem mu kosę, spytałem, czy sam kolportuje mój towar w mieście. Odpowiedział, że został okradziony, i myślał, że to moja sprawka.

– Nazwisko! – nie wytrzymał Kuba. – Kto zajął twój teren?

– Ten sam gość, na którego wystawiła zlecenie moja córka, kiedy była jeszcze w Koćwinie. Chciała, żebym wysłał swoich łobuzów do obicia mu gnatów. Pisała, że gość stręczy dziewczyny ze szpitala jakimś obleśnym dziadom w tym lasku. – Starał się odwrócić głowę. – Wiecie o tym, skoro macie moją elektronikę – dokończył.

– Nazwisko tam nie pada – zauważył Sobieski.

– Już padło w naszej rozmowie – wymądrzał się Bernaś. – Na drugi raz uważniej słuchaj, synku, bo odpowiedź zawsze zawiera się w pytaniu.

– W tym lasku? – Kuba powtórzył jak echo. – Co miałeś na myśli?

– Jesteśmy na tyłach szpitala w Koćwinie – wyjaśnił zniecierpliwiony motorniczy. – Gdybyś pochodził z Krakowa, nie musiałbym ci tego tłumaczyć. Starczy, że przejdziesz ten gąszcz, i dotrzesz na skróty do szpitala. Znajdziesz tam tego skurwysyna, bo jak tylko zaczęła się zadyma, zwiewał z pogrzebu jak lis z kurnika. Śpiesz się, bo założę się, że się pakuje.

Kuba na chwilę oniemiał, a potem odruchowo sięgnął do kieszeni i wyjął swój martwy telefon. Kliknął przycisk włączania i pojawiło się jabłuszko. Chwilę potem na ekranie zobaczył wszystkie aplikacje, a bateria była naładowana w pięćdziesięciu procentach. Poczuł ulgę, że komórka po prostu się zawiesiła, i pośpiesznie wysłał pinezkę ze swoją lokalizacją do Ady. Cyknął jeszcze zdjęcie unieruchomionego do drzewa Bernasia i wystukał: „Mikołaj, sanitariusz. Idę po niego do szpitala. Daj znać Kozak. To nasz sprawca".

– Zaraz cię zgarną – rzucił do Bernasia, a ten jak na zawołanie znów zaczął się awanturować, więc dodał: – I nie myśl o składaniu skargi. Jesteśmy kwita.

– Rozepnij mnie, idioto! Chcę iść z tobą!

Kuba zastanawiał się chwilę, aż wreszcie podszedł i odpiął pasek od drzewa, a potem spróbował przeciąć stalki, ale najwyraźniej to była jednak mocniejsza produkcja, bo nie szło wcale łatwo.

– Ręce na głowę! – usłyszeli z oddali. – Ani kroku dalej.

Kuba lewą dłoń położył na kaburze, a drugą podniósł. Przez chwilę łudził się, że to gliniarze ich znaleźli, ale wtedy z zagajnika wyszedł Mikołaj, drugi sanitariusz, którego ostatnio Kuba obezwładniał na terenie szpitala i któremu dawał łapówkę. Tym razem mężczyzna w rękach miał obrzyn wyglądający na starodawny, a cały jego tors obwieszony był taśmami z amunicją.

– Leżeć, psie – rozkazał Sobieskiemu i detektyw karnie położył się na mokrej ziemi.

Czuł, jak tamten obszukuje jego kieszenie, wyciąga z kabury pistolet i chociaż miał ochotę zrobić mu ten sam numer co ostatnio, to jednak ilość broni, którą sanitariusz miał teraz ze sobą, skutecznie go powstrzymywała.

Bernasia nie było tak łatwo spacyfikować. Chociaż ręce miał wciąż związane, rzucił się na Mikołaja i powalił go na ziemię niczym wielki pocisk. W chwili upadku obrzyn w rękach Ukraińca wystrzelił, polała się krew.

Kuba odciągnął ojca Róży na bok, a potem uciskał jego bark, z którego sikało jak z fontanny. Na miejscu zdarzenia nagle zaroiło się od mięśniaków w żałobnych marynarkach. Pojawili się nie wiadomo skąd i był ich cały oddział. Skopali Mikołaja tak, że zamiast twarzy miał kawał chabaniny. Dopiero na wyraźny rozkaz Bernasia przestali się nad nim pastwić.

– Dzwoń po gliny – wychrypiał do Sobieskiego ojciec Róży. – A wy spierdalajcie, jemu już starczy – rzucił do swoich chłopaków. – Dobra robota. – Uśmiechnął się, po czym stracił przytomność.

***

25 lutego, Kraków

Ada odebrała Jakuba ze szpitala i zawiozła go prosto do komendy policji, gdzie miał złożyć kolejne zeznania. Tym razem poza sierżant Martą Kozak przy dyżurce czekał istny orszak powitalny: siwy facet z aktówką w rękach, którego przedstawiono jako prokuratora okręgowego, szef komendy w mundurze galowym i mecenas Anita Brhel. Przywitali Kubę jak bohatera.

Sobieski czuł się zażenowany i cieszył się, że ma rękę na temblaku, co znacznie przyśpieszyło ceremonię powitania. Prokurator i komendant szybko się zmyli, ale mecenas Brhel najwyraźniej nie zamierzała wychodzić, a co gorsza, podążyła za sierżant Kozak do pokoju przesłuchań i ulokowała się przy jednym ze stolików ze swoją luksusową teczką, z której wyjęła wielkie opakowanie czekoladek.

– Przyszłaś mnie przeprosić? – zażartował Sobieski.

– To nie dla ciebie – odparła chłodno i z powagą.
– A jestem tutaj na polecenie Gajdów. Potrzebujesz dobrego prawnika. Nie martw się. Dziś nie pracuję pro bono. Mam nadzieję, że ta satysfakcja ci wystarczy. Paweł z Urszulą zgodnie podpisali mi pełnomocnictwo.

Kuba nic nie odpowiedział. Spojrzał na ubawioną sierżant Kozak, która bezceremonialnie rozpakowała czekoladki i zaczęła je kolejno pakować do ust. Na widok zszokowanego Jakuba opamiętała się i podsunęła mu pudełko.

– Dobrze się spisałeś, ale teraz musimy to jakoś z głową poskładać – rzuciła z pełnymi ustami. – Takie dostałam polecenie z góry. Nie może być mowy o żadnej wtopie formalnej. Jesteś głównym świadkiem oskarżenia. Rozumiesz?

– Przeżył? – Jakub wszedł jej w słowo. – Chodzi mi o ojca Róży, bo skoro mnie tutaj trzymacie, to ten drugi będzie sądzony.

Poruszyła głową i Sobieski nie do końca wiedział, czy to znaczy „tak", czy raczej wręcz przeciwnie.

– Obaj panowie dochodzą do siebie – odpowiedziała za Martę adwokatka. – Mamy w każdym razie czas, żeby przygotować się do procesu. A będzie co robić. Zabójstwo Róży to tylko wierzchołek przestępstw Mikołaja Niekrasowa, a raczej Witalisa Maczka, bo tak naprawdę nazywa się sprawca. Handel środkami odurzającymi, sutenerstwo, nakłanianie do nierządu i nielegalne posiadanie arsenału broni. Do tego pobicia, malwersacje, przekręty internetowe i bankowe. Jest jeszcze kilka innych, o których nie musisz wiedzieć, a część z nich została popełniona w Ukrainie, bo facet użył dokumentu osoby nieżyjącej, żeby wjechać do Polski i skorzystać ze wszystkich przywilejów uchodźcy. Najprawdopodobniej był trybikiem zorganizowanej grupy przestępczej składającej się z Ukraińców, Bułgarów i Gruzinów.

– Było też kilku Białorusinów i Czeczenów – wtrąciła się Kozak. – Ogólnie facet jest zawodowym kryminalistą. To, że został zatrudniony w placówce takiej jak szpital psychiatryczny, jest niedopuszczalne, ale pracownicy nie mogli tego wszystkiego wiedzieć. Jego dokumenty były spreparowane, a on sam używał innej tożsamości. Nawet Artem Stolnikow nie wiedział, z kim tak naprawdę ma do czynienia. A to za jego poręczeniem profesor Kiryluk zatrudniła Mikołaja Niekrasowa.

W pokoju zapanowała cisza.

– I robił to wszystko pod naszym bokiem – skwitował Jakub. – Byłem w tym szpitalu kilka razy i nigdy nie właził mi w oczy.

– Nie musisz sobie tego wyrzucać – litościwie pocieszyła go Brhel.

– Nie wyrzucam sobie – zaprzeczył. – Po prostu nie rozumiem. Jak to się stało, że taki człowiek zdobył zaufanie profesorki z wieloletnim doświadczeniem w psychiatrii? Jak to możliwe, że nikt nigdy o nim nie wspominał w śledztwie? Dlaczego zabił Różę i czy to jego nasienie znaleźliście na jej zwłokach?

– Nie jego – zaprzeczyła sierżant Kozak. – Krytycznego popołudnia Artem uprawiał seks z Różą i miałeś rację, jest po zabiegu wazektomii. Stolnikow poddał się zabiegowi w Niemczech, gdzie po ucieczce z kraju najpierw osiedli z Tamarą. Zrobił to, żeby nie mieć więcej dzieci, bo oboje byli bardzo płodni i te, które już mieli, z trudem mogli utrzymać. Podwiązał sobie nasieniowody i to dlatego w pochwie ofiary nie było plemników. Poza tym stosunek był dobrowolny. Artem zaprzecza, że łączył go z Różą nielegalny romans, a wręcz twierdzi, że nawet gdyby dziewczyna przeżyła, nie spotkaliby się więcej ani razu. Owszem, przyjaźnili się, on bardzo ją lubił, ale twierdzi, że ostatniego dnia wszystko zepsuła i po prostu go uwiodła.

– Serio? – Jakub się skrzywił. – Biedaczek nie mógł się oprzeć wdziękom siedemnastolatki. A wydawał się takim twardzielem...

– Nie musisz kpić – weszła mu w słowo Kozak. – Sam nie wiesz, jak byś się zachował w takiej sytuacji. Ja mu wierzę.

– Niby w co? – parsknął Jakub. – Że dorosły facet nie może się zdyscyplinować? To nie powinien pracować w takim miejscu!

– Zdaniem Artema Róża dążyła do aktu, ponieważ był to jedyny sposób na wywabienie Stolnikowa z jego pokoju pracowniczego, w którym ukrywał zapas ukradzionych leków. Zabrała je, kiedy na chwilę przysnął, a potem ukryła w swojej szafce. Mikołaj Niekrasow zwany Kolą ich obserwował. Dla ułatwienia tak będziemy o nim mówić.

– A więc facet zabił ją dla tej paczki prochów? – zdziwił się Jakub.

– Po pierwsze, ta paczka miała prawie pięć kilo – podkreśliła sierżant Kozak. – A jej wartość szacowana jest na jakieś dwieście tysięcy złotych, jeśli liczyć koszt tych leków bez refundacji. Wszystko, co mówi Bernaś, jeszcze będziemy dokładnie sprawdzać i procesowo potwierdzać, ale najprawdopodobniej na oddziale były stręczone dziewczyny i Róża to odkryła. Kola robił im nagie zdjęcia, oczywiście bez twarzy, i umieszczał ich profile na specjalnych portalach dla pedofilów. Wszystkie, które chodziły na tak zwane randki, musiały udawać piętnastolatki, najwyżej szesnastolatki, nawet jeśli były starsze. Grupa odbiorców była stała. To byli prawie zawsze ci sami ludzie. Płacili Koli, a dziewczyny dostawały papierosy, jakieś maskotki, czekoladki, czasami telefon na kartę. No i oczywiście żyletki, druty do przecinania skóry, motki nici stalowych albo lancety. Wartość tych gadżetów za seks z młodocianymi była symboliczna. Dla osób osadzonych w szpitalu były to jednak cenne dobra. Z ich perspektywy oczywiście.

– Dziewczyny będą zeznawać?
– Na portalu są nie tylko dziewczyny – oznajmiła policjantka. – Kola stręczył prawie wszystkich chłopców, którzy przewinęli się przez oddział. I tak, mamy kilka ofiar, które zdecydowały się wyłamać i złożą zeznania. Z pozostałymi będzie o wiele trudniej. Zwłaszcza z tymi, które w tej chwili już osiągnęły pełnoletność. Ale się nie poddajemy.
– Więc Róża odkryła proceder Koli. – Jakub wrócił do przerwanego wątku. – I zagroziła, że go wyda?
– Artem twierdzi, że Róża już wcześniej żądała, żeby on coś z tym zrobił. Była z awanturą u profesor Kiryluk, ale została zignorowana.
– Znam poglądy pani profesor na tę sprawę mniej więcej – prychnął Jakub. – Pewnie jej powiedziała, że one same prowokują, bo od leków mają chcicę.
– Nie bądź wulgarny – zgasiła go Brhel.
– Ja wulgarny? Chyba nie rozmawiałaś nigdy z tą lekarką. Ona ma wielki krzyż nad biurkiem i uważa, że te dziewczyny się puszczają. Że to jeden z objawów ich choroby – podkreślił. – Wszystko dla niej jest objawem zaburzeń.
– Każdy z nas ma swój krzyż. – Brhel nieoczekiwanie wzięła profesor Kiryluk w obronę. – Nie znasz jej sytuacji życiowej, a to, że jest wierząca, powinno być okolicznością łagodzącą, a nie zarzutem.
– Widzę, że nie mamy o czym rozmawiać – mruknął Jakub. – Jeśli tak zamierzasz mnie bronić, możesz od razu wyjść i napić się wina.
Brhel aż się zapowietrzyła z powodu jego bezczelności, ale nie ruszyła się z miejsca. Jednak do końca perory Marty właściwie się nie odzywała.

– W każdym razie na tamtą chwilę nikt nie miał dowodów, że w placówce dzieją się takie rzeczy – podjęła temat sierżant Kozak. – Nawet sama Róża ich nie miała. Tylko przeczucia, przypuszczenia i niejasne poszlaki. Była blisko z większością pacjentek na swoim piętrze, zwierzały się sobie, a chociaż żadna nie powiedziała jej tego wprost, Róża wiedziała swoje. Była doskonałą obserwatorką. Artemowi ufała. Powiedział, że ulżyło jej, kiedy zaczęli o tym szczerze rozmawiać, bo jego również podejrzewała. Wreszcie natrafiła na trop Koli i zaczęła go straszyć doniesieniem, z czego on sobie nic nie robił. Dzień przed opuszczeniem szpitala wygarnęła mu, że skoro nie boi się policji, to powinien bać się kumpli jej ojca. Ona wzrastała w tym środowisku i dla niej kibole byli mocnymi, trochę groźnymi wujkami. Wiedziała, co robią, ale ponieważ była córką ich przywódcy, dla niej zawsze byli przemili. Miała wręcz poczucie, że tak właśnie wygląda męskość. Koledzy ojca mają swój kodeks i nawet w ich środowisku stręczenie nieletnich jest piętnowane. Artem twierdzi, że Róża wręcz dostała obsesji na tym punkcie. Zupełnie jakby sama kiedyś coś podobnego przeżyła, jakby dotykało ją to osobiście… – Kozak się zatrzymała. – Jak wyglądało jej życie uczuciowe, nie wiemy. Niby była kiedyś dziewczyną Franka Kłopoczka, a jednocześnie pacjentki na oddziale widziały, że flirtuje z Gabrysią Gajdą, Karoliną, a na koniec z Anastazją. Niewykluczone, że z Miłką łączyła ją też bardziej zażyła relacja. Oczywiście ojcu Róża nigdy nie powiedziała, że jest lesbijką. Miał już syna geja i nie był z tego dumny. Chłopak funkcjonował w tej rodzinie tylko dlatego, że był skutecznym sprzedawcą i dostarczycielem zamówionych leków. Jeśli chodzi o seks Róży z dużo starszym sanitariuszem, mogło to być czyste wyrachowanie. Tak zresztą odczytuje to teraz Artem.

– To daleko idące hipotezy – zauważył Kuba. – Czy ktoś poza Artemem je potwierdza?

– Anastazja – padło w odpowiedzi.

– Udało się ją przesłuchać? – Kuba nie dowierzał.

– Kiedy zatrzymaliśmy Kolę, a Artem trafił do szpitala, słowem zabrakło twarzy, które przypominały dziewczynie o tragicznych wydarzeniach, sama poprosiła o spotkanie ze mną – wyznała z dumą Marta Kozak. – Potwierdziła, że uprawiała seks z Frankiem, chociaż trudno to nazwać stosunkiem płciowym, bo on właściwie skorzystał tylko z jej obecności i sam się obsłużył... – Zawahała się. – Anastazja uważa, że to było obsceniczne, obrzydliwe i powiedziała mu to zresztą zaraz po wszystkim. To bardzo chłopakiem wstrząsnęło. Wybiegł z pokoju tak nagle, że Róża nie zdążyła mu przekazać przesyłki dla ojca. Anastazja wtedy nie wiedziała, że chodziło o medykamenty.

– A teraz już wie? – Jakub przekrzywił głowę.

– Starałam się nie informować jej o dodatkowych potwornościach na tym oddziale – wymigała się od odpowiedzi policjantka. – To Anastazja znalazła ciało Róży. Po seksie pobiegła za Frankiem, próbowała go przepraszać, ale on uciekł upokorzony. Wcześniej Anastazja wyznała mu, że kocha się w Róży, a nie w nim. Dla tego młodego mężczyzny to był prawdziwy dramat. Dla niej ulga. Kiedy wyszedł, ona poszła wziąć prysznic. Skupiała się głównie na tym, żeby nie dać się złapać obsłudze, ale wróciła do pokoju, żeby ogarnąć łóżko. Zobaczyła swoją ukochaną, pierwszą wielką miłość – jak ją nazywała – skąpaną w kałuży krwi. Dalszy przebieg wydarzeń znasz. Jest zgodny z tym, co ustaliliśmy wcześniej.

Kuba siedział chwilę, nie odzywając się.

– Tragedia – rzekł wreszcie. – Wszyscy, którzy zginęli, mieli w sobie jakiś rodzaj dobra, empatii i miłości. Zasługiwali na nią i jej pragnęli. Zamiast tego dostali śmierć. Franek, Tamara, a nawet Róża. Może garnęła się do dzieciaków z problemami, bo chociaż wydawała się ojcu twardzielką i taką skutecznie grała, w głębi serca wiedziała, że zakochuje się w dziewczynach, czego jej ojciec nigdy by nie zaakceptował.

– I jest jeszcze Ryś – odezwała się pierwszy raz od dłuższego czasu Brhel.

– Ono w tym wszystkim miało najwięcej szczęścia – skwitował Jakub. – Przeżyło.

– Czy dobrze usłyszałam, że powiedziałeś o Rysiu ono? – Brhel uśmiechnęła się kpiąco. – Nauka nie idzie w las.

Kuba spojrzał na nią z ukosa.

– O lesie w Koćwinie nawet mi nie przypominaj. Nie chcę sobie wyobrażać, co tam się działo. Artem mówił o Werendarz, że nie zasługuje na proces. Ja to samo myślałem o Mikołaju Niekrasowie, kiedy celował we mnie z obrzyna. Nie musisz tego zapisywać, ale tak czułem – wyznał nagle. – Tak między nami, wiadomo, czy do śmierci Lindy Werendarz przyczyniły się osoby trzecie?

– Wszystko wskazuje na to, że nie wytrzymała izolacji – odpowiedziała Kozak. – Została nagle odcięta od alkoholu i używek, a wtedy zaczęła widzieć prawdę o sobie.

– Raczej bała się odpowiedzialności – skwitowała Brhel. – Wszystko, co robiła, działo się w tajemnicy, aż nagle te wszystkie sekrety miały zostać ujawnione. Proces, błysk fleszy i jej wizerunek matki ofiary w mig zmieniłby się w matkę potwora. Monstrum, które wykorzystuje własne dziecko, żeby handlować środkami odurzającymi. Ta kobieta nie miałaby życia w więzieniu. Gdyby sama się nie powiesiła, wcześniej czy później ktoś by jej pomógł.

Kozak postukała w kajet.

– To tyle, jeśli chodzi o krótkie résumé na temat sprawy. Możemy przystąpić do przesłuchania? Chciałabym to zarejestrować. Zgadzasz się? – Uśmiechnęła się do Jakuba i znów pomyślał, że kiedy przestaje być wredną zołzą, wydaje się naprawdę śliczna. Marta mylnie odczytała jego półuśmiech. – Mam déjà vu. Jakby to się już wydarzyło.

– Bo zadawałaś mi to pytanie – mruknął. – I wtedy się nie zgodziłem.

– Więc jak będzie teraz?

– Jestem gotowy – oświadczył z przekonaniem.

– Działajmy, bo mam jeszcze sprawę do załatwienia. Chciałbym się z kimś pożegnać. Trudno go złapać, ale wiem, gdzie dzisiaj po południu prowadzi swoją misję, a przed północą zamierzam już spać we własnym łóżku.

***

Szpital psychiatryczny w Koćwinie

Na chwilę wyszło słońce i budynek szpitala nie wyglądał już tak ponuro jak za pierwszym razem, kiedy Jakub tutaj zawitał. Zaparkował hiluxa w tym samym miejscu i od razu spostrzegł, że brakuje jaguara profesor Kiryluk.

– Są i Gajdowie – rzuciła Ada, kiedy na podjazd wjechała biała tesla. – Mamy idealny timing.

– O Boże! – wyszeptał Jakub, kiedy zobaczył, że Urszula znów ma na sobie ten czerwony kombinezon, w którym tańczyła w klubie Generacja X. – Czy ona oszalała?

Ada spojrzała na Kubę znacząco.

– Chyba zaczynam ci wierzyć – mruknęła.

– Zastanawiam się, jak jej mąż to znosi – oświadczył Jakub. – Myślisz, że Paweł udaje czy naprawdę tego nie widzi? Aż się boję tam wchodzić. Przecież nie przyjechaliśmy na imprezę, tylko po Rysia!

– Chodź – pośpieszyła go Ada. – Gapią się na nas, a zresztą nie unikniemy tego, co nieuniknione. Marzę o własnym pokoju, mojej nudnej robocie, z której zresztą mnie wywalą, jeśli jeszcze jeden dzień będę ściemniała, że pracuję zdalnie.

– Nie wzięłaś urlopu? – Kuba się skrzywił.

– Miałabym tracić cenne dni na wizyty w Krakowie? – obruszyła się. – Powiedziałam, że jestem przeziębiona i uporządkuję dokumenty, ale widziałam, że mejl mam czarny. Jak wrócę, do rana będę go odgruzowywać.

Wysiedli wreszcie z samochodu i podeszli do Gajdów. Urszula była dzisiaj w świetnej formie. Uśmiechała się promiennie, a twarz miała jasną, delikatnie umalowaną. Włosy chyba układał jej fryzjer, bo między pasmami błyszczały jakieś wymyślne spinki. Na ramieniu dyndała jej miniaturowa torebka na łańcuszku.

– Pięknie wyglądasz – mruknęła Ada z przekąsem.
– Idziecie potem świętować?
– Ja mam robotę – burknął Gajda. – Ale Ulka umówiła się z koleżankami.
– Na Starym Mieście – podchwyciła radośnie żona.
– Tylko kawa i ploteczki. Nie zamierzam dzisiaj pić – zapewniła, puszczając oko do Jakuba.

Odwrócił głowę i wahał się, czy nie wracać do auta, ale Ada zacisnęła mu dłoń na ramieniu.

– Chcesz zostawić Rysia samego w domu? – Spojrzała karcąco na koleżankę. – Pewnie dziecko tęskniło za wami przez ten czas. Nie chciałabyś spędzić popołudnia z rodziną?

– A kto mówi, że idę sama? – zaoponowała lekceważąco Urszula. – Przecież te koleżanki to matki dzieciaków, które mają takie same problemy jak Ryś. Posiedzimy w miłym miejscu, zjemy coś dobrego. Jest co świętować.

– Najpierw wypadałoby chyba spytać Rysia, czy ma ochotę – wymamrotał pod nosem Jakub. – Ale to oczywiście nie moja sprawa.

– Więc się nie mieszaj – fuknęła Urszula. – Idziemy?

Wskazała drzwi, z których wychodziło dwoje zapłakanych ludzi. Mężczyzna podtrzymywał kobietę pod ramię, a ona oglądała się za siebie i wcale nie chciała odchodzić. W końcu facet pociągnął ją do auta siłą.

– Pamiętam, jak przyjechaliśmy tutaj pierwszy raz – zaczęła Urszula, jakby zamierzała snuć długą opowieść, ale mąż spiorunował ją wzrokiem, więc zmieniła zdanie. – Też tak się zachowywałam. Dziś wiem, że szpital to konieczność po próbie. Nie ma innej drogi. Cóż, mimo tego wszystkiego, co przeżyliśmy, cieszę się, że lekarzom udało się wreszcie postawić diagnozę.

– I co dokładnie dolega Rysiowi? – zainteresowała się Ada.

– Choroba dwubiegunowa – padło w odpowiedzi. – Wszystkie problemy Rysia brały się z tego, że miał źle dopasowane leki. Zbyt duże dawki powodowały omamy i paranoje, co prowadziło ostatecznie do prób samobójczych. Profesor Kiryluk spotkała się z nami wczoraj i powiedziała, że trzeba dążyć do tego, żeby całkiem odstawić psychotropy. Zamiast tego terapia. Nie tylko Rysia, ale rodzinna. Włącznie z Heniem. Uwierzycie, że to było takie proste?

– Proste? – zdenerwował się Paweł Gajda. – Mamy meldować się jakiemuś konowałowi co drugi dzień i w razie kryzysu kontaktować się na Zoomie. Nie wiem, kiedy miałbym pracować, bo właściwie wszystkie ważniejsze decyzje będę musiał wpierw zgłaszać jakiemuś konsultantowi.

– Pawełku, zrobimy wszystko, żeby to przyniosło efekt – zaszczebiotała Urszula. – Obiecałeś pani profesor, że się dostosujesz.

– Ty jakoś nie zgłosiłaś, że zamierzasz dzisiaj spotykać się z koleżankami – burknął. – I mam nadzieję, że na kawce i ciastku się skończy. Bo jeśli znów nawalisz się rumem, to mamy problem.

– A ty znowu swoje. – Zaśmiała się perliście. – Co za nudziarz.

– Potem powiesz, że to nie ty się upiłaś, tylko Becia. I Urszula jest niewinna. Niczego nie pamięta – odgryzł się.

Urszula spojrzała na niego wilkiem i mężczyzna natychmiast umilkł. Ada z Jakubem niewiele rozumieli z ich przepychanek, ale żadne nie miało odwagi dopytywać się o detale. Gajda też chyba pojął, że powiedział trochę za dużo, bo żwawo ruszył do wejścia.

* * *

Drzwi jak zawsze otwarły się samoczynnie i znaleźli się w śluzie, a tam oprócz pielęgniarki czekał na nich ksiądz Janek Żmudziński. Kuba bardzo się zdziwił, bo Dobry Anioł nie miał na sobie wygniecionego kitla lekarskiego ani dżinsów, tylko sutannę. Tę samą, którą mu ostatni raz pożyczał.

– Miło mi księdza poznać. – Ada dygnęła z szacunkiem, ale Janek wyciągnął do niej rękę i mocno ją przytulił, a potem soczyście pocałował w oba policzki.

– Mów mi po imieniu! – zakrzyknął. – Kuba tyle mi o tobie opowiadał!

Ada spojrzała na Jakuba rozbawiona.

– Mam nadzieję, że same dobre rzeczy!

– Wyłącznie – zapewnił Janek. – Jakbyście potrzebowali księdza do ślubu, to mam uprawnienia.

Jakub natychmiast spurpurowiał aż po czubki uszu, a pozostali gromko się rozśmieli. W tym momencie do ataku przystąpiła Urszula.

– Nie znam większego przystojniaka w sutannie niż ty – oznajmiła bez skrupułów i również rzuciła mu się w ramiona.

Ksiądz zawstydził się i niezdarnie poklepał ją po plecach.

– Będę się musiał chyba z tego wyspowiadać – zażartował, a Urszula wyprężyła z dumą pierś.

– Słyszałam, że masz doskonały kontakt z Rysiem. Może uda mi się wyciągnąć ciebie na afterek? Pijesz tylko herbatę czy czasami chlapniesz sobie coś mocniejszego?

– Dość, Ulka – do akcji wkroczył Gajda.

Odciągnął żonę od bladego z nerwów księdza, który pytająco łypał na Adę i Jakuba, jakby liczył, że wyjaśnią mu, co tutaj zaszło.

– To miła odmiana, kiedy ktoś przychodzi do nas w tak dobrym humorze. – Do rozmowy wtrąciła się niema dotąd pielęgniarka. Mówiła również ze wschodnim akcentem, ale była od Tamary o wiele młodsza i dwa razy okrąglejsza. – Niestety, jestem zmuszona wam przerwać i przeszukać rodziców. Przed wyjściem córki ze szpitala macie do podpisania mnóstwo dokumentów, więc wejdziecie na oddział. W tym czasie my przygotujemy wypis Gabrysi.

Urszula nawet nie zwróciła uwagi na to, że kobieta używa dziewczęcej formy imienia córki, chociaż wcześniej jak lwica broniła nijakich zaimków. Mrugała znacząco i uśmiechała się kokieteryjnie do księdza Janka, który wyraźnie miał ochotę wiać.

Pielęgniarka tymczasem spojrzała na Jakuba i Adę.

– Was nie mogę wpuścić – oświadczyła przepraszającym tonem. – Przepisy. Wybaczcie, ale nie mam podstaw. Nie jesteście rodziną naszej pacjentki.

– Jasne – mruknął Kuba. – A jednak byłem umówiony z panią profesor Kiryluk. Mam do niej kilka pytań i chciałem ją przeprosić. – Wyjął z torby bombonierkę, którą przed godziną kupił w rzemieślniczej cukierni Karmello.

– A tak... – Pielęgniarka jakby coś sobie nagle przypomniała i sięgnęła do kieszeni fartucha. Podała detektywowi zmiętą karteczkę. – Pani dyrektor wspominała, że ktoś z organów ścigania może jej szukać. Nie wiedziałam, że chodzi o pana. Sądziłam, że jesteście przyjaciółmi państwa Gajdów i przyszliście jako wsparcie. – Zaśmiała się sama do siebie.

– Tak jest w istocie – potwierdził spokojnie Kuba.

Rozwinął karteluszek i spostrzegł, że widnieje na nim tylko adres i numer telefonu.

– Pani dyrektor niestety musiała wyjść, ale czeka na pana. Ten numer jest czynny cały czas. Może pan swobodnie dzwonić. Żegnam.

Hospicjum w Koćwinie

– Dziękuję, że zadał pan sobie trud, żeby mnie tutaj odwiedzić – powiedziała na powitanie profesor Kiryluk, kiedy Ada z Jakubem przyszli pod wskazany adres.

Placówka okazała się prywatnym hospicjum dla terminalnie chorych. Panowały w niej cisza i spokój. Warunki były luksusowe. Ośrodek znajdował się tak blisko szpitala, że mogliby przejść ścieżką przez las, ale Kuba postanowił jechać samochodem. Zaparkowali przed bramą, bo strażnik nie pozwolił im wjechać na teren bez przepustki. Dopiero kiedy Kuba zadzwonił pod numer z karteczki, wolno im było przejść przez furtkę. Spisano ich dane z dokumentów, a następnie przystojny pielęgniarz zaprowadził ich do sali, w której czekała Kiryluk.

Na łóżku, przy którym siedziała dyrektorka, leżał mężczyzna i trudno było określić jego wiek, bo włosy miał siwe, ale był gładko ogolony, bardzo szczupły, wręcz chudy, a jego życie podtrzymywało mnóstwo skomplikowanych urządzeń.

– Kiedy pierwszy raz przyjechał pan do Koćwina, mój syn miał zapaść – zaczęła wyjaśniać lekarka, mimo że Kuba nie zadał żadnego pytania. – To były jego urodziny i niosłam mu tort. Chociaż właściwie tort jest zawsze dla pielęgniarek. Zależy mi na tym, żeby dobrze się nim opiekowały.

– Co mu jest? – wyszeptała Ada i zaraz się poprawiła. – Bardzo mi przykro. Naprawdę współczuję.

– Zapadł w śpiączkę po upadku z konia. To trwa już siedem lat. Lekarze nie dają mu żadnych szans. Po takim czasie, nawet gdyby się wybudził, nie wróciłby do dawnej formy. Może odejść w każdej chwili, więc odwiedzam go codziennie, rozmawiam z nim i zwierzam mu się z kłopotów. Chcę wierzyć, że mnie słyszy. Był moją największą i jedyną miłością, bo męża nie miałam. Odszedł, zanim Kuba się urodził. Jestem sama.

Sobieski nie wiedział, co powiedzieć. W głowie dudniło mu imię syna Kiryluk. W jednej chwili zrozumiał, jak niesprawiedliwie ją ocenił po pierwszym spotkaniu.

– Nie oczekuję litości – zastrzegła Kiryluk. – Nie wezwałam tutaj pana, żeby wzbudzać współczucie. Po prostu pewnych rzeczy nie mogę powiedzieć tam, w Koćwinie, jako szefowa placówki i profesor psychiatrii, ale mogę je panu zdradzić jako matka pacjenta hospicjum i nieszczęśliwa kobieta.

Wskazała im fotele z wikliny, które stały na tarasie, i wyszli na zewnątrz. Pokój wcale nie przypominał szpitalnej sali. Był wyposażony lepiej niż hotel Bachleda, w którym Kuba niedawno nocował. Na zewnątrz w lecie zapewne było pięknie, bo widać było przygotowane rabatki i krzaki róż owinięte słomą. Teraz jednak gałęzie drzew były łyse, a podłoże zamiast trawy pokrywała przegniła breja. Kiryluk owinęła się kocem, który leżał na jednym z foteli, a Ada z Jakubem pozostali w swoich okryciach.

– Tak powinien wyglądać mój szpital – zaczęła profesorka. – W takich warunkach powinnam leczyć dzieci w kryzysie. Jestem przekonana, że gdybym mogła wypuszczać je na spacery, a dla młodszych stworzyć plac zabaw, o wiele szybciej wracałyby do równowagi. Wielu tych młodych pacjentów nie jest tak zaburzonych, żeby nie dało się im pomóc. Niestety, warunki mam takie, jakie mam, a przepisy są, jakie są. To się kwalifikuje na dyskusję polityczną, ale chcę, żeby pan wiedział, że mam pełną świadomość tego, że powinno być inaczej.

– Zgadzam się – powiedział Kuba, bo nie miał pojęcia, jak skomentować jej wywód. – Nie można jednak wszystkich problemów zrzucać na rząd i polityków.

– Nie chcę się wybielać. – Lekarka pokiwała głową. – To, co się wydarzyło w moim szpitalu, jest niedopuszczalne. Zabójstwo Róży Bernaś demaskuje jedynie bałagan, jaki panuje w tym systemie. Wiem, że jesteście tym zbulwersowani, ale ja nie mam praktycznie narzędzi, żeby zapanować nad tym chaosem.

– Na jaw wyszła nie tylko sprawa zbrodni – zauważył Kuba. – Policja prowadzi szeroko zakrojone dochodzenie w sprawie kradzieży medykamentów i sutenerstwa. To dwie poważne afery, z którymi będzie pani musiała się zmierzyć.

– Niech pan nie myśli, że ktoś z mojego szefostwa zmieni podejście, nawet jeśli znajdą winnego.

– Już znaleźli – włączyła się Ada. – Niech pani nie udaje, że tego nie wie. Pani pracownik, Mikołaj Niekrasow, a raczej Witalis Maczek, bo tak się naprawdę nazywał, zrobił sobie w szpitalu burdel. Stręczył nieletnie pacjentki podejrzanym indywiduom, a pani zaufany Artem Stolnikow z żoną handlowali psychotropami i nie były to śladowe ilości.

– Do tego właśnie zmierzam – przerwała jej profesor Kiryluk. – Wiecie, ile w tej chwili mam wakatów? Siedem. Mogłabym zatrudnić siedem osób, najlepiej wysoko wykwalifikowanych, ale za te pieniądze, jakie daje mi państwo, nikt nie chce pracować. Trafiają się albo osoby, którym przyświeca wyższy cel, ale jest ich bardzo mało i nie wytrzymują nawet kilku miesięcy, po prostu odchodzą, kiedy zderzają się z systemem. – Urwała, zastanowiła się. – Albo ci, którzy nie mogą znaleźć innej pracy, ludzie po przejściach czy choćby uchodźcy, dla których to tylko przyczółek. Nietrudno zgadnąć, że wśród takich osób ma prawo znaleźć się oszust, jak trzeba nazwać Kolę. Zaufałam mu, bo poręczyli za niego Tamara z Artemem. Nie wiedziałam, że i oni są nieuczciwi. Trudno mi to pomieścić w głowie, bo akurat Tamarę miałam za swoją przyjaciółkę. Spotykałyśmy się także poza pracą i dołożyłam starań, żeby Stolnikowowie otrzymali mieszkanie z miasta. Wszystko zaczyna się i kończy na pieniądzach. To takie smutne.

– A jednak liczy pani chyba na to, żebyśmy jej współczuli – odezwał się po namyśle Jakub. – Nawet mając mało albo i nic, można robić wspaniałe rzeczy. Wystarczy się postarać. Proszę spojrzeć choćby na działania księdza Żmudzińskiego. On to robi za darmo, nikt mu nie płaci za okazywanie młodzieży miłości i zrozumienia.

– Janek ma swoje własne powody, żeby prowadzić wolontariat – weszła mu w słowo. – Nie wiem, czy się zwierzał, ale bywał w szpitalach. Pierwszy raz, kiedy uciekał przed wojskiem. Kolejny, kiedy oskarżono go o molestowanie ucznia, bo dawniej prowadził w szkołach katechezy. Wiem, bo rozmawiałam z nim dziesiątki razy i pokazywał mi dowody swojej niewinności, ale woleli zamknąć go w psychiatryku, niż prowadzić śledztwo. On, jak już podkreślałam, ma swoją wizję takich miejsc. Dobrze się tutaj czuje i nikt nie rozlicza go ze statystyk. Dlatego zdobywa zaufanie młodych i po prostu go lubią. A my musimy trzymać się w ryzach. Nie wolno nam przekraczać granic i zaprzyjaźniać się z pacjentami. To nieetyczne.

– My? – powtórzył wzburzony Jakub. – Mówi pani o psychiatrach? Przecież córka Gajdów przebywała u was od miesiąca i nie zdążyła dostąpić zaszczytu terapii, która jej się po prostu należy.

– Łatwo panu krytykować – broniła się lekarka. – Mam kilku specjalistów, którzy pracują w zmianach pięć na pięć, bo na tyle pozwala ustawodawca, i gdyby mieli obskoczyć wszystkie dzieciaki, na każdego z nich mieliby po piętnaście minut. To niemożliwe, żeby przeprowadzić terapię ani nawet zrobić porządnie wywiad. W związku z tym zadecydowałam, że lepiej, żeby konsultacjami objąć tylko najbardziej potrzebujących. I wówczas konieczna jest cykliczność.

– Sugeruje pani, że Ryś nie kwalifikował się do terapii?

Kiryluk westchnęła ciężko.

– To, co mówiłam, kiedy przyszedł pan pierwszy raz, było całkowitą prawdą i zdania nie zmieniłam. Ta dziewczynka nie ma poważnych zaburzeń. Jest dyskusyjne, czy cierpi na dysforię płciową. To się okaże, jeśli będzie chodziła na profesjonalną terapię. Hospitalizacja nie jest konieczna. Jej rodzina źle funkcjonuje i tutaj upatruję źródła problemu. W tych historiach prawie zawsze struktura rodziny jest zaburzona, nawet jeśli nie widać tego na pierwszy rzut oka. Wcześniej dostrzegłam problemy u jej młodszego brata, a ostatnio zadzwonił do mnie pan Paweł Gajda. Opowiedział o incydencie w Generacji X. – Spojrzała na Jakuba. – Pozwalam sobie mówić o tych intymnych sprawach, bo wiem, że jesteście wprowadzeni. Pani przyjaźni się z Urszulą, prawda?

– Przyjaźń to może za dużo powiedziane – pośpieszyła z wyjaśnieniem Ada. – Ale kolegujemy się. Tak naprawdę rzadko się z nimi widuję.

– A kiedy was zapraszają, wszystko wygląda idealnie? – Kiryluk uśmiechnęła się tajemniczo.

– To prawda – zgodziła się z nią Ada. – Byłam w kompletnym szoku, kiedy dowiedziałam się, że Ryś, to znaczy Gabrysia, jest podejrzewana o zbrodnię.

Kiryluk odchrząknęła znacząco.

– Gajdowie powinni błogosławić swoją córkę – zaczęła po dłuższej pauzie. – Jej wołanie o pomoc pozwoliło dostrzec problem, który jest o wiele poważniejszy. Ta dziewczynka nie radzi sobie z własnymi emocjami i bierze na siebie odpowiedzialność za to, co dzieje się w tym domu. Do tego dochodzą wysokie oczekiwania ojca, których na tę chwilę ona nie ma szans spełnić. Ale Gabrysia nie jest chora. Ma stany depresyjne i zaniżoną samoocenę. Nie tyle nie wierzy w siebie, ile jest bezsilna, bo dorośli nie radzą sobie z własnym życiem. A ona, chociaż ma już skończone szesnaście lat, wciąż jest dzieckiem. Nie powinna brać odpowiedzialności za dorosłych. To bardzo egoistyczne ze strony Gajdów.

– Pani profesor, przepraszam, ale nie rozumiem – wtrącił się Kuba. – To są ogólniki i kolejny raz je pani powtarza.

– Tak – zgodziła się z nim. – Ponieważ na tym przykładzie chcę wam pokazać, z czym mierzę się na co dzień. A Gajdowie to naprawdę porządna rodzina. Ludzie wykształceni, którzy mają pieniądze, żeby zadbać o córkę i leczyć ją prywatnie. Obiecali, że to zrobią. Pan Gajda, chociaż jest, jaki jest, i też dokłada swoją cegiełkę do stanu córki, stanie na głowie, żeby wyciągnąć małą z tej matni. A głównie o to chodzi. Gabrysia zbyt długo spogląda już w głąb ciemności. Im dłużej tam patrzysz, tym częściej ciemność ciebie zawłaszcza. Stajesz się ciemnością. Wtedy śmierć wydaje się wybawieniem, chociaż ani Gabrysia, ani pozostałe dzieci tak naprawdę nie chcą umrzeć. Chcą się uwolnić. Pragną tylko, żeby ktoś wydostał je z tej głębiny. Chcą znów widzieć światło.

– Piękna metafora, pani profesor. – Kuba cmoknął zirytowany. – Ale ja jestem prosty chłopak i doprawdy nie kumam, o jakiej ciemności pani mówi. Co dokładnie pani ma na myśli?

– Urszula Gajda ma osobowość wieloraką – odparła wprost profesorka. – Jej osobowość rozdzieliła się na kilka mniejszych i każda nich pełni konkretne role. Urszula, która jest zbolałą matką i walczy z całych sił o swoje dziecko, to tylko jedna z jej odsłon. Ta kobieta ma też drugą twarz i poznaliście ją, kiedy balowała w Generacji X. Becia jest rozrywkowa, frywolna, nie ma zahamowań i niczego się nie boi. Jest jeszcze trzecia twarz Urszuli, której imienia nie znam, ale ona odpowiada za niskie stany emocjonalne, które czynią ją apatyczną, bierną i kompletnie nieporadną życiowo. Ta część jej osobowości nie ujawnia się przed innymi. Prawie zawsze jest sama. Za to nieustannie myśli o śmierci.

Ada z Jakubem patrzyli na lekarkę oniemiali. Żadne jednak nie zaprotestowało. Jakby nagle wszystkie części układanki ułożyły się na właściwym miejscu.

– Teraz, kiedy już to wiemy – kontynuowała Kiryluk – o wiele łatwiej będzie można przywrócić do równowagi Gabrysię. To dziecko jest bardzo związane z matką i nie radziło sobie ze zmianami osobowości Urszuli. Nie rozumiało, dlaczego matka zachowuje się dziwacznie, a innym razem jakby tego, co się stało, nie pamięta. Nie mam prawa wprowadzać was w szczegóły, ale Paweł Gajda opowiadał mi takie rzeczy, że nawet mnie włos jeżył się na głowie. On bardzo kocha Urszulę i wiele jej wybaczył. Nie możemy go winić, że tego nie rozumiał. Akceptował, kamuflował wybryki i wyciągał żonę z kłopotów. Generalnie jednak uciekał w pracę. Za to dzieci nie miały szansy zwiać. – Lekarka uśmiechnęła się smutno. – Były wydane na pastwę tych trzech matek. A najważniejsze jest to, że ona sama o nich nie wiedziała. Sama nie rozumiała, co się z nią dzieje. Narastało poczucie winy, gniew na siebie i wstyd.

– Czy to znaczy, że Urszula nie kłamała, kiedy mówiła, że nie pamięta, co robiła w tym podejrzanym klubie? – wykrztusił Jakub.

– Nie kłamała – potwierdziła Kiryluk. – Każda z tych osobowości ma swoją pamięć, tak jakby miała swoje oddzielne życie. Oczywiście Urszula, którą znacie najlepiej, kochająca matka i porządna, odpowiedzialna kobieta, miała jakieś przebłyski, ale przypominało to flesze ze snu. Nawet kiedy z nią rozmawiałam, nie była pewna, czy to jej się nie przyśniło. Raczej podejrzewała u siebie schizofrenię. I oskarżała siebie, że córka być może odziedziczyła po niej trefne geny. Co oczywiście jest bzdurą.

– To się leczy?

– Rozszczepienie osobowości? – Kiryluk uśmiechnęła się i pokręciła głową. – Najważniejsza jest terapia. Chodzi o zintegrowanie wszystkich trzech twarzy w jedną. Potrzeba na to czasu. Będzie brała leki, ale tylko doraźnie, gdy pojawią się stany lękowe albo nie mogłaby spać. Bardzo małe dawki i podawane z wielką ostrożnością, bo jak już wiecie, nadużywanie medykamentów prowadzi do jeszcze większego chaosu w głowie pacjenta. Na świecie jest bardzo niewiele przypadków osobowości wielorakiej, za to wszystkie są doskonale opisane w literaturze. I tak, zamierzam się tego podjąć. Nie wiem, czy będę w stanie pogodzić to ze swoimi obowiązkami, ale ten przypadek jest szczególny. Biorę pod uwagę, że być może zrezygnuję ze stanowiska.

– Wielu pani wrogów z pewnością się ucieszy – mruknął z przekąsem Kuba, ale Kiryluk się nie pogniewała, a nawet wysiliła się na kpiący uśmiech.

– Długo z tym zwlekałam, choć miałam propozycje przejścia do prywatnej kliniki, a nawet założenia własnej. Skoro już rozmawiamy tak intymnie, to zdradzę, że lobby prywatnych specjalistów jest w sumie na rękę, że z psychiatrią dziecięcą w tym kraju jest tak źle. Dzięki temu powstało wiele fortun. Nikt w tym mieście nie wytrzymał tak długo w państwowej placówce jak ja. Nie chcę robić z siebie bohaterki, ale nie miałam serca zostawić tych dzieci. Teraz jednak, po tym wszystkim, chyba spasuję.

– Skoro ma pani tak wielkie doświadczenie, nie lepiej zacząć działać globalnie? – włączyła się Ada.
– Mogłaby pani założyć fundację, wesprzeć tych, którzy walczą o pogotowie psychiatryczne, żeby

z dzieckiem w kryzysie móc przyjść o każdej porze na oddział jak ze złamaniem do izby przyjęć.

– Chyba jestem na to za stara – mruknęła Kiryluk.
– Ale pomyślę. Być może to nadałoby nowy sens mojemu życiu.
– Po co tak naprawdę pani nas do siebie zawołała?
– Kuba odchrząknął. – Nie wierzę, że chodzi o spowiedź w związku z Urszulą.
– Chciałam, żeby pan nie wyjechał z poczuciem, że do tej zbrodni i innych przestępstw doszło za moim przyzwoleniem.
– Nie śmiałbym tak pomyśleć.

Kiryluk nie zwróciła uwagi na jego słowa. Odkryła swój pled i z kieszeni wydobyła list. Był pieczołowicie zaklejony i zaadresowany na jego nazwisko.

– Obiecałam też komuś, że panu to przekażę.

Kuba drżącą ręką sięgnął po kopertę. Nie było na niej personaliów nadawcy.

– To od Miłki – wyjaśniła lekarka. – Nie czytałam go, ale wiem, co w nim jest, bo córka Lindy Werendarz konsultowała ze mną jego treść. Zobowiązałam się go dostarczyć w pana ręce, żeby nie musiał przechodzić naszej cenzury. Zawiera treści, które są przeznaczone tylko dla pana. Miłka przeprasza za zachowanie swojej matki i dziękuje panu, że kiedy się spotkaliście nie pozwolił jej pan umrzeć. Nikt z nas wtedy nie wiedział, co w szpitalu wyczynia Mikołaj Niekrasow i że Miłka i jej koleżanki są jego ofiarami. Dlatego dziewczyna dostała szału na jego widok. Byłam również wściekła i przepraszam. Możliwe, że uratował pan niejedno życie. – Zawahała się, pochyliła głowę. – Miłka w tej chwili nie chce zeznawać. Po prostu nie czuje się na siłach. Ale wyraziła zgodę, żeby przekazać ten list prokuraturze. Deklaruje, że gdyby była taka potrzeba, pomoże przekonać pozostałe pacjentki do współpracy. Decyzja należy do pana, bo to panu się zwierzyła.

– Dlaczego? – Kuba nie rozumiał. W oczach miał łzy. – Dlaczego powierza to mnie?

– Czasami robimy coś, bo tak trzeba – ciągnęła Kiryluk. – Tak po prostu nakazuje nam uczciwość. Pan zachował się jak człowiek i być może dzięki panu ta młoda dziewczyna odzyskała wiarę w ludzi. Dziękuję w imieniu swoim i Miłki. Jakąkolwiek decyzję podejmę w sprawie swojej kariery, nie zostawię Miłki i dołożę starań, żeby jej życie się wyprostowało. Teraz, kiedy nie ma już toksycznej matki, a nawet jej ojciec nieoczekiwanie się zaktywizował, może będzie chciała znów żyć. Brzmi pompatycznie, ale tak naprawdę tylko o to chodzi.

Warszawa, 8 maja 2024

Posłowie

Nie ma miejscowości Koćwin – ani w okolicach Krakowa, ani w jakimkolwiek innym zakątku Polski. Wymyśliłam tę nazwę, by móc ulokować tam owiany grozą symboliczny szpital zdrowia psychicznego, którego niechlubna sława pokazuje jak w zwierciadle wszystkie bolączki podobnych placówek w tym kraju.

Niestety, większość informacji o urągających wszelkim normom warunkach, w jakich leczone są dzieci i młodzież na oddziałach psychiatrycznych, to straszliwa prawda. Zarówno wyposażenie placówek, ich obsługa, jak i problemy pobytowe opisywane w tej książce nie do końca są fikcją. Ci, którzy zetknęli się z tym tematem osobiście, musieli oddać dziecko do szpitala po próbie samobójczej lub walczą do dziś o diagnozę – na pewno potwierdzą, że starałam się być łagodna w relacjonowaniu tych tragicznych wydarzeń.

Nie będę wytykała, czyja to wina, że tak się dzieje w tej gałęzi służby zdrowia, ani wskazywała ośrodków, w których dochodziło do nadużyć wobec pensjonariuszy. Wnikliwy czytelnik sam znajdzie te dane choćby w mediach. Wszystkie opisywane sprawy kryminalne są fikcyjne, ale ich prześwity znajdziecie w rzeczywistości. To wydaje mi się najstraszniejsze.

Prawdziwa jest za to postać księdza Jana Aleksandra Żmudzińskiego. Autentyczny Dobry Anioł mieszka w Bydgoszczy i nazywa się Paweł Copar. Faktycznie dzieli swój czas między pacjentów onkologicznych i psychiatrycznych jednego ze szpitali uniwersyteckich. Z tym, co widzi i przeżywa, musi sobie radzić sam. Nie znajduje zrozumienia dla swojej pracy, która czasem jest deprecjonowana i niedoceniana. Jest postacią niezwykłą, znaną w środowisku, a przy tym to niebywale skromny człowiek o jakże pięknej duszy! Starałam się oddać jego rys w książce, chociaż jego historia przedstawiona w powieści to wyłącznie moja wyobraźnia.

Za pomoc w zbieraniu danych, konsultacje i wskazanie właściwych lektur dziękuję Rafałowi Szymańskiemu, który walczy o szacunek i dobro dzieci oraz nastolatków w kryzysie. Jego zaangażowanie, hart ducha i wiara w to, że wciąż da się coś zmienić w tej kwestii, są budujące dla wielu rodziców, którzy biorą z niego przykład, jak wyprowadzić swoją rodzinę z kryzysu. Jeśli chcecie i potrzebujecie więcej danych, obejrzyjcie koniecznie wystąpienie Rafała na TEDxWarsaw: „Depresja to porywacz naszych dzieci". Polecam z całego serca!

Blog „Porcelanowe aniołki" naprawdę istniał i był nie tylko rodzajem grupy wsparcia, ale też źródłem informacji dla zainteresowanych młodych pacjentów i ich rodzin oraz sympatyzujących z nimi ludzi z otoczenia osób w kryzysie. Znam historię jego powstania i wagę, jaką miał dla wielu młodych dorosłych, więc tym bardziej zależało mi, żeby nie został zapomniany. Jego forma, funkcje i role społeczne były inne, niż pokazuję to w książce, ale zdecydowałam się umieścić go w powieści w hołdzie tym wszystkim, którzy z niego czerpali siłę i moc. Z tego miejsca pozdrawiam i gratuluję pomysłodawczyni oraz twórcy tego miejsca w sieci i dziękuję wszystkim osobom, które związane były z „Porcelanowymi aniołkami", a które z pewnością uczyniły wiele dobra dla innych. Niech was prowadzi azymut miłości, którą rozdzielacie bezinteresownie. Jesteście wspaniali!

Kłaniam się Monice Doroszkiewicz za wszystkie dane dotyczące hostelu dla wykluczonych i dziękuję za masaż dźwiękiem, którego tutaj nie opisałam, ale zachowam go sobie do innej fabuły.

Magdzie Brhel z Krakowa dziękuję za wycieczkę po mieście i użyczenie nazwiska kontrowersyjnej postaci prawniczki Rysia.

Katarzynie, Markowi, Wiktorii i Liliannie Silewiczom dziękuję za wsparcie, motywacje, opowieści i najpyszniejszego łososia na świecie.

Januszowi Schwertnerowi za film *Nic nie czuję*. Podczas jego premiery miałam zaszczyt poznać rodziców wielu wspaniałych i wrażliwych nastolatków, którzy podzielili się ze mną swoimi doświadczeniami.

Współczuję wam bardzo, że musicie mierzyć się z takim murem i bezradnością – nie tylko jeśli chodzi o cierpienie waszych dzieci, ale też o sprawy formalno-proceduralne, które wołają o pomstę do nieba. Wierzę, że jeśli będziemy o tym mówili, coś zacznie się zmieniać. Ta książka powstała także po to, żeby wzbudzić dyskusję, zszokować i pokazać od środka, jak to jest, kiedy jeden z członków rodziny choruje.

Dziękuję mojej wspaniałej córce Ninie, która bardzo pomagała mi przy budowie postaci i układaniu struktury oraz zwierzała mi się z różnych tajemnic nastolatków.

Dziękuję mojemu Łukaszowi, który jest niezawodny, niezniszczalny i mogę na niego zawsze liczyć w każdej sprawie, także kiedy zapis siada, a ja kolejny raz rozważam, czy nie zmienić roboty.

Dziękuję moim przyjaciółkom: Adriannie Kowalczyk-Czubak, Dorocie Osińskiej i Sylwii Jędrzejewskiej za to, że nigdy we mnie nie wątpią, a kiedy kwękam, śmieją się w głos i powtarzają, żebym jak najszybciej wysyłała tekst do wydawnictwa.

Jak zawsze kłaniam się i dziękuję mojej wieloletniej redaktorce pani Irmie Iwaszko, która pomaga mi udoskonalać moje książki. Jest Pani wielkim wsparciem i najwspanialszym sojusznikiem w opowiadaniu kolejnych historii. Dziękuję, pani Irmo, za czujność, poczucie humoru, ciepło i wnikliwe, zawsze ostro widzące oko, dzięki któremu maszynopis jest czystszy i wolny od uchybień. Do zobaczenia podczas kolejnej sesji redakcyjnej! Takiego wsparcia zazdrości mi każdy kolega po piórze! Dziękuję!

Dziękuję moim Czytelnikom, którzy kolejny raz mi zaufali. Jeśli ta opowieść choć trochę wami wstrząsnęła i wzbudziła refleksje – jestem szczęśliwa. Jeśli będziecie mieli okazję zabrać głos w sprawie psychiatrii dziecięcej – zróbcie to, bo trzeba o tym krzyczeć. Tych problemów będzie więcej, a nie mniej, jeśli będziemy się na to zgadzać.

Katarzyna Bonda

Książkę wydrukowano na papierze
Creamy HiBulk 2.3 53 g/m²
dostarczonym przez ZiNG S.A.

www.zing.com.pl

Warszawskie Wydawnictwo Literackie
MUZA SA
ul. Sienna 73, 00-833 Warszawa
tel. +4822 6211775
e-mail: info@muza.com.pl

Księgarnia internetowa: www.muza.com.pl

Skład i łamanie: Magraf sp.j., Bydgoszcz
Druk i oprawa: Abedik SA, Poznań